当代教育评论

2016

第 ❸ 辑

徐继存　潘洪建

主编

山东师范大学教师教育学院

扬州大学基础教育研究所

组编

江苏大学出版社
JIANGSU UNIVERSITY PRESS

镇江

图书在版编目(CIP)数据

 当代教育评论. 第3辑/徐继存,潘洪建主编;山
东师范大学教师教育学院,扬州大学基础教育研究所组编
. —镇江:江苏大学出版社,2016.6
 ISBN 978-7-5684-0252-1

 Ⅰ.①当… Ⅱ.①徐… ②潘… ③山… ④扬… Ⅲ.
①基础教育—中国—文集 Ⅳ.①G639.2-53

 中国版本图书馆CIP数据核字(2016)第158899号

当代教育评论(第3辑)
Dangdai Jiaoyu Pinglun

主　　编/徐继存　　潘洪建
组　　编/山东师范大学教师教育学院
　　　　　扬州大学基础教育研究所
责任编辑/张　　平
出版发行/江苏大学出版社
地　　址/江苏省镇江市梦溪园巷30号(邮编:212003)
电　　话/0511-84446464(传真)
网　　址/http://press.ujs.edu.cn
排　　版/镇江文苑制版印刷有限责任公司
印　　刷/江苏凤凰数码印务有限公司
经　　销/江苏省新华书店
开　　本/787 mm×1 092 mm　1/16
印　　张/15.25
字　　数/360千字
版　　次/2016年6月第1版　2016年6月第1次印刷
书　　号/ISBN 978-7-5684-0252-1
定　　价/48.00元

如有印装质量问题请与本社营销部联系(电话:0511-84440882)

目　录

教师教育

当前我国中小学学校课程建设的现状、问题与发展趋势

刘雪可 *

摘 要：随着新一轮基础教育课程改革的不断深入，我国中小学学校正在努力建设符合本校发展的课程。但是，由于对学校课程建设概念的理解存在分歧，以及课程建设专业性缺失等原因，学校课程建设过程中出现了一系列问题。为了使中小学对学校课程建设形成正确认识，并便于今后对其进行深入研究，笔者结合现有关于学校课程建设研究的相关成果，分别对学校课程建设的现状、问题及其发展趋势等进行了综述，并给出了学校课程建设未来研究工作的展望。

关键词：学校课程建设；现状；问题；发展趋势

自 2001 年我国教育部颁布《基础教育课程改革纲要（试行）》以来，学校课程改革便不断深入，学校优质化及现代化建设的需求也使得人们越来越重视基础教育改革下学校课程体系的建构。目前，学校课程建设正在全国各地如火如荼地开展。然而，在学校教育实践中，学校课程建设的现状是什么，现如今学校课程建设过程中存在哪些问题，学校课程建设的发展趋势是什么，这些问题都是值得人们深入探讨的。基于对以上问题的思考，在理清学校课程建设概念的基础上，本文对学校课程建设的现状、问题及发展趋势等进行讨论，探寻教育实践中学校课程建设的有效路径，以期解开研究者的上述困惑，并为教育实践做出一点贡献。

一、学校课程建设的现状

目前，新课程改革已经在向以课程建设为核心的学校整体改进推进，我国中小学学校正在加大学校课程建设的力度。综合已有的文献资料来看，学者们主要从学校课程建设的内容、原则、问题和策略等方面进行了研究，但是还没有形成一种统一的理论，只是简单地交代了课程建设的实际情况。当前，我国中小学学校课程建设的发展存在较为严重的不均衡、不实际和不系统的状况。

（一）学校课程建设的发展存在着较为严重的不均衡

学校课程建设的不均衡状况主要表现在三个方面。一是区域之间对学校课程建设的认识和重视程度存在明显差异。从整体上来讲，以长三角地区为代表的华东区域对学校课程建设从重视程度到途径选择、建设效果等层面都走在前列，且呈现出了实实在在的规模。其他区域还相对处于次序有别的探索阶段。二是不同地区对学校课程建设的规划操作和预期效果各有追求。北京、上海、江苏、浙江等省市对课程建设的规划实施、课程资源的锁定挖掘、课程建设的多元效果追求，明显领先于全国其他省市。三是

---

* 刘雪可，山东师范大学教师教育学院硕士研究生，主要研究方向为课程与教学论。

学校之间对学校课程建设的资源占有和迫切程度不尽相同。城区学校、品牌学校、传统强校可掌控、挖掘的课程资源及学校课程建设的迫切程度要远远强于在生存中挣扎的薄弱学校。①

（二）学校课程建设的发展存在着较为严重的不实际

《基础教育课程改革纲要（试行）》提出了实行国家、地方和学校三级课程管理制度，并对学校层面的课程管理职责进行了说明。其中，学校"应视当地社会、经济发展的具体情况，结合本校的传统和优势、学生的兴趣和需要，开发或选用适合本校的课程"，因此，学校通过对其自身拥有的内隐的、模糊的机会进行深入挖掘、开发、外显化和组织形成的课程才是具有学校特色的校本课程。换句话说，学校不仅需要依据国家、地方的要求确保国家课程和地方课程的具体实施，而且要对国家、地方课程进行校本化改造，以提高国家、地方规定课程在学校的适应性。由此可见，学校课程管理职责涵盖的范围不仅有校本课程，还包括国家课程和地方课程，学校所提供的这些课程大大增加了学生发展的机会。但是，在当前的学校课程建设过程中存在着一定的形式主义现象：仅仅把课程建设作为学校发展过程中的一种点缀，在课程建设的研究和课程资源的挖掘层面不够深入，不能准确把握课程建设的规律，仅从概念上将原有的活动赋予课程的头衔，严重脱离实际问题。

（三）学校课程建设的发展存在着较为严重的不系统

首先，国家课程、地方课程、学校课程没有成为相互补充的有效体系。部分学校校本课程建设存在很大的随意性，针对学校育人理念、学生需要、校内外教育资源的思考不够深入，课程建设缺乏特色和活力，没有实现三级课程在育人上的有效互补，学校三级课程建设没有形成体系；没有真正从微观教育目标入手，构建属于自己学校和适合学生发展的课程体系，且在构建过程中，远未形成规范、制度，进而形成完整课程体系。②国家、地方下发的有关课程文件只能在大方向、大框架上做出相应规定，不可能面面俱到，也不会全面考虑所有学校，它是一种带有一定理想性的指导性文件。但国家、地方课程的落脚点在学校，因此要使这种理想转化为学校中教师教育教学活动的现实，使国家、地方课程更适合学校和学生特点，就必须以国家课程改革思路为指导，结合学校核心教育理念及办学特色，对其进行校本化改造。校本课程是与国家三级课程管理制度相适应的是基础教育新课程体系中的一个重要组成部分。它是以学校文化为核心、以学校资源为基础而本土生成的，既能突出学校教育理念、满足学生特别需求、体现本校资源优势，又能与国家课程、地方课程紧密结合。这反映了校本课程的三个基本属性：关联性、校本性和可选择性。③然而，目前学校课程之间依然缺乏系统性、关联性和延续性，没有以学校办学理念为核心将课程统领在一起的状况还普遍存在。

二、中小学学校课程建设的问题

当前，我国学校课程建设取得了很大进展，但是由于对学校课程建设概念的理解存

---

① 王勇：《学校课程建设论略》，《吉林教育》，2012 年第 6 期。
② 丰际萍，杜增东，李梓：《学校课程体系建设的研究与实践》，《当代教育科学》，2011 年第 14 期。
③ 廖哲勋：《关于校本课程开发的理论思考》，《课程·教材·教法》，2004 年第 8 期。

在分歧,以及课程建设专业性缺失等原因,学校课程建设过程中出现了一系列问题。如学校课程建设的概念界定模糊不清;对地方课程、国家课程和校本课程三者关系的把握存在偏差;学校课程建设主体单一;学校课程建设过程执行乏力;等等。具体如下:

(一)学校课程建设的界定模糊不清

我国基础教育课程改革的十多年来,学校课程经历了"课程政策的赋权与共享、课程类型的调整与均衡、学校课程方案的重整与建构"三个阶段。但学校课程建设至今仍是一个内涵不确切的概念,学界理解的分歧导致了实践界的混乱与盲从。思想的不统一必然导致上层建筑的不稳固,最终结果只会是错误的理论产生错误的行动。因此,对学校课程建设概念的理解、思考与澄清的过程便是对建立在概念之上的课程实践活动方式澄清的过程。[①] 有学者认为,学校课程建设是指学校作为课程建设的基地,校长、教师作为课程建设的主体,在国家的权限和范围内,依据学校的具体特点和条件而进行的动态的、不断完善的课程建设活动。由于对学校课程建设概念认识不清,因而很多省市教育行政部门并没有对学校课程给予足够的关注,未能充分认识到开发学校课程的重要性和紧迫性,没有担负起开发、管理学校课程的职责,致使学校课程建设仍很缓慢。

(二)对三级课程之间关系的把握存在偏差

学校课程在我国基础教育课程体系中究竟应处于什么样的地位? 在实践中,存在两种倾向:一是过分强调国家课程的重要性。比如,受考试和升学的影响,很多学校把综合实践课的课时用来进行基础知识的教学,已经开出的学校课程大多还是国家规定的学科知识类课程的延伸。这就造成了课程资源的浪费,没有达到规定的教育目标。二是过多强调学校课程对于学生的重要性,致使某些学校课程的课时比例超出了有关政策规定。特别是有些地区受经济利益的驱动,任意扩张某些学校课程,一些校本教材被提升为地方教材。由于校本教材没有经过审查,缺乏科学性,所以严重影响了教育的质量。

(三)学校课程建设主体单一

现行的学校课程建设过程中实行的是自上而下的课程建设机制,起主导作用的是以校长为中心的学校管理者。许多学校的课程建设是这样实施的:学校相关部门认为需要建设学校课程,就提出课程建设的要求,然后由相关责任人起草初稿,通过一定范围的讨论和征求意见之后,对初稿做出适当的修改,最后经学校领导同意通过并颁布实施。这种课程建设只为满足当下学校课程活动的需要,而缺少相关的调查研究和科学论证。这种方式民主性不足,缺乏学校教师和学生等相关者的广泛参与,从而使得学校课程建设内容的科学性、合理性大打折扣。同时,学校课程的执行者由于缺乏对学校课程建设规范的认同感而反应冷淡,在实际工作中产生了很多矛盾,从而影响了学校课程建设的实施效果。

(四)学校课程建设过程执行乏力

一般而言,学校课程建设执行乏力主要表现在以下三个方面:第一,缺少课程建设

---

① 周海银:《学校课程建设的内涵、取向与路径分析》,《山东师范大学学报(人文社会科学版)》,2015 年第 1 期。

执行的监督与反馈。许多学校在建设课程开始实施之后,很少关心课程建设执行的效果,更少向师生征求反馈意见。这就使得不合适的课程建设不经修改与完善而继续运行。第二,对学校课程建设的宣传不足。大部分学校师生在被征求意见之前并不知道学校课程正在建设之中,相关文件只是在学校课程建设已基本成型、需要向全校进行公示时才出台。这样,学校师生既不了解课程建设产生的背景,也不清楚学校课程建设草案的具体内容,从而也就难以对学校的课程建设提出建设性的意见。第三,缺乏有力的保障机制。一些学校在进行课程建设的过程中,缺少必要的保障机制,比如经费、物质、专业技术等方面的支持,这就使得学校课程建设在执行中很难取得理想效果,也难以使课程建设满足各利益方的需求。

三、中小学学校课程建设的发展趋势

针对当前学校课程建设中存在的问题,有必要健全学校课程建设制度,为学校课程活动创设良好的环境,同时也必须探索学校课程体系建设的方法策略,为学校课程建设提供丰富的实践凭借。具体如下:

(一) 明确学校课程建设的内涵

关于"学校课程"一词的概念界定,当前学术界大多简单地将校本课程理解为学校课程。校本课程这一概念重点针对学校层面的课程,对本校的课程资源进行开发选用,而对国家、地方层面课程的表述只是保证其基本实施,并不着重考虑这两个层面课程在学校的适用性。因此,将校本课程与学校课程等同起来显然是不恰当的。我们根据对学校课程的理解,结合之前关于学校课程概念的分析与界定,将学校课程建设定义为:学校课程建设是指学校在国家、地方和学校三级课程管理体制下,依据学校培养目标、学生需要和校内外教育资源占有情况,对现行国家课程、地方课程和校本课程进行整合重组,进而构建适应学生发展的、高效的、具有学校特色的课程体系的过程。

(二) 处理好学校课程与国家课程、地方课程的关系

学校课程建设一般分为两类:一是地方分权制国家的学校课程建设,如英国、美国、澳大利亚等;二是中央集权制国家的学校课程建设,如法国、俄罗斯、泰国等。考虑到我国的教育传统,我国在学校课程建设策略上,是学校在国家或地方规定的课时范围内留出一部分空间给学校自主设计课程,以便学校能充分利用社区和学校课程资源建设多样性的、可供学生选择的课程,满足学生、学校和地方的需要。也就是说,国家或地方课程主要解决一定范围内同一批受教育者的共同素质问题,而校本课程可以尽可能考虑每一个受教育者的特殊需要与兴趣爱好。不能以学校课程建设模式代替国家课程和地方课程建设模式。国家、地方和学校三级权利主体在课程建设中共同参与决策,但承担不同的权利和职责。学校课程建设是一项系统工程,它不仅仅是学校校本课程的开发和校本教材的编写,而且是对整个学校所拥有的一切有利于学生发展机会的有效统整与全面整合。在组织实施环节,要做到枝繁叶茂、有血有肉,而非仅仅走形式、出框架,必须将已重整构建好的学校文化作为"土壤",从中汲取充足"养分"。

(三) 实现学校课程建设主体的多元性

为确保学校课程建设主体的多元性,需要在现有国家教育政策的指导下,充分发挥各利益主体的积极性,使他们能够在自己的权责范围内很好地履行自己的职责。为此,

我们应从以下几方面做出实质性的努力：首先，应充分发挥校长的引领作用。校长应认识到其个人碍于知识结构、精力和信息搜集等方面的限制，不可能掌握课程建设的方方面面，很多情况下，广大利益主体更能直接感受到学校课程活动中的具体细节和运作情况。校长应相信广大教师与学生有参与学校课程建设的能力和愿望，要广泛征求教师的意见，组织人员进行调研，并努力排除学校课程建设执行过程中的障碍。此外，校长要以身作则，成为执行学校课程建设的模范和表率。其次，师生应积极参与学校课程建设。教师与学生在学校课程建设中占有重要地位，应认识到自己参与课程建设的权利与职责，自己不只是学校课程建设中的被动执行者，也是学校课程的建设者，并力图自主提升作为课程建设者的素质。实际上，学校师生参与到课程建设的各个环节，可以提高学校课程的适用性，也能减少学校师生对学校课程建设的怀疑与抵触情绪。最后，要主动争取社区人士、大学教师、学生家长的参与。因为这些主体能够为学校课程建设提出宝贵意见，这些学校外部力量的参与可以使学校课程建设更加完善，更加符合社会发展的需要，也更有利于学生的成长。

（四）增强学校课程建设的执行力

要增强学校课程建设的执行力，我们可从以下两个方面做出努力：一方面，加强对学校课程建设执行情况的监督。首先，学校需要依法建立内部课程建设监督机制，切实发挥校内师生的民主监督作用。这是保证学校课程建设执行的重要途径。其次，学校有必要设立相应的监督机构，机构人员应经常深入师生之中，了解学校课程建设执行的情况，一旦发现问题就如实反馈或者提供应对建议。另一方面，加强对学校课程建设的宣传力度。学校应该通过各种形式和渠道为学校师生进行必要的讲解，使他们了解学校课程建设的目的、意义和要求，从而达到自觉遵守和积极参与的效果。

总之，学校课程的开发和实施是一项长期、复杂的系统工程。在学校课程开发实施中，学生的个性发展是目标，教师的专业发展是条件，学校的特色形成是结果。[1] 社会在发展，课程在进步，我们应不断努力，充分发挥教师的主体性和创造性，不断加强学校课程建设，努力探索学校课程建设的崭新局面。

---

[1]　陈多灵:《同心协力，努力探索学校课程建设的新途径》,《吉林教育》,2015 年第 19 期。

当前学校课程建设的问题反思与发展建议

蔡其全*

摘　要：学校课程建设作为学校特色打造、教师专业发展、学生个性培养的重要依托，在其收效显著的同时我们不难发现，课程理念难更新、课程资源难协调、制度建设不配套已成为学校课程建设的重要制约因素。区域教育主管部门在课程建设的规范与引领、课程实施的支持与帮扶、课程资源的统筹与共享方面表现出明显优势，成为学校课程建设的必然诉求。学校课程建设在现实境遇与区域导向的双重作用下呈现出专家结构的调整、课程资源的统整、层级职责的厘定和多元课程建设主体有机结合的发展趋势。

关键词：学校课程建设；困境；诉求；发展趋势

学校课程建设是国家推行三级课程管理以来基础教育阶段学校面临的一个重要课题，是一项弥补国家课程不足、促进学生个性发展、提高学校综合实力的重大举措。历经十余年的实践探索和改革创新，学校课程建设如今已经在全国广大地区积累了令人欣慰的丰富经验与成果。与此同时，部分地区的学校受限于自身条件，所开设的学校课程质量明显不高，课程实施的水平亟待提高。学校得不到区域教育主管部门的专业指导和制度保障，也就失去了课程改革与创新的勇气，以及面对困难愈挫愈勇的底气。孤"校"奋战绝不是学校课程建设的最佳选择，也难以成就一所课程特色鲜明、教学"以生为本"的现代化学校。从区域当局对于推进教育事业的明显优势与基础教育课程改革的相关研究来看，区域推进已成为当前学校课程建设的必然诉求。当这种诉求得以表达、回应、实现，学校课程建设中的专家结构、课程资源、层级职责、参与主体将呈现出进一步改善的趋势。

一、学校课程建设的境遇

学校课程建设是一项庞杂、烦琐、动态的系统工程，介入的课程建设主体多元，涉及的课程资源巨大。学校在工作开展过程中往往显示出个体力量的欠缺，在诸多方面陷入无能为力的艰难境遇。

（一）课程理念难更新

教师对课程理念的价值认同是开展课程建设的前提，只有真正内化了新课程理念的教师，才能把课程建设落实到日常教学行为之中。教师封闭传统的陈旧思想是阻碍学校课程建设的意识屏障。教师的课程理念难更新体现在三个方面：首先，教师课程观念的更新缺少一个长期的、一致的宣传环境。学校的校本培训只能改变局部微弱的"小气候"，而不能创设一种强有力的"大环境"，正是因为缺乏这种情境，教师在短时间内很难植入课程建设的新理念。其次，一线教师在烦琐的教育教学实践场域常常力不

---

* 蔡其全，山东师范大学教师教育学院硕士研究生，研究方向为课程与教学论。

从心,沉重的教学负担使他们无暇顾及学校课程的建设,使他们在心理上对学校课程建设产生抵触。此外,教师群体的背景复杂,知识水平参差不齐,个人追求不同,思想很难统一。这意味着对教师课程理念的培训要因材施教、因校制宜,这些给教师课程理念的更新增加了难度。难以彻底革新教师的课程理念,是造成校长课程领导力不足、教师课程执行力欠缺局面的主要因素之一,学校需要在思想意识上为进一步的课程建设开辟道路。

(二)课程资源难协调

课程资源是指进行课程建设所需要的条件,包括教师资源、经费资源、教学素材、社会资源等。课程资源是搭建课程大厦必需的素材,它对学校课程建设的制约是根本性的。学校难以协调大范围的课程资源。学校课程资源难协调体现为:一是校内课程资源十分有限,而有限的资源又得不到充分利用。学校所拥有的课程资源大多是靠当地教育局的分配,这是维持学校日常运转的主要保障。可支配的课程资源少,课程建设的力量自然薄弱。此外,省际、区(县)际、校际的学校在课程资源的占有上极不均衡;学校之间有形无形的竞争、嫌隙;等等,都使得现有课程资源不能"物尽其用、人尽其能"。二是学校缺少社会合作基础,校外课程资源难规划。对校外课程资源的利用与开发,是新课程改革的重要内容,也是实现新课改的必要条件。学校创造的社区图书馆、科技馆、博物馆、工矿企业等社会实践基地,以及社团、俱乐部等文化场所,本应该围绕学生的全面发展而紧密协作。然而,现实却是二者之间没有建立互利互惠基础上的平等的关系,使得学校对校外课程资源的利用同样举步维艰。

(三)制度建设不配套

规章制度作为学校课程建设中坚实可靠的保障,对课程建设的发展产生重要作用,但在一些区域,有关课程建设制度不配套、不完善的现象仍然存在,区、校两级规章制度的不配套影响学校课程建设的稳定和有序发展。健全规章制度,会给予工作一定的约束力,为行动提供相应的指向性,保障课程建设的顺畅运行。反观当下,一方面,学校得不到课程建设的制度保障。诸如学校课程建设的经费管理制度、学校课程开发的专家审议制度等,限制了学校某些创新思路的落实,课程建设者的积极主动性受到抑制。另一方面,区、校两级制度不一致甚至相互冲突。学校制定的规章制度只能在区域教育行政机构的框架下去完成,比如教研室出台的三级课程成绩所占权重与教师绩效挂钩的评价方案,就与学校制定的相应课程评价制度存在冲突。学校的课程改革,历来都是综合性、协同性的改革。课程、教学、评价是互为一体而不可分离的整体,学校制定的课程制度与区域教育行政机构制定的课程、教学、评价制度若不能融为一体,就会导致课程脱离教学与评价,成为简单的冰冷知识的堆积,课程目标的实现便十分艰难。

二、学校课程建设的诉求

区域教育主管部门对辖区内学校的课程建设负有义不容辞的推进之责,区域教育主管部门是学校开展课程建设必不可少的支持和依靠。区域教育主管部门在推进学校课程建设方面的明显优势,昭示了区域推进学校课程建设的必要性,区域推进也成为学校课程建设的必然诉求。

(一)课程建设的规范与引领

区域教育主管部门的支持是学校课程建设得以顺利推行的强有力的力量。首先,课程建设包括课程目标制定、课程资源挖掘、课程实施、课程评价等多个环节,具有一定的专业性与相当大的执行难度。目前,依然有部分教师直接在网上下载课程方案,上课毫无章法,学校课程建设充满了弄虚作假的成分,造成严重的资源浪费。考虑到部分教师自身专业能力不足与工作执行中的畏难情绪,学校寻求课程管理者的规范与引领成为必然。其次,权力与责任是成正比的,自主权越大意味着承担的责任越大。在三级课程管理中,国家赋予学校较大的自主权,为学校特色建设创造了可能。但是,倘若这种自主权失去科学的逻辑和规范,将不能保证课程建设的科学性,此时,区域教育主管部门对学校课程建设的规范与引领就显得极为必要。最后,对课程建设的各个环节都应该有明确的规约与引导。学校课程的开发与建设是有效实现学校教育功能的核心工作,它不仅是培养全面发展和个性发展相结合的人才的基础,也是造就学校自身特色的基础。① 区域推进可以在课程管理过程中强化对课程建设的规范与引领,完善课程开发、编制、实施、评价等各个环节,使学校课程建设在合理有序的状态下发挥自主性、积极性,有效提高课程建设的规范性、科学性和可操作性,成就特色学校,实现育人目标。

(二) 课程实施的支持与帮扶

课程实施水平与学校课程建设水平有着显著的相关性,区域主管部门的业务科室对课程实施的专业支持与帮扶有利于提高课程建设水平。教研室、教科室、培训科等业务部门集中了该区域内优秀骨干教师和经费资源,凭靠自身的业务精英或外聘专家、名师为学校提供课程实施过程中的支持与帮扶,将有效提高区域内教师课程实施的能力,进而提升区域学校课程建设的整体水平。在区域推进中,区域教育主管部门的业务科室联合行动,加强对区域内学校课程的规划、培训、研究和指导,便于形成学校课程建设的共同体。采取课题引领、研训结合、示范带动、远程研修等措施,能有效指导区域内学校课程建设的开展,切实提高教师的课程实施水平。区域教育主管部门对课程实施的支持性举措,有利于为一线教师减负增效,有效缓解教师的工作压力,使教师将更多的精力投入到学校课程建设中来。

(三) 课程资源的统筹与共享

学校实践性、综合性课程的增多,赋予了课程资源的统筹与共享以重要的价值属性。不管是国家课程的校本化实施,还是地、校课程的规划与施行,现在的课堂都不再局限于教室内的文本教学,而是更加渴求对社会资源和自然资源的开发和利用。然而,课程资源开发的巨大教学成本使单个学校难以担负,比如,学校个体不足以支撑大型实践教学基地的建设,以及长期维系优秀师资专业引领的经费消耗。在区域教育主管部门的推进中,有三种方式可以为学校缓解压力:(1) 为学校提供。组织统一购买成品课程,或外聘社会专业人士为学校授课,或建设区域教育教学实践基地等,解决学校没有课程的问题。(2) 教学校开发。培训科、教研室或相关部门组织关于课程资源开发的培训,使学校掌握开发课程资源的知识与能力,解决学校不会开发课程资源的问题。(3) 为学校统筹。利用区域教育主管部门的社会关系统筹区域内社会资源,为学校攻坚克难提供各种便利,解决学校没有能力处理的问题。区域教育主管部门在推进学校

---

① 上海市杨浦区教育局编:《用课程办好每一所学校》,高等教育出版社,2012 年,第 222 页。

课程建设中对课程资源的统筹协调,能最大限度地激活学校的课程资源,开发社会教育资源,有利于课程资源的充分高效利用,密切学校与学校、学校与社区的联系,实现区域内课程资源的共用共享。

三、学校课程建设的发展建议

学校的课程建设尽管还面临重重困境,但在区域教育主管部门的积极推进中呈现出更为科学合理的发展趋势,这种趋势代表了一种学校课程建设所应遵循的正确逻辑。根据当前学校课程建设的相关研究及课程改革的发展态势,我们提出如下建议:

(一)专家结构的调整

调整专家结构,实现课程专家与学校的有效对接是抓好课程品质的重要环节。学校课程建设发展至今,重点是要抓好学校课程的"质",而不是片面强调学校课程的"量"。调整专家结构以完善学校课程的每一个细节、侧面,有利于实现学校课程建设的合理化架构。在这种趋势下,有三方面需要做出变革:首先,构建问题解决型专家团队。教育专家的研究领域要与课程建设的问题相契合,能够针对学校具体问题进行密切合作,这样才能把好问题学校的"脉",下好解决疑难的"药",治好课程建设中出现的"病"。其次,实现课程专家与项目学校的常态化对接。加强专家与学校的联系,实现课程专家与区域内个别学校一对一的帮扶指导,使这种新型的专家引领成为常态。这是教育理论下行的预兆,也是学校教育实践上求的必然路径。最后,搭建专家网络咨询平台。学校课程建设遇到的问题可能是即时的,无法预见也不可搁置。为学校搭建专家网络咨询平台,为教师远程研修、答疑解惑提供了便利渠道,使学校可以超越时空的限制,获得来自智库的支持与引领。

(二)课程资源的统整

课程资源是课程开发的前提。教育资源的有限性迫使课程资源统整以提高利用率,因而获得更大的教育价值显得尤为必要。我国 2001 年颁布的《国务院关于基础教育改革与发展的决定》中提到,"优化教育资源配置","扩大优质教育资源","开发、建设共享的中小学教育资源库","充分挖掘社会艺术教育资源,因地制宜地开展经常性的、丰富多彩的校内外艺术活动"[1],突显了对解决教育资源匮乏性、低效性、不均衡性等问题的重视程度。课程资源作为最重要的教育资源之一,对课程资源的统筹与整合,在学校课程建设的背景下也就成为必然而且必要的选择。课程的终极目的是发展受教育者健全的精神、人格和体魄,完善下一代的整个人生,满足未来社会发展对人才的需求及个体全面发展的要求。[2] 区域教育主管部门可以利用其在日常行政与业务工作过程中积累的社会关系,组织、协调区域内的自然资源、社会资源,促进教育资源的高效利用,这种方式有助于这一课程目标的实现。此外,课程资源的统整蕴含了教育生态的建设思路,对课程资源的统整过程是一个利用方式由粗放到集约的转化过程,也是一个由资源独享走向资源共享的转化过程。

---

① 《国务院关于基础教育改革与发展的决定》:国发〔2001〕21 号文件,2001 年 5 月。
② 陆志远:《课程的价值与评价》,《海南大学学报(社会科学版)》,1994 年第 1 期。

（三）层级职责的厘定

厘定明确的层级职责是学校课程建设高效运作的可靠保证。在县域范围内，基础教育学段大致存在三个关涉学校课程建设的层级：区域教育行政部门、区域教师进修学院（含教研室等业务部门，以下简称学院）、中小学校。在学校课程建设与管理中，各层级若没有明确的角色定位，将难以发挥各自的主体性作用。厘定层级职责的趋势在各级合理化分工的落实中更加明显。区域教育主管部门通晓当地教育实际，负责顶层设计、资源调配、项目监督，明确总体目标，为学校课程建设提供导向；学院具备教育教学业务能力，提供学术支撑、技术指导，联络区域内外专家，是学校课程建设的智力保障；具体学校是教育理论落地的试验场，负责项目规划、实施及管理，配合当地教育主管部门、师范院校的工作，落实推进计划。构建区域教育主管部门、学院、中小学校的三级联动机制，厘定边界清晰的层级职责，建立起稳定、持久的长效合作机制，并落实于区域教育规章制度之中，有利于避免双线管理、沟通不畅造成的不良后果，减少扯皮、推诿、包办等教育乱象的出现，加快学校课程建设的步伐。

（四）多元课程建设主体的有机结合

学校课程建设主体的多元性意味着课程来源的全面性，有机性则意味着课程建设的科学性、有序性，多元课程建设主体的有机结合赋予了学校课程建设生机与活力。课程建设呈现多元主体有机结合趋势的原因大抵有三点：其一，凝聚课程建设共同体。多元课程建设主体包含了校长、教师、学生，以及家长、专家等的一切积极要素，在课程建设中具体表现为课程编制者、课程管理者、课程实施者、课程接受者等，而课程价值的实现正是同课程编制、课程实施、课程评价等一系列实际问题密切联系着的。在区域教育主管部门长期的舆论宣传、高位引领、监督执行下，学校教师、学生，以及广泛的社会团体、企事业单位必将投入到为学校服务、为学生服务中来，形成一股强大的社会合力。其二，单一的课程建设主体已经暴露出课程实施难度大、学生及家长对课程的满意度不高等问题。学校之外的人不能融入课程建设中来，导致他们缺乏课程建设的参与感，给学校课程的有效实施带来阻力，这都昭示出学校引入多元课程建设主体的迫切性。其三，打通课程建设主体的沟通障碍。学校课程建设中充斥着主体间的冲突与博弈，多元主体在以学生发展为终极目标的前提下进行价值磋商，最终构建起来的学校课程，将会减少由于课程决策者与执行者的信息不通畅造成的对抗，避免课程接受者产生对课程的排斥心理与抵触情绪，营造出和谐、精良的教育生态。

中小学家校合作的误区及其原因和对策

魏同玉　潘晓芳 *

摘　要：家校合作是家庭和学校两个主体为了学生更好的发展而采取的一种联合行动。家校合作自产生以来对促进学生的身心发展就产生了积极影响,但家校合作中仍然存在着角色定位的偏颇、家校合作内容的窄化、家校合作层次的肤浅化等问题。价值定位的偏差是家校合作问题的根本原因,具体说来包括:学校教育价值的知识化取向,教师与家长合作价值选择的混乱,家校合作中育人价值的弱化甚至缺失。针对以上问题,应该深化家校合作的理论研究,提高认识水平;加强家校合作主体的教育,优化价值观念;拓宽家校合作的渠道,促进深度合作。

关键词：家校合作;误区;原因;对策

教育是一项整体化的系统工程,学校教育、家庭教育、社会教育相互配合形成合力是实现教育效益最大化的重要条件。近年来,随着人们教育观念的不断发展,家校合作问题越来越受到重视。很多中小学围绕家校合作的内容、途径及方法等开展了多方面的实践探索,取得了良好的教育效果和社会效益。但同时,受传统知识化教育取向和社会功利化环境的影响,中小学家校合作在角色定位、合作内容和层次等方面仍然存在着一些偏颇和误区,影响家校合作的深入、有效开展。对此,有必要深入分析当前家校合作存在的问题及其原因,并探索突破困境的可行性路径和策略。

一、当前中小学家校合作中存在的误区

为了充分发挥家校合作的教育价值,近年来,中小学通过家长会、家校互访、家长学校、家长委员会、家长开放日及平时的通信联系等方式积极开展家校合作。然而,当前家校合作虽然在合作频次上有所增加,合作形式也呈现多样化,但受多方面因素的影响和制约,家校合作中仍然存在一些误区。

（一）角色定位的偏颇

在家校合作中,科学的角色定位是家校顺利合作的前提条件,它直接影响到家校合作的效果。在我国的家校合作中,受知识水平、经济水平及价值观念等因素的影响,教师和家长在角色定位上都不同程度地存在着偏颇之处。从目前家校合作的情况看,教师在其中居于主导地位,家校合作的发起、组织及内容的确定都由教师决定。家长在家校合作中往往处于被动配合的位置,很多家长也已经习惯了这种合作方式。这些家长认为自己的任务就是配合或者执行教师的安排,他们往往认为主动找教师会给教师增加负担,甚至觉得自己的行为会给双方关系带来消极影响。根据英国学者埃德温·阿登纳(Ardener)和雪莉·阿登纳(Shirley)的"支配群体"与"亚群体"理论,社会中的每

---

* 魏同玉,山东师范大学教师教育学院硕士研究生,主要研究方向为课程与教学论;潘晓芳,天津市南开区前园小学教师。

一个群体都会形成一定的社会行为,不同的群体分享着某些共同的模式,但一个社会往往会被某个群体的某一模式(或多种模式)所主宰或过分制约,该群体及其行为模式便具有支配性,它覆盖了社会日常生活的表层,压抑了其他社会群体声音的自由表达,遏制了其他行为的不断繁衍,最终使其他群体接受它的模式而沦为缄默、无声的群体。① 根据这种理论,教师与家长的关系属于支配与顺从的关系。

(二)合作内容的窄化

家校合作是教师和家长共同面对的问题,家校合作能否取得令人满意的效果,在很大层面上取决于家校合作内容的科学化水平,科学的合作内容能更有效地促进学生的发展。但目前来看,受应试教育的影响,我国中小学家校合作的内容主要局限在知识的获取和学习成绩的提高这样一个狭窄的范围内。在家校合作中,"家长与教师的谈话、讨论大多只限于其子女的教育问题(通常是学习和纪律问题),而与其他内容无关"。② 讨论的纪律问题也是为了让学生更好地听从教师的学习安排。这种合作过分重视学生的知识学习,忽视学生的个性、意志及价值观等方面的教育,不利于学生的全面发展。

(三)合作层次的肤浅化

家校合作的活动多种多样,有的是基于简单的信息交换与沟通的低层次合作活动,有的是共同管理与决策的高层次合作活动。西方国家的家校合作形式多以家长深入参与校内活动为主,即家长参与学校日常事务的运作,如到学校从事义务工作、协助学校开展活动及参与决策等,主要属于较高层次的合作。与西方国家相比,我国的大部分家校合作活动仍处在了解情况等较低的层次上。③ 这种低层次表现在以下两个方面:一是从家校合作的形式上看,家校合作主要采用电话联系、访问学校等形式。在这种形式的活动中,家长往往走马观花,并不能真正参与到学校的管理和决策中去,所以这种合作仅仅是表面的、形式的合作对学生发展的影响不大。二是从家校合作的内容上看,主要关注学生的知识学习状况,而对学生知识学习状况的关注又往往局限于作业是否完成以及是否正确,忽略学生对知识的理解程度和思维发展情况。所以,从整体上看,我国中小学当前的家校合作还主要是一种低层次的、表面的合作,这种合作相对比较肤浅。

二、家校合作问题的根本原因:价值定位的偏差

造成中小学家校合作误区的原因是多方面的,但整体上看,实践做法的偏差在很大程度上源于思想认识的错误。其中,价值定位的偏差是家校合作问题产生的根本原因。

(一)学校教育的知识化取向

作为发展中国家,相对于庞大人口的教育需求,我国整体的教育资源和教育机会仍然处于短缺状态。为了竞争有限的教育资源和机会,升学成为学生在校学习的最主要目标,学校教育也逐渐演化为应试教育。

受应试教育影响,教师和家长在家校合作中主要围绕应试展开,在合作中更多地强

---

① 顾明远:《教育大辞典》(增订合编本),上海教育出版社,1998年,第2015页。
② 庞丽娟:《教师与儿童发展》,北京师范大学出版社,2001年,第341页。
③ 马忠虎:《对家校合作中几个问题的认识》,《教育理论与实践》,1999年第3期。

调学生对知识的掌握和学习成绩的提高,从而造成家校合作内容的单一和狭隘。这种知识化取向在全国中小学中比较普遍,有调查显示,93.9%的家长和90%的教师认为,家校合作对提高学生的学习成绩很重要。[①] 这种对知识的掌握和对学习成绩的过分重视从合作内容上来说越来越窄了,只强调知识本身,技能、情感等方面的内容就被忽略了。从知识掌握的层次上看,这种取向过分强调知识的记忆,知识的实际应用则被束之高阁。这种知识化取向反映在家校合作中就表现为家校合作的内容越来越窄,合作的层次越来越低。

(二)教师与家长合作价值选择的混乱

21世纪是多元化社会,个人的价值观、人生观在这种多元背景下存在着较大的差异,这种差异直接反映在教师和家长的合作过程中,导致教师和家长在家校合作价值的选择方面出现混乱。

一方面,教师为获得某种利益会选择不同的家校合作方式,选择合作方式的一个重要依据就是对拥有不同家庭资源的家庭采取不同的处理方式,进行功利化的选择。教师在组织一些课外考察、参观等活动时,在目的地的选择、交通工具的使用上很可能会利用有这方面资源的家长,利用他们的有利条件来开展活动。同时,社会上存在着一些不正之风,有时教师受这些不良风气的影响会借助家长的人际关系、网络资源等途径来为自己的工作和生活谋取利益。另一方面,家长在与教师合作的过程中也会进行功利化的选择。家长合作的目的是希望教师能够多关照自己的孩子,给孩子一些特殊的照顾,而不是如何更好地促进学生发展。教师和家长都有着多元化的价值取向,而在多样的价值取向中,只有一小部分是围绕学生的发展来合作的,合作中存在着的大量非教育、与学生发展无关的东西,排挤了合作的空间。这样就使得家校关系不纯正,不仅不能促进学生发展,还有可能使学生受到一些社会不良风气的干扰,对学生的身心发展产生负面影响。

(三)家校合作中育人价值的弱化甚至缺失

育人就是怎样培养人的问题,即对学习者进行知识、能力、个性等方面的教育。育人是素质教育的核心,素质教育强调全面提高学生素质,使其成为社会主义现代化建设的新一代创新型人才。但是,目前很多学校和家长多从管理学生学习方面进行合作,而不注重对学生其他方面的教育,对于育人功能所强调的道德、心理发展等方面的关注度远远不够。

教师和家长对学生学习的管理多体现为对学生的迟到、旷课、是否认真完成作业、上课是否认真听讲、上课玩手机等情况进行管理。这种合作更多的是考虑如何管理好学生,重视家校合作管理工具的价值,而不是去关注学生在校的心情、学习态度等对学生发展更具持久性和深刻性的内容。这种只抓表面现象而不能改变学生认识、情感等问题的管理合作是很难深入、有效地促进学生发展的。这里有一个真实的案例:某农村小学六年级一名女生学习成绩很好,总是面带微笑,和同学关系也很好,还担任学习委员。可不知什么原因,2015年暑假开学后,她的学习成绩直线下降,也不和班里同学来

---

① 徐玉珍:《中美中小学家校合作比较研究》,华东师范大学硕士学位论文,2006年,第35页。

往了,而教师在与家长进行交流时只说学生学习成绩下降了,告知家长以后要加强对学生学习时间的监督管理,没有和家长一起去分析导致学生学习成绩下降的深层次原因。从这个案例中可以明显发现,家校合作中的育人功能被弱化了,而管理功能越来越突出。

三、走出家校合作价值误区的对策

家校合作的问题有较为明显的表现,并且产生这一问题的原因也比较集中。我们可以从理论认识、价值观念及实施策略三个维度来探讨走出这些误区的对策。

(一)深化家校合作的理论研究,提高认识水平

家校合作是一个实践性很强的问题,如果没有一个深刻的理性认识或者科学的理论指导,很容易走入误区,进而影响家校合作的进一步发展。从现有资料中发现,我国对于家校合作的理论研究还比较单薄,不深入、不系统,大家对家校合作的认识也比较混乱。在这种情况下,有必要进一步深化家校合作的理论研究,提高人们对家校合作的认识水平。

一方面,应进行家校合作的基础理论研究。家校合作研究者自身要对家校合作有一个清晰、完整的认识,可以从社会学、人类学、哲学、心理学等角度出发,对家校合作的概念、性质、范畴、类型、层次、内容及意义等方面进行深入研究,使家校合作的研究能形成一个系统化的理论体系。比如,美国教育家爱泼斯坦从社会学角度将家校合作分为亲子教育、建立家校沟通机制、家长辅导子女在家学习、家长无偿参与学校的义务工作、家长参与学校校政决策及学校与社区建立协助关系六大领域。另一方面,应进行家校合作的应用理论研究。研究者可通过总结经验和实践创新两种途径对家校合作的模型、合作的策略及合作的路径等具有实践操作性质的内容进行专门研究,建立适合家校合作的典型模式,以此提高家校合作的实践应用水平。比如,可通过研究多种形式的家校合作项目来提高家长在家校合作中的地位和作用,日本的 PTA 项目已成功地实现了家长角色的转化。[①] 基础理论的研究和应用理论的研究将会为我国的家校合作研究提供一个更加科学的理论框架,提高人们对家校合作的认识水平。

(二)加强家校合作主体的教育,优化价值观念

有学者认为,家校合作的目的是在对学生最具影响的两个社会单元——家庭和学校之间形成合力对学生进行教育,使学校在教育学生时能得到更多地来自家庭方面的支持,而家长在教育子女时也能得到更多地来自学校方面的指导。[②] 作为家校合作的两个主体,学校和家庭的合作对于学生的发展起着重要作用。现如今,学校和家庭越来越重视家校合作,在这方面也做出了大量努力,但是,学校和家庭在家校合作方面仍然存在着价值观念落后、思想认识混浊等问题。因此,我们有必要加强对学校和家庭的教育,优化或者转变他们的价值观念。

每个人都须转变观念,作为家校合作主体的学校也需要优化自身的教育观念。学

---

① 南丁:《探索家校合作的有效途径——日本的 PTA 给我们的启示》,《内蒙古师范大学学报(教育科学版)》,2002 年第 2 期。

② 马忠虎:《基础教育新概念——家校合作》,教育科学出版社,1999 年,第 152 页。

校要加强自主学习，提高理论修养和思想认识，在具体方式上可通过自学、参加专门的教育理论和教育思想的培训、教师进修、会议交流及参加研讨会等形式不断优化更新自身的教育观念。作为家校合作的另一个主体，家庭也需要转变自己的教育观念。在对家庭进行教育时，学校需要积极引导，可通过定期请专家的方式对家长进行系统的教育理论传授、教育思想培训，也可借助家校合作 QQ 群、博客、家长教育手册等途径进行宣传，也可通过组织家长会、家长学校、家长委员会等活动给家长潜移默化的影响。同时，家长也需要自我教育，须主动学习、反思，自觉提高思想意识，发挥与学校教育积极合作的能动性，发挥学习家庭教育知识的自觉性，发挥家庭教育的主动性。学校和家庭观念的优化有利于提高家校合作的认识水平，使他们在家校合作中能以更加平等、尊重的态度和更加科学有效的方法开展合作。

（三）拓宽家校合作的渠道，促进深度合作

目前的家校合作主要是通过家长会、电话联系、家访等方式进行的，相对来说不够丰富，与一些成熟的家校合作方式相比还不能满足当前深入合作的需要，因此，我们有必要进一步拓宽家校合作的渠道。

拓宽家校合作渠道的方式有很多，可通过学习别人的成功经验来拓宽，也可通过自我创新来完善。学习国内家校合作的成功经验，可通过参观访问、亲身体验的方式进行，也可邀请他们来校作交流指导。例如，山东师范大学附属小学在家校合作方面做得比较好，吸引了许多教师和家长来参观、学习。我们也可以通过阅读文献的方法学习国外在家校合作方面的成功经验。比如，日本成功地将美国的 PTA 模式引进，并结合自身情况进行大胆尝试，极大地促进了本国教育的发展。我国的家长委员会也可根据需要借鉴这种 PTA 模式并进行完善。除了学习别人的成功经验，我们还可以在校内解放思想，根据自己的需要在实践中进行探索创新，也可以和家长共同协商、交流开展一些新的合作渠道。在这方面，安庆市第四中学大胆创新拟订家长学校工作计划，确定"让家长走进新课程"的主题，成功举办了家长家教经验报告会，提出了"和孩子一起成长"的家教理念，并组织教师和家长一起编写了家长学校读本《家长阅览》，通过自我创新，安庆市第四中学拓宽了家校合作的渠道，促进了学校与家庭的深度合作。

大中小学合作三十年研究述评

崔少琳*

摘　要：三十年来，我国大中小学的合作经历了三个不同的发展阶段，每个阶段各有其特点。实践经验主导，缺乏理论建构；过多地移植、探讨国外的合作理论，缺乏本土化的改造与创新；研究方法单一、视域狭窄，是当前关于大学与中小学合作的研究中存在的突出问题。在后续研究中，研究形式及内容仍须扩展；采用多元化研究方法；拓宽研究视野，坚持多学科研究视角等，使大中小学的伙伴关系更加紧密，使合作更加深入。

关键词：大中小学合作；教师专业发展；教师教育改革

国外大学与中小学之间的合作已走过100多年的历程，最早可追溯到19世纪末美国学者杜威在芝加哥大学创建的实验学校，以及哈佛大学校长查尔斯·埃利奥特（Charles Eliot）等知名人士组成的"十人委员会"。[①] 他们均尝试通过大学专家与中小学教师的合作交流，促进大中小学教育教学质量的改善。我国是从20世纪80年代中期开始出现较为密切的大学与中小学的合作的，尤其是近些年来，随着新一轮基础教育课程改革的不断推进，大中小学合作迈向了新的阶段。笔者试图对三十年（1985—2015）来大中小学合作的基本历程及相关研究成果做一个全面、系统的梳理，以期为未来的教师教育改革提供一些参考。

一、合作的基本历程及特征

（一）第一阶段（1985—1990）：初步合作阶段

20世纪80年代的高等师范院校大都处于一种"封闭式"状态，与中小学的联系甚少，真正意义上的合作尚未展开。此阶段更多的是出于高校或者中小学单方面的需求而进行的合作，内容、形式较为单一。主要合作形式有：（1）中小学作为高等师范院校教育实习基地；（2）基于提升自身学历的目的，中小学教师在高校进行在职进修；（3）中小学成为高校教师开展课题研究的重要基地。

（二）第二阶段（1991—2000）：深化合作阶段

20世纪90年代以后，大中小学的合作价值得到普遍认可，从而进入深化阶段。国家教育委员会于1996年12月5日印发了《关于师范教育改革和发展的若干意见》的通知，明确要求师范院校要"高度重视教育科学研究，特别要面向中小学开展教育教学改革的理论和实践的研究，为教育决策服务"。[②]

此阶段，大中小学之间的合作主要围绕教育教学研究展开，主要合作特点有：第一，大中小学合作开展教学研究。如裴娣娜教授带领下的北京师范大学教育系与河南省安

---

* 崔少琳，女，山东师范大学教师教育学院硕士研究生，主要研究方向为课程与教学论。

① 王恒：《中外大学与中小学合作研究的回顾与展望》，《黑龙江高教研究》，2010年第10期。
② 陈剑华：《教育实习的一个新趋势：大学与中小学的合作》，《外国中小学教育》，2000年第5期。

阳市人民大道小学合作开展的"少年儿童主体性发展教育实验与研究"（又称"主体教育实验"）；华东师范大学叶澜教授主持的"新基础教育"实验改革项目；山东师范大学教育科学研究所在中小学进行的大范围的"创造教育"实验；山东省教育科学研究所王坦教授等人主持的"合作教学与研究实验"；张志勇带领开展的"单元达标教学研究"（或称"目标教学研究"）等。第二，面向中小学教师的学历教育进一步扩大。1996 年，国务院学位委员会批准在 16 所师范大学中开展专门针对中小学教师和教育管理人员的教育硕士专业研究生进修班，这成为当时众多中小学教师提升学历的重要途径。华东师范大学曾与上海市教委联合举办"学科教学论硕士研究生课程班"，也取得了不错的社会反响。[①] 但后期因被诟病收费高、课程"水"、学位好拿，研究生进修班于 2014 年被终止。[②] 除此之外，还有部分中小学教师选择多种形式的成人教育以获得更高的学历。由此可见，中小学合作途径越来越多样化，范围也在进一步扩大。

（三）第三阶段（2001—2015）：多元合作阶段

2001 年 5 月颁布的《国务院关于基础教育改革与发展的决定》中首次提出了"教师教育"的概念[③]，在此之前处于彼此分离状态的师范生培养与在职教师培训正式地结合在一起，完整意义上的教师教育改革由此展开，这也在一定程度上为大学与中小学的深入合作提供了条件。

该阶段合作有以下特点：第一，合作平台不断建立与巩固。如众多高师院校成立了"基础教育课程研究中心"和"教师教育学院"，协助中小学开展教学改革；北京师范大学教育学部成立的"教育家书院"成为优秀教师理论提升的平台。[④] 第二，合作内容更加丰富。如高校指导中小学开发"校本课程"；大中小学教师共同开展"校本教研"及"课题研究"；"国培""省培"成为中小学教师培训的新方式等。第三，合作形式多样化。2001 年，首都师范大学教育科学学院最先尝试在北京市丰台区和朝阳区的部分中小学建立了我国首批 5 所教师发展学校，并在全国范围内引起了强烈反响。[⑤] 为了改变原来各类教育割裂、封闭式办学的局面，实现全国教育资源的优化配置，2010 年开始，教育部与部分区域合作建立教育改革试验区，上海市成为我国首个部、市共建的国家教育综合改革试验区。[⑥] 此外，为了提高现有优质教育资源的使用率，北京师范大学、华中师范大学、山东师范大学等高等师范院校与其附属中小学合作成立"基础教育集团"，这也成为大中小学合作办学的一大成果。

二、大中小学的合作关系及模式

（一）大中小学的合作关系

大学若想培育出好教师，就必须将模范中小学作为实践的场所。而中小学要想成

① 卞学祖：《华东师范大学举办学科教学论硕士研究生课程班》，《化学教学》，1996 年第 5 期。
② 邓晖：《研究生课程进修班今年起停招》，《光明日报》，2014 年 5 月 10 日。
③ 操太圣，卢乃桂：《教师专业发展新范式及其在中国的萌生》，《教育发展研究》，2002 年第 11 期。
④ 顾明远：《在教育家书院成立大会上的讲话》，《教师教育研究》，2010 年第 4 期。
⑤ 王长纯：《教师发展学校的构想》，《中小学教师培训》，2003 年第 12 期。
⑥ 薛明扬：《先行先试：为全国教育改革和发展探索道路——谈教育部、上海市共建国家教育综合改革试验区》，《人民教育》，2010 年第 12 期。

为模范学校,就必须不断地从大学接受新的思想和新的知识,大学与中小学之间有着不可否认的相互依存关系。对此,相关研究中存在着不同的表述方式,主要有以下几种理解:

1. 平等、互信与互惠关系

在古德莱德所构建的"共栖关系"(symbiotic relationship)中,大学和中小学同时是自私和无私的,两者虽然有着各自独特的发展需求,但是基于提高教学质量的共同目的,它们放下各自的独特性,建立起平等、互信和互惠的关系,携手合作共同促进学校发展。①

2. "共生体"关系

大学与中小学合作的本质是理论与实践的结合,叶澜教授用"共生体"一词来描述这种合作关系。"只有生长、只有发展,才有生命力,我们追求的大中小学合作研究是合作者在合作中不断生长与发展,我们追求合作过程中学校的真实改变,追求合作过程中老师、学生、大学教授、研究人员包括研究生都一起成长。只有成长才会幸福。"②

3. "自由的联合"

高师院校与中小学的合作可以被视为一种"自由的联合",制度的缺失为双方的合作提供了一个多元化的平台。在联合之中,高师院校的学者们与中小学校长和教师可以超越各自单元生活逻辑的限制,获得自由的发展。③

4. 不对称、不平等的合作关系

从学校合作层面来看,中小学对高校的需求远远大于高校对中小学的需求,这是一种不对称的合作;从教师合作层面来看,大中小学之间是一种不平等的"知识——权力关系"④,大学专家掌握着"话语霸权",充当着"立法者"的角色,而中小学教师始终处于"被指导"的地位,这种不平等的合作关系导致真正的合作无法开展。

(二) 大中小学的合作模式

因发起合作的目的与任务不同,以及参与合作的机构数量、所处地域及性质等方面存在差异,致使目前大学与中小学合作类型呈现出多样化的特点,研究者们基于不同的视角进行了分类:

1. 基于分析框架的划分

大中小学伙伴合作从发起向度(大学、联合、学校)、关系向度(指导、协作、建议)、任务向度(多任务、单一任务、无特定任务)三个方面进行考察,从而获得了 27 种合作模式。⑤

① 张景斌:《大学与中小学的伙伴协作:动因、经验与反思》,《教育研究》,2008 年第 3 期。
② 叶澜:《大中小学合作研究中绕不过的真问题——理论与实践多重关系的体验与再认识》,《教育发展研究》,2014 年第 20 期。
③ 徐继存:《民主的悖论与自由的联合——关于高师院校与中小学合作问题的思考》,《西北师大学报(社会科学版)》,2014 年第 6 期。
④ 卢乃桂,操太圣:《立法者与阐释者:大学专家在"校院合作"中角色之嬗变》,《复旦教育论坛》,2003 年第 1 期。
⑤ 王少非,崔允漷:《大学-中小学伙伴关系:一种分析框架》,《全球教育展望》,2005 年第 3 期。

2．基于合作目的和内容的划分

校本教研式、课题研究式、教师发展学校式是大中小学合作的三种典型模式。① 此外，还可以具体归纳为五类：单向传递报告型、项目研究合作型、咨询合作型、实验推广型、教育实习型。② 每一种类型都出于不同的合作目的。

3．区域创新合作模式

随着基础教育改革的不断推进，部分地区结合实际情况和需要也在不断地创生出新的合作模式。例如，东北师范大学教育科学学院与鞍山市铁东区合作时提出了“U-A-S 模式”，即参与研究的三方为大学、教育行政和中小学，它们充分发挥自身的优势，承担各自不同的责任。③ 厦门市思明区教师进修学校基于区域推进特色学校建设的需要及解决在地感不足的问题，构建了大学、教育行政、教研机构和中小学四方合作区域推进学校特色化发展的“UATS 模式”。④ 香港中文大学“大学与学校伙伴协作中心”实行以行动研究为核心的“4R”模式：关系建立、概念重建、寻求资源、反躬自省。⑤

综上所述，大学与中小学合作模式呈现出多样化、区域化的特点。学者们或从理论构建出发，或从实践中提炼；或注重目的层面，或注重深度层面；或从不同的维度进行划分，或引入中介力量进行考量。尤其是近些年来，随着国家对教育改革的不断推进，教育行政部门在大中小学合作中的地位与作用日益凸显。

三、合作中出现的困境和应对策略

（一）合作中出现的困境

从理论意义上来讲，大学与中小学合作应该是一种可能的“双赢”模式，因而通常被寄予厚望。但实际上，由于受诸多条件的制约与影响，大学与中小学的合作中常常存在着“貌合神离”“少合多离”“合离无异”等不理想的状态。⑥ 笔者将其归纳为以下几种：

1．异质文化之间的冲突

一般来说，大学文化注重理论性与研究性，中小学则以实践性和日常性为主，两种不同类型的异质文化在合作中必然会产生一定的冲突，具体表现为：大学理论性和研究性文化与中小学实践性和日常性文化的冲突、大学教师文化“霸权”与中小学教师文化“缺位”的冲突及大学合作主义教师文化与中小学个人主义教师文化的冲突。⑦

2．合作价值取向的对立

大学与中小学对于合作的意义，以及各自在合作中的价值与地位存在着不同的认

---

① 罗丹：《课程改革背景下大学和中小学合作的动因与模式》，东北师范大学硕士学位论文，2006 年。

② 彭虹斌：《U－S 合作的困境、原因与对策》，《教育科学研究》，2012 年第 2 期。

③ 马云鹏，欧路莎，等：《从双方合作到三方合作：学校改进模式新探索——以鞍山市铁东区为例》，《中国教育学刊》，2011 年第 4 期。

④ 郑志生：《四方合作：大学与中小学合作的新模式》，《中小学校长》，2011 年第 12 期。

⑤ 李子建：《大学与学校伙伴协作式行动研究：从 4P 迈向 4R》，《上海教育科研》，2007 年第 8 期。

⑥ 叶澜：《大中小学合作研究中绕不过的真问题——理论与实践多重关系的体验与再认识》，《教育发展研究》，2014 年第 20 期。

⑦ 肖正德：《冲突与共融：大学与中小学伙伴合作的文化理路》，《社会科学战线》，2011 年第 7 期。

识,大学专家期望合作能最大限度地实现教育研究成果的变革,而中小学教师存在保守观念,不敢轻易尝试重大的教学变革,甚至会产生逃避心理。正是这两种不同的价值取向导致合作只能在双方都能接受的范围内展开,却无法深入。

3. 合作参与者的认识误区

在中小学教师层面,暴露出理论认识存在误区、合作意愿不强等问题;在大学专家层面,有意回避合作研究、话语"霸权"等问题突出;在中小学校长层面,普遍存在缺乏合作研究的意识和能力、功利主义倾向等问题,这都有待于纠正。

4. 合作制度缺乏保障

当前中小学与高校合作正在努力朝着规范化的方向发展,双方通过签订相关协议、合同,明确了双方的权利和义务,但是在此过程中仍存在合作制度缺失、投入资金不足、支持力度太弱等问题。同时,评价机制的不完善也有碍于高校与中小学的深入合作。

(二)应对策略

面对出现的困境,有研究者开始反思合作行为,并提出了较为全面的突围策略:

1. 参与者角色入位与转换是合作研究的必要条件

一是双方参与者应明确自己在合作中的位置:教师是主体,高校是促进者,学校需要为双方的研究提供物质、文化支持,双方是平等参与、构建合作的共生关系①;二是把握好自身与他者的需要,"要求别人改变"就必须先"改变自己"②;三是大学教师应将其话语由"权威性话语"转化为"解释性话语",实现从"立法者"到"阐释者"的角色转变。

2. 加强大中小学合作的价值认同和文化融合

参与双方的相互理解是合作的基础,合作中应坚决避免出现中小学教师视大学研究者为"理论怪物",大学的研究者将中小学教师看作"保守分子"的尴尬境况。③ 大学专家和中小学教师应保持一致的价值观念,不仅信任彼此的能力,也要对合作改革充满信心,这是使大学与中小学得以可持续地深度合作的必由之路。

3. 构建大中小学合作的制度保障系统

大学与中小学合作的顺利开展不仅需要双方的配合,更多地还依赖于外部保障系统的支持。面对当前的合作状况,有研究者指出应着重完善合作激励机制,加大地方政府的资金投入,给予中小学更多的经费保障,提高中小学教师投身于教育科学研究的积极性。

4. 优化大中小学合作评价机制

为了避免大中小学合作流于形式,片面强调结果、忽视过程,有学者指出应构建过程性合作评价机制:即中小学各层级管理者和教师的自评、大学教育研究者的评价及合作双方之外的"第三方评价"④,以综合考量合作过程的各因素变化,全面、系统地评价

① 于学友:《教师发展学校建设中的大学与中小学合作》,首都师范大学硕士学位论文,2005 年。
② 孙元涛,许建美:《大学与中小学合作研究:经验、问题与思考》,《教育研究与实验》,2012 年第 3 期。
③ 吴康宁:《从利益联合到文化融合:走向大学与中小学的深度合作》,《南京师范大学学报(社会科学版)》,2010 年第 3 期。
④ 刘径言,朱文娟:《大学与中小学合作的形式、矛盾与策略探析》,《现代中小学教育》,2014 年第 11 期。

合作效果。此外,内评与外评相结合、自评与互评相结合的复合性评价体系有助于大中小学合作朝着持久化、深入化的方向发展。①

四、目前研究中的问题及后续研究建议

(一)研究中的问题

当前,有关大中小学合作的研究主要存在以下几个问题:

一是实践经验占主导,缺乏理论建构。大中小学的合作问题归根结底就是教育理论与实践的结合问题。现有研究中多数是研究者基于自身实践经历与个人经验而进行的理论阐述,同时,由于地域的差异,那些区域性的成功案例只说明了"怎么做"的操作问题,其普适性仍值得商榷。所以,为了促使大中小学合作往更深层次发展,我们还需要回答"为什么这么做"的问题,使理论与实践"两张皮"真正地结合在一起。

二是过多的移植、探讨国外的合作理论,缺乏本土化的改造与创新。现有研究较多地关注国外教师教育改革成果,以及大中小学合作模式的创新。虽然这种引进的确能够为密切国内大中小学合作关系、促进教师专业发展及学校改进等方面提供一定的借鉴,但是大多数研究所归纳出来的启示多是对别人成功经验的浅显总结,甚至是原封不动的挪用,没有加以本土化的改造,因此在我国的适用性也就不得而知。

三是研究方法单一、视域狭窄。现有研究以浅层次的理论描述和经验总结为主,针对某地区、某院校的个案研究和实证调查缺乏,对于合作参与者的心理感受也只是主观臆断,没有真实了解当前大学与中小学合作中的困境与矛盾,提出的解决策略自然也是宽泛、空洞的。除此之外,已有研究多是从教师专业发展、教师教育改革等视角看待大中小学合作现象,缺乏更广阔的研究视角,这也是当前大中小学合作研究无法深入的原因之一。

(二)后续研究建议

1. 研究形式及内容仍须扩展

近三十年来,国内大中小学合作的形式越来越多元化。尤其是2000年以来,教师发展学校、教育家书院、教育改革试验区、国培计划、省培计划、高等师范院校基础教育集团等新型的合作形式不断涌现,为我们的相关研究提供了更多的素材。因此,后续有关大中小学合作的研究应继续朝着多元化的方向发展,深入探索这些新的合作形式的有效性与可持续性。

同样不可否认的是,大中小学合作的内容也在不断增加。从师范生教育实习到在职教师的继续教育,从教学模式改革到校本教研、课题研究,每一个阶段都处在持续丰富之中。然而我们并不能局限于此,而是应该探索出新的问题、新的研究视域,使大中小学合作更加深入。

2. 运用多元化研究方法

在当前理论研究的基础上,本领域研究者可以尝试运用实证研究、个案调查等科学研究方法,更为全面、深刻地剖析大中小学合作的现状,发现其中存在的问题,促进合作更好地开展与落实。同时,不管是专业研究人员、大学专家,还是我们的中小学教师,都

---

① 孙元涛,许建美:《大学与中小学合作研究:经验、问题与思考》,《教育研究与实验》,2012年第3期。

应该充分认识到行动研究在中小学教育教学改进方面的重要价值与巨大潜力。研究人员通过"行动研究"透视中小学课堂，既可以帮助教师提升自身的专业素养，提升中小学的教育质量，也可以使理论与实践得到圆满的结合。

3. 拓宽研究视野，坚持多学科研究视角

随着大数据时代的到来，知识量正在以"指数"的形式不断增加，自然科学和人文社会科学之间的融合点越来越多。因此，大中小学合作研究应从教育学、教育管理学等学科范畴中走出来，多多学习与借鉴其他社会人文学科的方法论，如文化学、现象学、心理学、社会学等，积极寻找适合本领域研究的"特色方法"。此外，在借鉴国外教师教育改革经验时，研究者应该基于我国实际教育教学现状及需求，构建"有中国特色"的教育改革体系，推动大中小学合作继续深化。

学习共同体构建的阶段及其策略①
——来自教学行动研究的报告

潘洪建*

　　摘　要：学习共同体不是自然形成的，而是教育构建和长期培育的产物。学习共同体构建包括六大阶段：宣传动员，建立共同愿景；组建小组，搭建学习平台；制定规则，内化行为标准；活动展开，体验学习快乐；成果展示，分享学习成果；反思评价，提升合作境界。每一阶段又有着不同的构建策略。
　　关键词：学习共同体；教育构建；行动研究

　　近年来，学习共同体建设与实践得到广泛关注。它不是自然形成的，而是教育构建的产物。作为一种学习组织，学习共同体有其特定的形式，它依托学习小组，同时又超越学习小组。那么，如何实现由合作小组向学习共同体的转化，建设真正意义上的学习共同体？我们认为，从一般的合作小组到真正的学习共同体，需要付出热情、努力和智慧。为此，笔者与课题实验学校教师共同展开了有关学习共同体建设的理论探讨与行动研究。本文结合行动研究的实践探索，就学习共同体的构建阶段及其方略进行探讨，以期提升学习共同体的品质。学习共同体建设可分为六个阶段。

一、宣传动员，建立共同愿景

　　学习共同体建设首先要确立共同的愿景。博耶尔（Ernest L. Boyer）在《基础学校：学习的共同体》一书中把"有共享的愿景"作为建立真正意义上的学习共同体必备的首要条件。根据博耶尔的观点：学习共同体是所有人因共同的使命而朝共同的愿景一起学习的组织，共同体中的成员共同分享学习的兴趣，共同寻找通向知识的旅程和理解世界的运作方式。麦克米兰（McMillan D. W.）和查维斯（Chavis D. M.）从心理学的角度将共同体界定为："一种成员所拥有的归属感，一种成员彼此间及与整个群体休戚相关的感情以及对成员的需求将通过他们对共同生活的认同而得到满足的共同信念。"②作为共同体所有成员"共同信念"的共享愿景，能够使共同体成员产生共同的观念认同与情感归属。唯有如此，共同体成员才有可能将共同体的目标与愿景转化为自身的自觉行为。在学习共同体的初创阶段，每个成员都希望得到别人的认可，并在共同体中找到自己的位置，因此，应用一定时间和精力来培育"共享愿景"，以包容和欣赏的心态在师

---

　　①　国家社会科学基金"十一五"规划 2010 年度教育学一般课题"大班额学习共同体构建与教学方式变革研究"阶段性成果，课题编号（BHA100051）。
　　*　潘洪建，扬州大学基础教育研究所所长、教授、博导，主要研究方向为课程与教学论。
　　②　王越英：《打造学习共同体促教师专业发展》，《上海教育科研》，2004 年第 3 期。

生之间建立共同愿景,为每个人所认同,从而产生强烈的归属感。

然而,以班级为基本单位的传统教学建基于个人主义哲学,学生之间缺少真正的、深度的互动和交流,属于集体教学框架下的"单子式""孤鸟式"学习,学生难以产生归属感。学习共同体强调学习者之间、学习者与教育者之间的深层互动、经验共享和思维推进。由于传统惯习、学习观念与组织方式的强大影响,学习方式的变革并非易事。因此,学习共同体建立之初,教师应做一定的宣讲、动员,对学习共同体构建的意义、作用进行一定的解释、说明,让学生理解学习共同体的理想、价值和追求,产生共同学习的愿景,培养共同意识与精神,产生认同感和归属感,为学习共同体的构建做好心理上的准备。下面是一个班级学习共同体建设的宣讲词:

> 本学期我们打算尝试一种新的学习组织,它的名字叫"学习共同体"。其实,这种组织大家并不陌生,它与以前的合作学习有许多相似的地方。学习共同体强调学习小组成员之间的密切合作、充分讨论和经验分享。它要求小组内每个成员积极参与,充分讨论,或发表自己的观点,或提出自己的疑问,或呈现收集的资料,或展示研究的成果。一人发言时,其他同学认真倾听、提问、补充、完善,并做好记录,加以整理,然后在全班汇报。小组每个成员都应发挥自己的作用,为共同体做出贡献。"三个臭皮匠,顶个诸葛亮",该种学习形式能帮助我们更好地理解、掌握化学知识,提高化学学习效果。希望你积极参与,扬长避短,相互鼓励,共同进步。
>
> (资料出处:扬州邗江区公道中学陈传军,行动研究报告)

上述宣讲既说明了学习共同体的内涵、意义,又提出了一定要求,有助于增进学生对学习共同体的初步认识,激发学生对学习共同体的愿望。

二、组建小组,搭建学习平台

宣讲动员工作结束之后,应着手学习小组的建立,将学生分为不同的学习小组。学习小组是学习共同体的基本形式,一个班级可以组建不同规模、性质的学习小组(或称为合作小组)。学习小组初建涉及以下几个问题:

1. 学习小组的标准问题

学习小组的划分标准大致有:知识基础、能力水平、学习任务、学习方法、学习成绩、学习风格、学习兴趣、性格特征等。上述分组中,较多是根据知识基础、能力水平、学习任务和学习兴趣进行分组的。

2. 学习小组的类型问题

学习小组有多种类型:同质小组与异质小组、固定小组与临时小组、课堂合作小组与课外合作小组、面对面的课堂学习小组与虚拟的网络学习小组、帮扶结对小组与互促共进小组、教师指定小组与自由组合小组等。可根据实际加以组织。

3. 学习小组的组建问题

首先要考虑的是分组标准,是一个分组标准还是两个或多个分组标准。我国目前合作小组组建多以学业成绩为标准,比较单一。其实学习小组的组建有多个标准,这是由学生的多样性决定的。同时,不同标准的学习小组具有不同的功能,为了促进学生多方面发展,可以选择2~3个标准作为分组的依据。其次,考虑分组类型,是同质小组还异质小组。同质分组即将具有相同性质的学生分为一组,异质分组则是将具有不同性质的学生分为一组。从学习共同体的建设目标来讲,互补型的异质学习小组更能体现学习共同体的基本精神。当然,也可课内异质,课外同质,或课外异质,课内同质,使同质分组与异质分组兼存,二者相互补充、相得益彰。再次,考虑合作小组的规模,合作小组规模的确定应利于互动交流、讨论探究,如果班级规模较小,可选择4人一组;如果班级规模较大,可选择6人一组,课内分组小些,课外分组大些。小组规模不能太大,如果太大,每个学生参与的机会就会减少,甚至没有互动交流的机会,影响参与热情和学习效率。此外,在空间的安排上合作小组应以邻座互动为宜,不能频繁挪动桌椅或变换座位。

如化学学习小组的建立,可在了解学生基本情况的基础上,分析学生在知识技能、学习能力、学习兴趣和学习态度等方面的差异,把不同类型的学生搭配在一起,组成4人构成的"学习共同体",建立异质学习小组。这样,一个班级的学生可分成14组,每组大体由A,B,C,D四种类型的学生组成。表1所示的是其中的一个小组:

表1 高中化学学习异质小组

学生	性别	身高(m)	学习兴趣	学习态度	学习能力	学习成绩
A	男	1.71	浓厚	认真	强	优秀
B	男	1.72	较浓厚	较认真	较强	良好
C	男	1.69	一般	一般	一般	一般
D	女	1.64	较差	较认真	较差	较差

(资料出处:扬州邗江区公道中学盛传云,行动研究报告)

上述分组将不同差异的学生组成一个学习小组。其中,D受益是无疑的;B和C可以从对方和A的身上相互启发;A也可以在与同伴的学习交流中获得启发,增强语言表达能力和人际交往能力,从而达到互利互惠,共同成长。

三、制定规则,内化行为标准

真正意义上的学习共同体不能等同于一般的学习小组,它需要小组成员频繁的互动、广泛的交往、深度的交流,需要成员之间经常的精神沟通、思想交锋、观念碰撞,从而达成实质性合作与共同体的持续发展。实质性合作需要一定的规则作为保障。合作规则是共同体成员应共同遵守的行为准则与要求,是学习共同体成功的基本条件。在规则的规范与指引下,每个成员积极参与、彼此交流、共享思考,共同体学习才能有序、有效地进行。规则可以限制话语"霸权者""主宰者",减少"游离者""沉默者",让每个学生都参与讨论,自觉承担责任,既为共同体发展做出贡献,分享共同体的成果,又能感受学习共同体的快乐与幸福,在共同体中成长进步。

规则的大致范围有:有关发言的规则,如发言的顺序、时间限制、发言的内容及表达方式;有关倾听的规则,如静默、双眼盯着发言者、不做小动作等;有关回应的规则,包括插话、什么时候插话、插话的时间及内容;有关评论的规则,如肯定、否定、补充、完善、赞许、修订等;有关记录的规则,包括记录什么、怎样记录、记录多少、梳理概念等;有关小组汇报与交流的规则,包括谁来汇报、时间、补充、评论;有关主持人的规则,包括谁来主持、时间把握、技巧等。

如何制订规则?在传统的学习小组中,规则大多来自教师单方面的规定,并借助外部力量加以实施,规则执行成为一个强制的外在过程。为了使规则深入共同体成员的心灵,把规则要求转化为学习共同体成员的自觉追求,内化为共同体成员的行为标准,并自觉支配学生的行为,必须改进规则制订方式,改教师代为制订为教师指导下的学生自主制订,或师生共同讨论、协商,确定合作学习的系列规则。需要说明的是,尽管合作学习规则涉及多个方面,但规则的表达应尽可能简明扼要,可采用关键性核心动词,让学生知道做什么及怎样做,以增强规则的可操作性和实效性。规则的表述应尽量体现人文关怀,注重提醒与激励,强调目标与指引,提出具体规范,尽可能少用或者不用"严禁""必须"等词语,多用一些"请""需要"等更具人文色彩的词语。让规则有助于放飞学生心灵,发展学生个性,营造宽松和谐、积极向上的心理环境,激发学习共同体的内在活力。规则一旦确定,教师应组织学习、领会,督促、指导规则的执行,发挥规则的引导、调节、规范作用,内化为成员行动的指南,提高合作学习水平。当然,随着合作学习的开展,一些规则已为学生掌握,自觉运用,规则数量可适当减少,表述应更加简明。同时,根据学习共同体建设的实际需要,及时地调整、补充和完善规章制度,使规则能够根据情况的变化进行动态调整。

如"课外阅读学习共同体"规则可包括以下内容:(1)选择读物,教师推荐、网络推荐书目或小组成员自己感兴趣的书籍、课题。(2)选择阅读内容,整部(篇)或部分章节。(3)明确阅读方法,摘抄精彩句子、段落、写作心得体会、点评分析、概括性介绍(但不能直抄前言后记)和习作片段等。(4)阅读时间安排,制订每周、每月、每学期或学年的阅读计划。(5)阅读交流汇报,其程序是:一人介绍,其他提问,回答解释,总结反思,教师点评。其基本规则与要求包括:介绍要求、问答要求、点评要求、总结反思要求等。又以"阅读这篇文章并正确回答相应的问题"为例,其程序及规则为:(1)三人小组中的一人朗读课文中的一段,另两个人注意仔细听,对错误进行纠正。(2)研究第一个问题,每人都提出自己对这个问题的看法,至少记下三个较好的回答。小组成员共同决定哪一个回答为他们组的最佳答案。(3)依照步骤二逐一解决所有的问题。(4)所有问题均已答完后进行小组总结。[①]

四、活动展开,体验学习快乐

小组学习活动的展开是共同体形成的核心环节,是学习规则支配下的学习过程,是小组成员围绕某一学习内容进行的讨论、协商与对话。共同体理念支撑下的小组学习应遵循下列原则:

第一,真实问题,任务驱动。传统教学中的问题一般是结构化的、模拟的问题,学生可以按照某一模式进行解答,而学习共同体面对的问题则是非结构化的、真实的问题、复杂的任务,强调通过真实的学习任务驱动学习过程的展开,这样更有助于激发学生合作学习的热情,更强调成员之间的深度交流与合作探究。换言之,合作学习的内容需要

---

① 马兰:《合作学习》,高等教育出版社,2005年,第52页。

选择、设计，并非所有的学习内容都采用合作学习的方法，对于那些比较简单、个体通过努力能理解、掌握的内容可让学生自主学习。

第二，创设情境，引发认知冲突。认知冲突是指一个人已经建立的认知结构与当下学习情境之间暂时的矛盾与冲突，是学生已有的知识、经验与新知识之间存在某种差距而导致的心理失衡。这种心理失衡能够激发学生的学习兴趣，调动学生的探究热情，为学习新知识创设"最近发展区"。学习共同体的真正发展需要成员间产生认知上的冲突与矛盾，冲突对学习共同体起着驱动的作用。但是，冲突不会自动转化为学习共同体构建的动力，组织者必须发挥引导协调作用，使师生在解决冲突的过程中，建立互惠的合作关系，促使学习共同体实现动态发展。[①] 教师在教学过程中应充分利用教学内容设置认知冲突，要善于利用学生的认知矛盾，在学生的疑难困惑处、求知兴奋处、意见分歧处和思维创新等处合理而适时地创设情境，激发学生的求知欲，提高学生的参与度。

第三，深度交流，共同建构知识的意义。合作学习是学习者之间共同建构知识意义的过程。为了保证合作学习中的意义建构，充分开发学生个体的差异资源，促进共同体中每一个成员的成长，教师应指导、提醒学生遵循合作学习的基本程序和规范，尽可能减少或消除优势学生控制整个讨论过程而弱势学生旁观游离现象的发生，让每位学生均受到尊重，平等参与、交流，充分发表意见，表达观点，深度回应，深化反馈，建构知识的意义，从合作中真正受益，并在此过程中逐渐形成归属感、认同感，巩固共同体意识与团队精神。

第四，活动形式丰富多样，学习内容和学习任务的复杂性，学生个性与需求的多元化，要求小组活动的多样性。让学生通过听取、说明、求助、反思、帮助、支持、说明、建议、协调等合作方式进行学习交流。通过多种活动形式激发学生的学习热情，促进学生多方面的发展。

第五，要有足够的合作时间。我们常常看到一些课堂上的闪电式、浅层次的合作，从合作启动到合作结束时间太短，学生还未进入合作状态即被叫停，这样的合作最终使合作学习成为一种课堂表演和插曲，流于形式，失去了合作的意义。在笔者的实验学校，一位教师通过多种形式开展共同体活动，取得显著成效。

> 在学习共同体中，对话、协作与交流受到空前的重视，成为一种常态的学习方式。没有活动，就不能算学习共同体，在实验班中，我注重开展语文学习活动来促进语文学习共同体的形成。
>
> 轮流朗读。学习共同体内成员共同完成朗读任务，既可按角色分配朗读任务，又可按课文段落分配朗读任务。如在宋词教学中，我们安排同学小组内轮流朗读，全班同学在各自的组内都有朗读任务，朗读结束后，每位同学须自提不足，又要指出组内同学的错误。小组朗读使全班同学朗读参与率得到成倍的提高，同学们的朗读能力在参与中又得到不断锻炼。为了更好地调动学生朗诵的积极性，我在同学们充分准备的基础上，组织全班同学进行朗诵比赛，要求个人朗诵与小组成员集体朗诵结合，最终采用小组加分的方式奖励，

---

① 钟志贤：《知识建构、学习共同体与互动概念的理解》，《电化教育研究》，2005 年第 11 期。

充分调动了学生朗诵的积极性。

小组设计。学习共同体内成员共同设计的内容有：课文的板书、课后练习、语文知识小报、体现选学课文学习重点的思考题、课文中故事新结局等。例如，我在学期初，安排一节课时间，要求各小组发挥集体智慧，群策群力设计1～2个课外活动，如：改错别字比赛、成语接龙、猜字谜、对对子、成语故事会、诗词擂台赛、公益广告设计赛、辩论会、名著赏析、名胜古迹介绍等。另外，在一个学习任务结束后，请每个小组共同设计一份检测练习，必须突出重难点，最终打分计入小组成绩。

共同写作。学习共同体内成员共同起草倡议书、慰问信，合作编写相声、小品，一起创作校园剧，共同完成调查报告等，这样可以培养小组成员的创造力和团队合作精神。

作文互批。学生完成作文后，首先请本学习小组的同学利用课余时间进行组内互评，要求找出文中的错别字，并对文章做出恰当的评价。然后，教师对本次写作情况及互批情况做整体分析，教师作文评讲后，请其他小组的同学根据教师的分析要求重新进行组间评价，然后学生个人根据教师的分析要求对自己作文作一个自评并进行修改，最后交由教师评批。互批的过程实际上就是写作反思的过程，就是再创造的过程，这样做有助于提高整体写作水平。

作业互查。学习共同体内成员互相检查的内容有：家庭作业的完成情况，课堂作业中错题的订正结果、词语的听写、重点片段的默写情况。如每单元的古诗词背诵和默写，组内每位同学既是检查者，也是被检查者，如此，学生学习的效率得到了成倍的提高。每周老师对各个小组的作业完成及作业互查情况进行总结评估，评出优秀学习共同体。

项目负责。为了培养共同体的合作能力，我还把与班级有关的各种任务作为项目交由相关学习共同体负责，如每期黑板报都交给一个学习共同体去完成，请小组主持人负责，根据主题任务进行分工，按规定完成黑板报，然后请评委根据完成情况和质量给该小组评分。

合作学习。在课堂和课外，要求每个共同体就学习任务展开研究、讨论和交流。学习共同体内成员，先独立思考，然后在小组内汇报学习所得，再经讨论达成共识后，推荐代表向全班汇报，教师在听取汇报的同时，对存在的问题及时进行解决。

小组竞赛。在学习共同体间开展各种比赛活动，促使小组成员的进一步合作。如比一比哪组同学在语文竞赛中获奖最多，赛一赛哪组同学自学汇报的正确率高，争一争哪组同学整体进步幅度大……期末进行总评，为下学期各组成员的适当调整提供依据。

（资料出处：扬州邗江区公道中学李兆斌，行动研究报告）

五、成果展示，分享学习成果

为了促进更深入的理解，形成班级认同与情感归属，小组学习结束之后，可组织学习小组之间的交流、互动，展示小组学习成果，使小组学习扩大到全班范围，进而构建班级层面的学习共同体。

小组学习成果既有认知的成果,也有操作的成果,还有问题解决的成果,因此,成果展示的内容应丰富多彩:观点结论、认识分歧、共同作品、研究报告、小论文、小制作等。成果展示的基本形式有:汇报、板演、板报、辩论演说、戏剧表演、作品展览等。通过多种形式展示小组活动的成果,分享小组活动的成功与喜悦、思考与建议。教师可以结合教材内容设计一题多解的问题。例如,在学习高中化学"弱电解质醋酸的电离平衡"时,要求学生设计若干种化学实验以证明弱电解质醋酸的电离平衡移动过程。首先,请学生个人独立思考如何设计实验,证明弱电解质醋酸的电离平衡移动;然后,小组合作讨论设计实验;最后,各小组在全班展示合作学习成果,形成了 12 种解法:

(1)1mol/L 醋酸、1mol/L 盐酸分别与同样的铁片反应,观察生成气泡的快慢。

(2)1mol/L 醋酸、1mol/L 盐酸分别与同样的锌片反应,观察生成气泡的快慢。

(3)取出一定浓度、一定体积的醋酸稀释 100 倍,检验稀释前后的溶液 pH 值。

(4)一定浓度的醋酸进行加热,检验加热前后的溶液 pH 值。

(5)1mol/L 的醋酸、盐酸进行稀释相同的倍数,用稀释后的溶液与同样的铁片反应,观察生成气泡的快慢。

(6)pH=1 的醋酸、盐酸,稀释 100 倍,用稀释后的溶液与同样的铁片反应,观察生成气泡的快慢。

(7)0.1 mol/L 的醋酸、盐酸稀释相同的倍数,然后检验前后的溶液 pH 值。

(8)0.01 mol/L 的醋酸进行加热浓缩,检验浓缩前后的溶液 pH 值。

(9)一定浓度的醋酸加入少量的醋酸铵晶体,检验加入前后的溶液 pH 值。

(10)一定浓度的醋酸进行降温 10 度,检验降温前后的溶液 pH 值。

(11)pH=1 的醋酸稀释 100 倍,检验稀释后的溶液 pH 值。

(12)取出 0.1mol/L 的醋酸、0.1mol/L 盐酸,分别检验溶液 pH 值。

(资料出处:扬州邗江区公道中学盛传云,行动研究报告)

学生于组内研讨解法,同时又在全班交流,成果展示丰富了学习内容,深化了对知识点的理解,也有助于强化学生的合作意识,培养学生的思维灵活性和共同体精神。

成果展示的过程与规则。首先,小组代表总结发言或展示,本小组成员补充,其他小组可以发问、质疑,本小组组长或成员回答问题。接着,第二组汇报,依次循环。如果是作品展览,可先统一展示,再交流探讨。相应规则为:各组代表汇报时,其他小组成员认真倾听,并准备提问或质疑;提问质疑应建立在理解原意的基础之上,不能断章取义;回答不兜圈子,不回避问题;提问或回答简明扼要,条理清楚;控制展示节奏与时间,为更多的展示提供机会;尊重人格,不得进行人身攻击;等等。展示活动结束时,教师应简要总结,强化认知,但不一定形成统一的意见或提供标准答案(尤其是对于开放性的问题)。

六、反思评价,提升合作境界

根据共同体建设需要,在成果展示之后,可安排一定的反思与评价活动。反思与评价是对活动展开过程与结果(包括成果展示)的反思与评价,它既包括个人反思与评价,也包括小组反思与评价,还可以是全班反思与评价。既有对学习内容的反思与评价,也有对成果形成过程的反思与评价,还有对合作规则运用情况的反思与评价。通过反思与评价,将学习共同体建设推向更高水平和层次,提升合作境界。

反思包括个人反思和小组反思。个体层面上的反思包括:个人的参与意识、参与频率、对小组的贡献、成绩与不足。小组层面上的反思包括:合作过程、合作规则遵守情况、合作成果。通过反思,明确下述问题:学习共同体是否达到预期目标? 如果达到,还有更好的方法吗? 如果没有达到,是学习共同体发展策略的问题,还是实施过程存在问题? 共同体建设是否还有一些问题有待解决,值得改进……在学习共同体的不同时期运用多种方式进行反思,适时反馈共同体学习的信息,及时调整共同体建设策略,不断调整或设计共同体建设方案,实现学习共同体动态的可持续发展。

"学习共同体"实施一段时间后,我发现出现了以下问题:一些学生没有进行独立思考,往往浅尝辄止,匆忙提问;在合作过程中,有些学生盛气凌人,高高在上;有的学生较为保守,不太愿意帮助学习上的"弱者";一些"学困生"始终积极性不高,参与度不强;在合作学习过程中,一些学生讨论时容易跑题,甚至个别组在老师不在时出现较多废话现象;有些学生与组内同学之间若即若离,没有真正融入小组内。针对以上问题,我一方面利用各种机会与学生进行个别交流,另一方面思考解决这些难题的对策。经过反思,我认为解铃还须系铃人,于是发动学生让他们自己来解决这方面的问题。在班会活动时间,我提出三个问题,让同学们认真思考、讨论。

问题1:组建"学习共同体"以来你最大的收获有哪些?

问题2:通过"学习共同体"你想获得的收获有哪些?

问题3:在"学习共同体"中你最大的挑战是什么?

在班会课上,同学们参与的热情高涨,真是做到了知无不言、言无不尽,发言的每一个同学对这三个问题进行了充分的研讨,他们每一位对学习共同体的进一步发展充满了期待。

(扬州邗江区公道中学盛传云,行动研究报告)

学习共同体建设的评价亦包括小组评价与个人评价,但主要针对小组进行评价。"组内异质,组间同质"是小组组建的基本原则,它更多地要求组内合作,组间竞争,因此,"学习共同体"评价应侧重于小组合作学习的状况评价。小组学习评价的内容包括:学习成果的广泛性、深刻性,汇报形式的多样性、生动性,汇报时回答问题的正确性、敏捷性。评价既包括量的评价(共同体内成员的学业成绩),也包括质的评价(如独特表现,创造性成果,合作态度,参与频度,学习的主动性、积极性等等)。通过评价,肯定成绩,强化动机,发现不足,改进完善,促进组内合作和组间交流,将学习共同体建设推向更高层次。

上述阶段的划分是相对的,在实际的共同体构建中,它们相互交叉、相互渗透,构成一个有机的整体。

(本文引用了课题实验学校——扬州邗江区公道中学部分教师的行动研究报告,特表感谢!)

学校课程整合的历史渊源与基本方式①

车丽娜　韩登亮*

摘　要：课程整合是应对现代学校学科门类庞杂、课程体系臃肿的必然要求。课程整合的历史探索历经了赫尔巴特学派的观念联合整合观、进步主义学派的经验统合整合观、后现代主义的知识建构整合观等不同阶段。现代学校课程整合的基本方式有专题综合式、模块关联式、主题嵌入式、学科融合式、领域统整式等。

关键词：学校课程；课程整合；整合方式

现代社会,随着人类创造的知识总量的大幅度增长,学科门类的分化也越来越细。而学校教育作为人类传递知识的制度化组织形式,倾向于将各种有益于社会发展、适合学生学习的知识都囊括到学校的课程方案中,力图使每门学科的基础知识、前沿内容、新兴领域都能在学校课程中得以体现,使学生各种素养的发展都能在学校课程中得以实现。于是,在整个世界范围内,人们不断地在学校课程设置上增加砝码,使学校课程的门类越来越庞杂,课程内容也越来越臃肿。据统计,美国一般高中的课程门类都在200门左右,英国第六学级学生(相当于普通高中)需要学习的"高级水平普通教育证书"课程达49门之多,②而我国有的中小学开设30多门校本课程、150多门选修课。学校的教学时间是固定的,不可能因为课程门类的增多、课程内容的增加而无限延长。要让学生在有限的教学时间里汲取人类社会的多元文化,获得尽可能丰富的知识体系和价值体验,只能通过课程整合的方式得以实现。

课程整合是应对社会发展迅速、学科内容庞杂的必然要求,也是减轻学生学习负担、提升学习兴趣和学习效率、培养创新型人才的必要途径。在世界教育史上,对课程整合理论的研究与实践探索由来已久。

一、课程整合的历史渊源

课程整合的理论基础可以追溯到19世纪赫尔巴特的统觉论。随后,以学生心理发展和兴趣需要为基础的课程整合实践在世界各国都产生了广泛影响,其间虽然也经受过质疑和短时期沉寂,但最终发展为学校课程建设、课程结构调整的重要方式。

（一）赫尔巴特学派的观念联合整合观

赫尔巴特以统觉概念解释教学现象的发生,为教育研究的科学化奠定了坚实的心理学基础。他关注人的自我意识的统一性,强调教育过程中新旧经验的联合,而统觉就是把分散的观念联合成一个整体,并使新经验同化于旧经验的过程。因此,为了实现教

① 教育部人文社会科学项目"复杂中的适应：基础教育学校变革的社会学分析(12YJA880039)"。

* 车丽娜,1979年生,山东即墨人,山东师范大学教师教育学院副教授、硕士生导师,主要从事课程与教学论研究;韩登亮,1973年生,山东荏平人,聊城大学教科院副教授、硕士生导师,主要从事教育基本理论研究。

② 熊梅,常新:《当今一些发达国家普通高中课程结构特点的比较》,《外国教育研究》,1994年第6期。

育性教学的目标,培养学生的德性或意志,必须使孤立的教材相互联系,将支离破碎的教学内容整合起来,共同致力于完整人格的塑造。他详细论证了课程组织的集中原则及相关原则,使课程中的所有研究集中于某一中心学科,并使中心学科的各个组成部分充分包含相关学科的内容。受其文化时代理论(Culture Epoch Theory)的影响,赫尔巴特认为应该将文学和历史作为课程整合的核心学科。

齐勒充分继承了赫尔巴特的课程思想。他认为教学的终极目标是陶冶德性,而此种目标的实现不能仅仅依靠以统一教学目的为表现形式的观念整合,还必须以特定学科为中心形成实质的整合,才能统一儿童的意识。他以直接关涉儿童道德情操的历史、文学和宗教为中心学科,使自然科学、数学、图画、地理、手工、唱歌等其他学科有机关联,从而保证儿童以道德、宗教情感和意志为核心的人格的形成。同样深受赫尔巴特思想影响的麦克默里兄弟修正了齐勒的课程方案,他们突破了传统教育目标对儿童道德发展的单一关注,希望把儿童培养成为身体健康、社会适应和道德良好的公民。为此,课程的设置关键是确定和选择适当的组织中心,使其与教学目的存在有机联系,并能把不同科目的知识协调成为一个单独的学习项目。麦克默里把地理学科作为知识科目结构的中心,因为地理能使人胸怀远大,有助于完成他们提出的把儿童培养成良好公民的教学目的。

赫尔巴特学派将课程整合建立在学生观念发展的基础上,使课程整合的研究步入科学的轨道。但在整合过程中,无论确定哪门学科作为整合的中心,都是依据其与其他学科知识的关联性而确定的,与中心学科关联不密切的学科则被排除在外。课程整合并没有完全打破学科的界限,而是在学科知识的关联范围内有限度地执行,课程实施也还是以分门别类的学科课程为主导方式。

(二)进步主义学派的经验统合整合观

以赫尔巴特为代表的传统教育思想占据了欧美教育舞台近百年之久。直到19世纪末20世纪初,为适应南北战争后工业化进程及民主主义思想的发展,美国以帕克、杜威、克伯屈等为代表的一批进步主义教育家开始修正传统教育的弊端,重视人的主动性和创造精神的培养。他们认为学校教育的中心应该从学科转移到儿童身上,在课程的组织上应该重视儿童的经验。杜威认为"教育即经验的改造和改组",课程应该以生活相关的经验为内容,以活动为组织形式。进步主义教育家把儿童经验作为课程整合的中心,让儿童在活动中学习相关知识。此种课程组织方式的价值经"30校实验(亦称八年研究)"得到充分验证:与传统学校的毕业生相比,参与实验的29所中学(一所中学中途退出)的毕业生在大学学习中显示出学术兴趣、适应能力、参与意识等方面的优势,说明按照进步主义的教育原则实施的中学教育,既能很好地完成中学的传统职责为大学输送合格的人才,又能比传统教育更好地促进学生多方面的发展。由此,以经验为基础的综合课程也被看作作为大学生活做准备的可行而且必要的课程。帕克具体阐释了课程整合的基础和过程,指出:"课程整合的融合模式是合并相关学科形成新课题的过程。两个或多个学科领域进行合并,以这种形式形成一个新的统一的观念。帕克认为融合模型试图建立在孩子们想法的归纳基础上,诸如'人类的决策影响其他生物的生存'。科目整合在一起能够使学生内化一个复杂的观念。"① 此种课程思想对美国乃至世界各国的学校教育都产生了深远影响,成为 20 世纪上半叶西欧新教育运动乃至西方现代教育运动的重要理论基础。

以经验为基础的课程整合彻底打破了学科课程的藩篱,所有课程均以活动的方式展开和实施。活动课程在关照学生经验的基础上却忽视了知识的逻辑性与系统性。二战以后,进步主义因被认为降低了美国教育质量而屡遭非议,急剧衰落,课程整合的思想也日渐式微,壁垒分明的学科课程重新占据主导地位。

(三)后现代主义的知识建构整合观

学科的分化与整合是人类认识发展的必然产物。20 世纪 70 年代以来,以科学知识的普适性、确定性为基础的封闭性学科体系日益被新兴的后现代文化所解构,认知被看作内外因素相互作用过程中的主体建构。整体性与建构性的知识观为后现代课程的开放性与不确定性提供了佐证。后现代主义者将课程看作与社会密切联系的开放系统,它鼓励差异、接纳干扰、允许协商。"认知者不能同认知对象分离,意义不能同引起该意义的经验情境分离。"② 课程的意义不是线性呈示和机械灌输的,而是在情境性和对话性的交互作用中创造生成的。课程整合的现实价值得到了后现代课程研究者的普遍认同。后现代课程观的代表人物多尔(W. Doll)对现代课程范式的封闭性、简单化进行批判,并围绕泰勒模式提出了针锋相对的后现代课程"4R"标准:丰富性、关联性、回归性和严密性。他特别重视课程的深度、多层意义及多种解释的可能性,认为"不必教太多的学科",而是"完全地教"所教的一切,以便让主要的观点"发生尽可能多的组合"。斯拉特瑞(P. Slattery)主张课程应该以"个人建构"和"整体理解"为基础,在个人经验的相互联系中形成对课程的整体理解,使课程的概念在个体与群体、自我与社会之间穿行。他在《后现代时期的课程编制》一书中提出了"跨学科的多层课程"概念,将课程按照整合的程度区分为不同的层次:最高层次的广域课程、核心课程,中层次的课程,低层次的课程。以美国的卡普拉(Fritjof Capra)、澳大利亚的高夫(Noel Gough)、加拿大的米勒(John P. Miller)等为代表的一批后现代主义者,从生态系统的角度出发论证课程的整体联系思想。他们认为,人类生活于一个紧密联系的世界,所有生物的、心理的、社会的和环境的因素都不可分割;为了人类的生存,我们需要加强课程与人的身心世界乃至身外世界的联系,加强与人类、自然、社会、民族等各方面的依存与沟通,全面发展人的身体、知觉、理智与情感等。

后现代主义课程强调要打破分科课程一统天下、各学科互相孤立的局面,从知识建构、整体联系的角度出发,把课程放到更大的教育、社会网络中,全面、深入地理解其内涵。该思想对 20 世纪 90 年代以来世界范围的课程改革实践产生了深远影响,各国的课程改革都呈现出追求综合化,强调与儿童经验和生活世界的联系等共同趋势。理论与实践工作者普遍认为学生能从综合或者跨学科的方法中获益:"主题式教学能提高

---

① Elizabeth R. Hinde. Revisiting Curriculum Integration: A Fresh Look at an Old Idea. *The Social Studies*, 2005 (5): 105 – 111.

② Slattery P. *Curriculum Development in the Postmodern Era*. New York: Garland Publishing, 1995:32.

学生的参与率（York and Follo 1993），将艺术融合到正规课程中能对学生的态度和自我概念产生积极的影响（Schubert and Melnick 1997），中小学教师在采用综合方法时，学生有更积极的学习态度和经验等显著优点（McBee 2000），综合课程进展的严谨性和课题学习的相关性使得课程对学生的生命更有价值（Hargreaves and Moore 2000）。"[1]

二、课程整合的基本方式

联合国教科文组织曾经提出过实现课程整合的"课程设计方法论框架"：将普通教育内容按照学科的联系整合为跨学科的十大类别：自然科学教育、社会科学与人文科学、劳动技术教育、母语和外语、公民和道德教育、精神和文化教育、艺术和审美教育、体育和闲暇教育、现代家庭教育、新教育和当代世界性问题。[2] 在相关理论的影响下，世界各国都将课程整合作为弥合学科界限、促进学生整体经验发展的有效举措。在实践层面上，由于所关涉的内容范围及策略的差异，课程整合也呈现出不同的方式。

（一）专题综合式

专题综合式是将具有相关性的学习内容整合为一个或几个专题进行集中学习的课程整合方式。根据专题所关涉内容范围的大小，此种方式又可分为学科内综合和学科间综合两种方式。学科内综合是将某一学科前后相关内容整合为一个专题进行集中讲授。例如，某小学语文教师将语文教材中《月光启蒙》《望月》《荷塘月色》三篇课文与《语文主题学习丛书》中《探索月亮奥秘》和《星夜的秘密》两个单元的内容整合为《中国的月亮》专题，在教材内容之外带领学生搜集关于月亮的古诗词、现代诗歌散文、传说、对联、别称、歌词等教学资源，开展统合学习。学科间综合通常是以人类生存和社会发展的重要问题为核心，在研究性学习的基础上整合相关学科知识，从根本上理解或解决关涉多学科领域的问题。如美国学者贝拉克所言："学科知识犹如水库，在需要时就从中提取事实和思想，强调依据所要解决的问题而排列的现实的知识顺序。"[3]跨学科的专题整合由于在弥补学科知识割裂、拓展学生视野方面的优越性，越来越成为现代综合课程的主导组织方式。日本名古屋大学教育学部附属中学的综合学习分为三个主题进行：初中一年级以"探求生存方式"为专题，利用新入学的机会学习人际交往、积极参与社会活动的能力；初中二年级以"生命与环境"为主题，培养学生的生命意识、环保观念，引导学生主动探究生命与环境的关系。初中三年级以"学习和平"为主题，带领学生到广岛等地实地考察，引导学生进行和平问题的学习。[4]

在实践发展中，有很多学校将与生活密切相关的现代课题采用学科交叉的方式开展教学。据统计，在 20 世纪五六十年代之前，用以整合个别学科的工作单元或活动等多是一些有关农场、工厂、商店、家政等反映当时的社会生活内容和儿童生活内容的主

---

① Elizabeth R. Hinde. Revisiting Curriculum Integration：A Fresh Look at an Old Idea. *The Social Studies*，2005（5）：105 – 111.

② ［伊朗］S. 拉塞克，［罗马尼亚］G. 维迪奴：《从现在到 2000 年教育内容发展的全球展望》，马胜利，等译，教育科学出版社，1992 年，第 204 – 242 页。

③ 贝拉克：《知识的结构与课程的结构》，瞿葆奎《教育学文集·美国教育改革》，人民教育出版社，1990 年，第 185 – 200 页。

④ 李思纯：《日本研究开发面向二十一世纪的中小学综合课程》，《外国中小学教育》，1998 年第 6 期。

题,而五六十年代之后,由于现代信息科技的发展及人类面临的重大问题的改变,用以整合个别学科或儿童经验的主题更多地涉及网络和计算机技术、环境、人口、健康等方面。[①] 与时代相关的主题可以把相关联的学科有机联系起来,并将多科知识的应用领域适当地向生活世界延伸,正如美国学者比纳所言:"整合不同的学习领域,从而提供更全面的教育视角,使学生学习相互关联,更有意义,这似乎具有相当可观的价值。"[②]

(二)模块关联式

模块关联式整合通常将某一学科的内容规划为不同的模块,使各模块的教学内容在教学过程中相互贯通、有机融合。此类课程整合方式可以使分属不同模块的教学内容在相同难度水平、相关任务驱动下协同共进,促进学生在不同领域中的认识提升,促使学生对学科内容形成整体性认识。如我国台湾地区普通高中课程纲要中将地球系统分为气圈、水圈、岩石圈、生物圈、外太空五个次系统,各次系统的教学内容力求平均分布在教材章节中,并着重强调各次系统间的交互影响,在教学中充分重视跨系统的课程整合。每年课标规定的跨系统的教学时数基本呈递增趋势,从 1972 年的 14.3%(7 课时)到 2006 年的 64.5%(102.5 课时)(见表1),并将原先分散在不同章节中的地球的结构、大气的结构及海洋的结构三部分内容合并为地球的结构,将大气变化与水循环、海水的运动、固体地球的变动等内容合并为地球的变动,将原先的地震、土石流、台风、洪水等章节的内容整合为天然灾害。

表1　我国台湾地区历次高中课程纲要地球科学课程主题统计及教学时数变化[③]

课纲	61 课标		73 课标		88 课标		95 课标		99 课标	
	%	排名	%	排名	%	排名	%	排名	%	排名
气圈	12.2	4	17.8	3	13.5	5	6.3	3	9.4	3
水圈	12.2	4	6.7	5	15.7	4	5.0	6	7.5	4
岩石圈	46.9	1	38.9	1	18.4	3	12.3	2	11.3	2
生物圈	0.0	6	0.0	6	0.0	6	6.3	3	4.4	6
外太空	14.3	2	17.8	3	28.6	1	5.7	5	9.4	3
跨系统	14.3	2	18.8	2	23.8	2	64.5	1	57.9	1
合计	100		100		100		100		100	

模块关联式整合侧重于将学科内的所有教学内容进行整体统合,在学生掌握学科基础知识、基本结构的基础上,教学按照逻辑顺序依次推进、难度递增、螺旋上升,最终达到掌握本学科核心知识和前沿知识的教学目标。此种整合方式对于学生合理知识结构和学科整体认识的形成具有重要意义,但无形中增加了教材组织和课程实施的难度,

① 徐玉珍:《从学校的层面上看课程整合》,《课程·教材·教法》,2002 年第4期。
② Hudson, Peter B. A model for curricula integration using the Australian curriculum. *Teaching Science*, 2012,58 (3):40-45.
③ 张凯翔:《普通高级中学地球系统课程课程整合问题探讨》,台湾海洋大学,2010 年,第40页。

在现实教学中的应用范围有限。

（三）主题嵌入式

人类的学习领域总是伴随着社会的发展而不断拓展，由此出现一些需要学生理解并熟知的学习主题。新兴主题的出现往往与人们的认识发展密切相关，其重要性体现为在学校课程中占据一席之地，如环境教育、传统文化教育、道德教育等都是近年来备受关注的学习主题。它们通常没有严格的学科归属，而是与学校课程中的多门学科相互关联。因此，在课程实施过程中，此类主题除了作为独立的特色课程开设之外，还可以通过嵌入的方式在不同学科中得以呈现。帕克对嵌入式课程整合的优势进行了独到的阐释。在嵌入式设计模型中，一个学科领域各方面的嵌入或注入能帮助学习者再一次获得更深的了解。因此，一个学科领域是另一个学科领域的帮助者。① 美国国家艺术教育研究中心曾经做过一项研究，该研究被认为是艺术教育嵌入学科课程获得成功的初步证明。研究结果显示：当艺术被用于数学和社会学习时，学科学习成绩不仅可以得到提高，而且可以锻炼沟通技巧；学习不同文化和不同时期的艺术有助于学生了解和理解其他民族，同时可以增强学生的自信心；学习艺术还可以锻炼学生的批判性思维和提高解决问题的能力，尤其是对培养学生的创造力、理解更高层次的思想和观念有帮助。②

总之，新兴主题的嵌入有助于提升和拓展各学科的教学目标。在小学阶段尤其是包班制的学校中，这种课程整合方法具有广阔的应用空间。教师教授同一班级的所有或大部分学科，有机会发现自己所教的主题和各学科内容之间的关系，并在不同的学科教学中融会贯通。

（四）学科融合式

学科课程作为近代以来课程组织的主导方式，在保障学科知识的逻辑系统性和教学的高效性方面显示了独特优势。但由于各科教学在不考虑学科知识的相互关系下孤立进行，因而造成了学生知识结构的碎片化和问题解决能力的缺失。现实世界本是综合一体的，应对社会生活所需要的知识和能力超越任何一门复杂学科所能提供的范围。如同美国学者戴维斯教授所言："如果要对现实事件作出预测，那么，各门社会科学就是相互依赖的，因为只有把它们的各种观点结合在一起，才能得到对未来事件的全面预测。"③ 现代科学的发展不断加剧着各学科之间的交叉与融合，在相关学科之间建立联系，在课程整合的基础上开展协同教学也成为现代课程建设的重要方式。我国 2001 年颁布的《基础教育课程改革纲要》明确提出："改变课程结构过于强调学科本位、科目过多和缺乏整合的现状，整体设置九年一贯的课程门类和课时比例，并设置综合课程，以适应不同地区和学生发展的需求，体现课程结构的均衡性、综合性和选择性。"规定小学阶段以综合课程为主，初中阶段设置分科与综合相结合的课程。在小学阶段开设的

① Elizabeth R. Hinde. Revisiting Curriculum Integration: A Fresh Look at an Old Idea. *The Social Studies*, 2005 (5): 105 - 111.

② Thomas M. Brewer. Integrated Curriculum: What Benefit?. *Arts Education Policy Review*, 2002, 103(4): 31 - 36.

③ ［伊朗］S. 拉塞克，［罗马尼亚］G. 维迪奴：《从现在到 2000 年教育内容发展的全球展望》，马胜利，等译，教育科学出版社，1992 年，第 204 - 242 页。

品德与生活、品德与社会,初中阶段开设的历史与社会,小学和初中阶段开设的艺术(音乐和美术的融合)等课程,都充分体现了学科融合的观念。美国某中学开设的"买辆车花多少钱"专题学习计划充分体现了信息技术与数学学科整合的问题。该专题的学习计划方案是使达到驾车年龄的学生清楚买一辆车要花多少钱,怎样从银行获得贷款来支付它。案例中充分体现了信息技术与学科课程整合的思想,在运用信息技术的基础上完成各种能力的培养。①

学科融合式整合通常是在关系较为密切的学科(交叉学科或关联学科)范围内进行的,基本上打破了特定学科之间的界限,是两门或两门以上学科的知识在融合后的学科中集中、均衡的体现,有利于学生视域的拓展和综合性认识的形成,但其内容整合的区域一般严格限制在相关学科范围内。

(五)领域统整式

这是指将性质相似、内容相关的多门学科合并为一个领域,使用同一教材进行教学的课程整合方式。如我国台湾地区初中课程将物理、化学、生物、地球科学及生活科技合并为"自然与生活科技"领域。美国的社会研究课程涵盖了历史、地理、经济、政治、公民等多学科内容,力求让学生在学习各学科的研究视角和思维方式中拓展认识的深度和广度。韩国自第四次课程标准改革(1981年)开始,开启了在小学一、二年级进行课程"整合"的尝试,1983年开始向全国所有公立小学一、二年级的学生普及《正确生活》《智慧生活》《愉快生活》等新的教科书,并将其称为"整合学科"(见表2)。

表2　韩国第四次课程改革后的整合学科与内容

分科学科	整合学科	内　　容
道德	正确生活	◆ 规范性内容 ◆ 语言性内容 ◆ 社会性内容
语文		
社会		
算数	智慧生活	◆ 观察和操作活动 ◆ 数理活动
自然		
体育	愉快生活	◆ 身体表现活动 ◆ 音乐知觉以及表现活动 ◆ 视知觉以及造型活动
音乐		
美术		

领域统整式整合强化了关注同类现象并归属同一领域的所有学科之间的联系,使课程的组织形式与人类社会的基本文化兴趣保持相似或一致,如社会科学共同致力于描述和解释人类的社会和文化行为,自然科学致力于描述和解释物理和生物现象。美国哲学家罗伯特·诺齐克(Robert Nozick)认为:一事物各部分之间的异质性越大且联结度越高,则该事物的价值就越大,换言之,作为有机整体的事物,其异质整合度便是该

---

① 孙莹,王吉庆:《美国信息技术与课程整合的案例及分析》,《全球教育展望》,2002年第3期。

事物的价值体现。台湾地区学者林丛一将诺齐克关于"事物价值"的观点运用到课程上,提出了课程之异质整合度越高则其价值越高的观点。① 领域统整后的课程充分地打破学科藩篱,在多学科内容之间建立有机关联,使课程的综合价值得以最大限度的提升。这种课程整合方式虽有利于提高课程的价值,但却使课程编制面临着前所未有的难题,即如何建立一种使该领域的所有学科有意义地联系起来的课程结构,避免不应有的知识分割? 如果没有结构合理的课程编制团队,如果各个学科专家不能深刻理解其他学科的视角和研究方法,则统整后的课程领域很可能沦为肤浅知识的拼盘。

课程整合是教育理论研究中一个传统而古老的命题,却是教育实践探究中一个崭新而日趋重要的领域。当前,各国普遍开展的课程整合实践均成效斐然,为我国课程整合的推进提供了有益的经验和启示。

---

① 林丛一:《"国立"政治大学校务发展研究计划——整合型课程研究报告》,台湾政治大学,2006 年。

教育权力的类型及其伦理正当性①

翟 楠*

摘 要：教育权力本是教育自身的引导性力量，实际中却往往被扭曲为一种支配性力量。教育权力既有其抽象的理念，又表现为各种具体的类型。从价值层面、制度层面和操作层面出发，可以将教育权力划分为引导性权力、规范性权力和管理性权力三种类型。三种类型的教育权力彼此间并不可以分离，它们之间的区分只是形式上的，在实质上仍然是一种完整的教育权力。

关键词：教育权力；类型；正当性

教育权力作为教育中的引导性力量，内在于教育，只要有教育存在的地方，教育权力就会发生作用。无论从教育自身的需要来讲，还是从权力本身的性质来讲，教育权力的存在都是符合教育之自然的。被曲解的权力不能证明教育权力存在的合理性和正当性，背离了教育本质的教育也无法展示出包含于自身之中的权力的必然性。然而，这并不表明教育权力就是一个无法获得合理性和正当性的概念或事物，它能够得到适当的证明，而且正是通过权力和教育本身。从理论上来讲，教育权力的正当性主要通过教育本身、教育中主体之间的关系，以及教育公共生活等方面来体现。但在具体的教育活动和过程中，教育权力是如何发挥作用的，其正当性又是如何体现的，正是本文想要探讨的问题。

教育权力既有其抽象的理念，又表现为各种具体类型，后者主要体现在实践运用中。在此，我们分别从价值层面、制度层面和操作层面出发，将教育权力划分为引导性权力、规范性权力和管理性权力三种类型，并从实践性的层面对教育权力的正当性作以分析和论证。这样划分的依据在于遵循教育权力本身的逻辑，即它的抽象性与具体性的结合：抽象中蕴含着具体的运用逻辑，具体中渗透着抽象的价值理念。因此，三种类型的教育权力并不是截然分开的，虽然分为三个层次，但依然构成为一种整体性的权力。值得注意的是，教育权力三种类型的正当性并不是自足的，它是作为一种形式上的运用方式而存在的，其根本正当性应有正当的目的作为前提才能得到论证。

一、引导性的教育权力及其正当性

之所以从价值层面将教育权力界定为引导性权力，在于价值本身难以用具体的方式进行"灌输"，有关某种价值的教育只能以引导的方式进行。在教育实践中，价值性的引导可以说是与教育本身相等同的，即教育本身就是引导。诚然，这并不意味着引导性的教育权力就只能是宏观层面的价值引导，它也包括具体而微的教育教学指导。我

---

① 本文为2014年扬州大学人文社科基金资助项目"教师权力的现代困境及合理性建构——教师专业伦理的视角"的成果。

* 翟楠，扬州大学教育科学学院副教授、教育学博士，主要从事教育哲学、道德教育研究。

们在这里主要想探讨的是,引导作为一种教育权力的形式,其正当性何在。事实上,这个问题我们已不止一次地提到过。在柏拉图的"灵魂转向"中,在卢梭的"强迫自由"中,在康德的"道德性强制"中,以及在黑格尔对自然本性或个体性的扬弃中,甚至于在诸多主张由国家统一举办公共教育的思想中,都贯穿着一个核心概念,即引导性权力在教育中的不可或缺。尽管每个思想家及每种主张背后所蕴含的引导价值不尽相同甚至相去甚远,但不能否认的是引导作为纯粹的教育权力形式的必需性。

引导性权力在两方面体现出了它的这种必需性,并且这两方面是互相促进、互为因果的。首先,引导性权力所承载的教育预设了一种理想价值的存在。它是教育意欲达到的最高目标,也是值得每个人追求的可欲目标,从而更是引导性权力用以引导个体朝之发展的内容。任何一种教育都有其特定的终极目标,后者通常表现为一种思想观念或者价值理念,并作为这一教育的指导思想。如柏拉图的善的理念、康德的普遍道德法则、黑格尔的国家伦理、基督教的爱与信仰、社群主义的共同善、自由主义的个人自主、马克思主义的全面发展等,它们构成了历史上各种教育的基本理念,并以此来引导个体行为。暂且不论各种价值理念对于教育的真正意义孰优孰劣和对于促进个体福祉是否有积极作用,单是说试图使理念本身得以实现,就要求教育必须有引导性权力的保障。即是说,教育理想的实现必须以引导作为基本的实施方式。其次,以引导为主要方式的教育承认个体的人天生是脆弱的、不成熟的,甚至天性中具有转向恶的倾向,他需要先于他而存在的成人或其共同体的引导。后者相对于前者具有一种先在的权威,使得他或它有资格对个体进行引导。正如阿伦特指出的那样,在诸如儿童培养和教育等"前政治领域"(prepolitical areas),权威是一种自然的必需之物,通过儿童的无助而明显地被要求。[①] 诚然,这种权威本身却不是某个主体天生就具有的,它承载着一种超越自身的价值或意义,这是我们反复强调过的。所以,柏拉图说灵魂转向是因为"囚徒"的无知,卢梭要强迫自由是因为有人不服从公意并宁愿放弃自由,康德说要道德强制是为了去除个体天生具有的野性或动物性,黑格尔倡导培养伦理性是为了扬弃人性中的偶然性、任性甚至恶的天性。这表明,在教育所预设善的目标与现实的人性之间存在着一定距离,教育在保存天性中优秀部分的同时,要去除或扬弃其中的卑劣与恶的倾向,这就使得引导性权力成为教育的必需方式。

然而,是否这种必需本身就代表其正当性呢?虽然我们承认自然必需之物无须论证,它的存在本身就是正当的,但必须指出的是,在现实中它往往会被当作工具而为某种集团利益所利用,以至于失去了原有的正当性。就引导性的教育权力而言,如果举办教育的国家或者拥有引导权的机构本身是不正义的,它的教育目标既违背个人福祉也损害了公共福祉,那么这种引导性权力就只是它用来支配个体的工具而已,绝无正当性可言。目的正确尚且不能证明形式或手段的正确,目的不正确则使得后者丧失了基本的存在合理性。由此可见,引导性权力的正当性必须要在目的正当的前提下实施,其自身才可能成为正当的力量。前述的论证证明作为纯粹形式的引导性权力是必需的,

① Hannah Arendt. What Is Authority, Richard T. Garner, etc. *Society and the Individual*; *Readings in Political and Social Philosophy*. Wadsworth Publishing Company, 1990:490.

如果这种必需性是建立在一个有着明确并且正确的目的指向基础之上的,那么这一必需性同时也就是其正当性所在。因为在目的正当的前提下,必需之物就是合乎自然的。至于目的的正确或正当性,我们在前述的目的正当性中已经讨论过。

在现实的教育中,教育目的异化了,即它不是从人的福祉出发并将其作为最终归宿来考虑的,而是为了某一阶级或集团的特殊利益,或者是打着为了人的福祉的名义却又肆意践踏人的尊严。总之,引导性权力被作为一种纯粹的支配工具,前者是为了通过这种支配迫使他人服从进而实现其集团利益,后者则从这一支配中直接获取权力欲的满足从而迎合自身不正当的心理需求。在这种情况下,我们看到的是不加分辨的对引导性权力的排斥乃至消解,似乎引起这一切的根源乃是由于恶的权力本性。然而,至此我们可以明确地说,权力本身是无所谓善恶的;尤其在教育中,引导性权力是必需的教育方式,关键在于它为何种目的而存在。因此,正如福柯所言:"权力关系本身并不是什么坏的、人们必须摆脱的东西。如果我们将权力关系理解为个人力图引导和控制他人行为举止的策略的话,我不认为一个社会可以在没有权力关系的情况下存在。"①而福柯此处的"个人力图引导和控制他人行为举止"绝不是对他人的任意支配,而恰恰是一种必要且正当的教育方式。

综上,教育中的引导性权力是必需的,它是教育最基本、最重要的形式之一。它的正当性在于目的正当基础上的必需性,就这一点而言,教育权力的三种形式都是相同的,即其后的规范性权力和管理性权力同样具有这一特性。不同在于,在目的正当的基础上,它们为什么是必需的?或者说,在悬置教育权力目的正当性的情况下,其形式本身"有限的"正当性何在?就引导性权力来说,它的特殊性在于它直接与某种特定的终极教育理念相连接,是处于宏观层面的引导力量,是更具抽象意义的价值引导。也就是说,引导性权力更多的是在宏观角度指明教育活动的目的和方向,提供一种理念和价值的导向,其实现还要依赖于中观和微观层面的权力形式。

引导性权力的核心在于以一种正当的价值理念作为引导的目标导向,严格来讲,这一目标的确立首先是作为最高教育共同体的国家职责所在,具体体现在国家为制度化教育所设定的教育目的、政策及教育改革等方面,其次才是各级教育机构或个人对后者的执行与运用。尤其在现代国家中,由国家举办公共教育几乎是无可争议的,而引导性权力的最高层次就体现在国家的政治引导上,国家因而成为引导性权力运用的最主要且最重要的主体。要保证这一权力运用的正当性,国家就必须首先保证自身的正义性,即成为亚里士多德意义上的良好政体。前面曾提到,引导性权力不仅有宏观层面的价值引导,也包括教育教学活动中教师的具体指导,而在后者中也应当渗透宏观的价值理念,否则这种指导就是无根基的。这就是说,引导性权力的运用必须溯源到终极的价值理念层面,它应当是引导人向善的教育理念;而确立这一教育理念的国家必须是正义的,其根据这一善的理念制定的教育目的及相应政策才会是正确的、真正符合人的福祉的。总而言之,引导性教育权力的运用主要体现在国家共同体身上,其正当性依赖于国

① [法]米歇尔·福柯:《自我照看的伦理是一种自由实践》,李猛译,贺照田主编《后发展国家的现代性问题》,吉林人民出版社,2002年,第436页。

家本身的政治正当。

二、规范性的教育权力及其正当性

相对于处在宏观价值层面的引导性权力,规范性权力是处于制度层面的教育权力形式。引导性权力提供了一种价值指引,规范性权力则将这种价值及理念具形化、制度化。事实上,从某种意义上讲,教育本身就是一个庞大的制度化机构,尤其是学校教育制度与班级授课制建立以来,"制度化"就成为教育的一大特点。在制度化教育中,教育制度是最为重要的价值规范,它以规范的形式将引导性权力具体化,使其得以一步步实现。因此,规范性权力就是制度化教育中具象化了的引导性权力,它告诉人们什么应该做什么不该做,在正当性目的引导的基础上规约个体行为,使其达到价值引导的最终目的。

教育中的规范性权力主要以制度的方式发挥作用,从国家总体的教育制度到学校和班级的具体制度,都体现出了一种规范化的权力约束。在制度化教育中,制度其实就是一种框架,一种给个体提供生活空间的伦理框架。因此,选择一种制度就是选择了一种生活方式和相应的伦理价值规范。关于这一教育中的制度,我们同样需要指出两点,一是制度的必需性,二是制度的正义性。首先,教育制度乃至制度化教育都是教育所必需的,甚至于如前所述,教育本身就是一个制度化框架。这一特征在现代教育的语境中更加毋庸置疑地存在着。然而,也许正是因为制度存在的普遍性与制约性,它也遭到了颠覆性的批判与质疑,使得制度的存在如同权力一样,在这个它们无所不在的社会中受到了解构。我们并不反对对某种不合理制度的批判与解构,但不能因为某种特定制度的不合理而怀疑甚至消解制度本身,对非正当制度的批判与对制度本身的需求是同样重要的。在教育中,制度规定了教育目的的实现方式,规范了个体的行为方式,也维护了共同体的公共秩序,这些都以规范性权力的形式体现了出来。但由于对权力本身存在错误的理解,教育制度也因而受到了类似的批评。尽管如此,以制度的形式体现出来的权力是教育中必不可少的,正如福柯认为的那样,"在教育制度中,在一个特定的真理游戏中,一个人比其他人知道得更多,由他来告诉别人怎么做,教育他人,将知识和技术传播给他人,我看不出这个人的做法有何错误可言。在这些实践中,权力必定不可避免地发挥作用,但权力本身并非什么坏东西,问题在于要怎样才能避免各种支配效果"。① 这就是说,规范性权力本身并不是需要解构的,在一个正义的教育制度中,或者在目的本身为正当的教育活动中,这一权力是必需的。

这就牵涉到了第二个方面的问题,即教育制度的正义性。规范性权力是教育制度的权力化体现,因此,这一权力的正当性就依赖于制度本身的正义性。在一个特定的教育共同体中,制度的德性先于作为个体的人的德性,制度不正义则个体很难达到并保持正义。在《理想国》中,苏格拉底在探求什么是正义时,先寻求城邦的正义,尔后才探讨个人的正义,正是因为上述理由。可见,制度对个人的生活、思想及人格都具有构成性的塑造作用,正如罗尔斯(John Rawls)所说,"社会的制度形式影响着社会的成员,并在

---

① [法]米歇尔·福柯:《自我照看的伦理是一种自由实践》,李猛译,贺照田主编《后发展国家的现代性问题》,吉林人民出版社,2002年,第437页。

很大程度上决定着他们想要成为的那种个人,以及他们所是的那种个人。"①如果教育制度的制定违背了教育目的所最终导向的公共善及个人的德性完满,或者它只是为达到某种集权统治而设立的压迫性制度,那么规范性权力就会成为支配和统治个体的邪恶力量。在这种制度中,个人无从获得正义的德性,也无法实现自身福祉,所谓的公共福祉就只能是用来骗取个体服从统治的工具而已。因此,以制度为依托的规范性权力无法自足地具有正当性,其正当性必须建立在制度本身的正义性基础之上。与规范性权力的最终目的一致,正义的制度本身也是实现人的福祉的有效手段,它具有一种应然的价值诉求,告诉人们什么是好的、值得追求的,从而使人向善。

在教育共同体中,引导性权力提供了一种自上而下的价值引导,这一价值是教育目的及其最高教育理念的体现。规范性权力则以这种价值和理念构筑了一个伦理的制度框架,一方面对个体产生来自制度的约束作用,另一方面也使个体在其中产生了相互的权力约束,后者也体现了公共生活中的权力生成机制。即在一个伦理的制度环境中,引导与约束不只是自上而下地施与个体的,也是个体之间相互性的结果。理性的个体通过言行的交流和论辩达成意见的一致,最终形成公共理性和公共道德,相互之间形成责任和道德的制约。这可以说是一种"习俗性"的制度,在有人相处的地方就会自然产生制度,从而构成了一种主体相互间的规范性权力。学校就是这样一个典型的教育共同体,它既承载着由国家共同体所间接赋予的引导性权力,同时,它自身又构成一个相对独立的制度化教育空间,在其中建构着新的规范性权力。需要指出的是,在学校共同体中,并不是只有我们在实际的教育中所看到的教师对学生的权力,学生不是单纯的权力的承受者,他们也是建构性权力生成的主体。理性的个体所建构的权力不仅在受教育者之间,也在他们与教师之间发生着作用,但理性尚未完全成熟的儿童只保留了作为权力构建主体的权利,而没有建构权力的能力,学校与教师则以让渡的形式获得了对他们的教育权力。在三种形式的教育权力中,管理性权力是最具体、最直接的权力形式,从而也最能模糊教育权力的上述让渡性质,但在实质上却是最能体现这一性质的教育权力形式。

规范性权力的使用是在价值引导的前提下进行的,它所依赖的制度是按照教育的终极价值理念来建构的,制度的正义性来自于前述国家的政治正义性及相应的政策正确性,它的运用从另一方面来讲也是对引导性权力的补充和实现。规范性权力的运用主要体现在国家政策指导下的各级教育制度和学校教育制度的权力规范上,这是一种制度框架的规导和约束。由于制度本身的这一框架性质,规范性权力的不正当运用通常导致的就是以制度的名义对个人的绝对束缚,因为框架的本义就是一种制约。但是,制度并不总是约束性的,它更应是一种生活方式,政治或制度推崇什么、把什么看成最好的,决定了它对人的培养目标,也决定了个体在社会中的追求目标。人生活在制度中,即使个体天性是善的,但如果制度不合理,个体的道德行为就不会起到多大的社会作用,只能作为独善其身的手段。而良好的制度则可以提升人的道德、促进人的德性完善。因此,制度本身应是具有德性的,以使得外在强制与个体认同、道德底线与道德完

① [美]约翰·罗尔斯:《政治自由主义》,万俊人译,译林出版社,2000年,第285页。

善相结合,最终达到制度的正义性和制度本身的教育性。如果教育制度获得了这种德性,以此为基点的规范性权力的使用也就会是正当的。

三、管理性的教育权力及其正当性

与引导性权力的价值引导性和规范性权力的制度约束性的间接性不同,管理性权力直接面对个体,这也是我们在日常的教育活动中看到最多的权力形式;与价值层面的引导性权力和制度层面的规范性权力相比,管理性权力是侧重于操作层面的,它主要体现为对规则的遵守和运用,从而也是最易被误解和滥用的教育权力形式。从管理性权力的表现形式来看,它主要体现在由学校规章制度、班级制度或课堂常规所施与受教育者的权力约束,以及通过教师权威所体现出来的管理权力等方面,包括具体而微的管理措施的使用。这些都是制度化的教育所必需的,其正当性也正体现在这种必需之中。

学校的规章制度是制度化的学校所不可缺少的管理机制,更为具体化的班级制度及课堂常规也是其重要组成部分。然而,近些年来对于这种规章制度的批评也不在少数。可以看到,在现代教育中,管理主义的盛行使得教育几乎简化为单纯的管理,管理由维护教育共同体秩序的手段变为教育的目的本身,一些非人性化的管理制度和措施的施行使得教育丧失了原本的涵义。这无疑是必须要批判和抵制的,但这种批判在现实中往往会变得矫枉过正,以至于使管理及相应的制度、规则都陷入了存在论意义上的合法性追问之中。针对这一批评,我们需要做出客观理智的分析。

首先,我们应该承认制度与规则存在的必要性与合理性。制度与规则无疑是具有约束力的,它们有着与权力同源的强制性。但这种正当的强制不是对人的自由的剥夺,而恰恰是在保护自由。如果说这一强制必定有所剥夺的话,那么它剥夺的只是人的任性或者野性等人性中的恶,培养的则是作为政治动物的人本该具有的制度感和规则感。其前提是,制度与规则本身应是根据善的理念或正义的价值来设计和制定的,否则便无法保证自由。因此,由学校制度和班级常规管理所形成的管理性权力,在本质上并不是用来压制和支配个体行为的力量,对它的滥用才是真正需要摈弃的。

其次,对学校规则及管理机制的批判应该分情况来对待。如果规则所依据的制度理念和价值标准本身是不正义的,那么便无正义的制度和规则可言,由此而来的管理性权力就是非正当的、需要批判的,但批判应只限于该理念和价值指导下的制度及其权力,而不应涉及制度与权力的存在本身。在这一点上,当下存在的问题是,不加分辨地怀疑一切与规则、权力有关的东西,肆意扣上"恶"的帽子大加讨伐。在很大程度上,这一批判似乎得益于福柯"全景敞视"的圆形监狱的诞生,它使得一切与权力有关的事物都蒙上了邪恶的耻辱,必须被摧毁。然而,人们在解构"这一种"支配性权力的道路上走得太远,将矛头指向了权力本身,使得原本必需的管理性权力及其依赖的规则都成为一种"毛细血管状"的支配权力。因为某种被扭曲和滥用了的权力,人们遗忘了权力本身的意义与价值,也忽视了福柯本人反复的提醒:"权力本身并非什么坏东西,问题在于要怎样才能避免各种支配效果。"不能想象这个社会没有权力关系还能生存,"因此,问题不在于试图在一种完全透明的沟通所构成的乌托邦中消解权力关系,而在于投身于法律规则、管理技术以及道德、精神气质和自我的实践中,这些将使我们在最低限度的支配下从事这些权力游戏"。① 因此,规则、管理技术等这些所谓的"权力游戏"对共同体的生活来说必不可少,对它们的一味解构带来的不是自由,而恰恰是自由及其得以存在的根基的丧失。

管理性权力主要表现为上述规则及管理手段的运用,而后者总是通过教师权威的形式体现出来。因此,我们可以看到,教师往往就是规则的化身,是管理的直接实践者,中小学尤其如此。事实上,教师的权威不仅仅是管理性权力的折射,它也承载了引导性权力与规范性权力的价值内涵,因为在根本上,这三种权力形式构成了一种统一的教育权力。但在实际的教育中,价值引导与制度规范所蕴涵的价值内核往往被悬置了起来,凸显出来的就只有管理性权力的运用。然而,没有了前者的引导与规约,后者就只是孤立的、纯粹手段的使用,它无法获得自身的终极正当性,且终究会发展成为教育暴力。管理性权力的运用处于操作层面,既是日常教学中使用最频繁的权力形式,又最易于因使用过度而走向暴力。因而,对于教师而言,须认清这种权力形式的特点,同时对自身的权威也应有正确的认识。之前曾指出,管理性权力最易于模糊教师权力的让渡性质,因为这种权力是掌握在教师手中的实在权力,在运用中教师容易变为权力实施的绝对主体,从而享有绝对权威。值得再次指出的是,教师之所以享有权威,虽然是教师作为权力主体而来的权力的体现,但这一权力主体的资格不是教师天生就具有的,而是在教育共同体中、经由受教育者的权力让渡、最终由教育赋予其作为权力主体的资格,教师从而以教育的名义和促进人的福祉的终极目的获得了对受教育者使用权力的权威。这一权威包含了三种教育权力形式在教育中的运用。由此可见,教师的权威不是绝对化的,它不应当被当作教师可以随意使用的个人特权,而必须以其中蕴涵的权力的正当性为依据而使用。这样一来,管理性权力的使用就不是单纯对规则及教师权威的服从,而是对包含深刻内涵的教育价值与制度理念本身的尊崇。

对于管理性权力来说,由于其具体性和操作性,从而在运用中更为强烈地体现出了权力的强制性的一面,因而不正当的使用更容易使其成为一种完全强制的力量。我们说过,管理性权力的目的是促使个体对规则的认同与服从,制度化教育中的规则主要体现在学校教育制度和班级教学制度,以及相应的课堂常规等方面。对于接受教育的个体来讲,走进学校共同体和班级共同体就等于进入了一个充满规则的世界,他必须理解并接受规则才能参与"游戏",因而正确的"游戏规则"就显得非常重要。管理性权力的实施实际就是这些规则在个体身上的运用,不服从规则的个体会受到相应的强制甚至一定程度的惩戒。在规则本身为正确的前提下,这种强制乃至惩戒也就是必需的;而如若规则本身违反了价值引导的理念和制度构建的原则,那么这种强制和惩戒的结果就将是教育暴力的产生。所以,管理性权力的运用首先要保证规则的正当性,其次要注意的就是相应的管理手段的合理使用,包括使用的限度及教育者的方式方法等问题。

以上就是对三种类型教育权力及其伦理正当性的论证,可以看出,教育权力在本义上并非是支配受教育者的恶的力量。无论是在价值层面、制度层面还是在操作层面,教

---

① [法]米歇尔·福柯:《自我照看的伦理是一种自由实践》,李猛译,贺照田主编《后发展国家的现代性问题》,吉林人民出版社,2002 年,第 437、436 页。

育权力都有其存在的正当性基础。既然教育权力在理论上是必需的,为什么在实践中却会演变成否定性的权力? 其中一个主要的原因我们已多次提到,即误解了权力概念的真正内涵及教育权力的本质特征,从根本上将它理解为一种必需的恶,因而在实际运用中它就被认为是恶的力量。另一个原因则在于对教育权力的运用完全脱离了其真实意涵,即它的运用建立在一种没有目的导向的纯粹工具性行为的基础之上,以至于在实际的结果上产生了多种"支配效果",这就是运用上的非正当性。关于这种支配效果,福柯举例指出:"比如当一个学童受制于一个教师专断但又毫无必要的权威时,或者一个大学生听命于滥用权威的教授时,就会产生这种支配效果。"① 在这个例子中,专断的、滥用的权威就是使支配得以产生的常见形式,这种形式的权威无视受教育者作为理性主体的自主性,以及他们作为教育主体的福祉所在,而只是为了权力本身而使用权力,其结果便是支配性权力的产生。

---

① [法]米歇尔·福柯:《自我照看的伦理是一种自由实践》,李猛译,贺照田主编《后发展国家的现代性问题》,吉林人民出版社,2002 年,第 437 页。

论信任与良好师生关系的建立

王永明　亓玉慧　王晓诚 *

摘　要：社会转型和教育改革导致了教育领域中深刻的信任危机,信任危机又加剧了社会和教育的不稳定,信任已成为一种需要。信任不仅是教育及其改革的条件,而且是一种教育能量。一方面,信任对良好的现代师生关系的建立具有重要的促进作用;另一方面,现代师生关系对信任的提高与改良又有深远的影响作用。

关键词：信任;师生关系;教育时空

教育的发展需要改革,而改革意味着某种程度上的自我否定,自我否定又引发了教育主体的生存危机。因而,建构教育和教育改革中的信任十分重要。建立教育中的信任,一方面需要宏观上建立可信任的教育系统;另一个很重要的方面是在师生关系中建立信任,而信任对良好师生关系的建构也有很大的促进意义。

一、师生关系的现代解读

（一）以人为本的关系导向

教育中的以人为本是以学生和教师为本,特别是以学生为本,同时教师的为人之本也非常重要。教育改革的归宿是以学生为本,而教育改革成功的关键是使教师返回人之本真。实现教育中的以人为本,就是要处理好人的差异性与共同性、价值性与工具性、主体性与对象性、生成性与规定性、非理性与理性之间的矛盾,这些可归结为创造性与适应性、自由性与规约性之间的矛盾。所有这些矛盾都深刻地体现在师生关系中,良好的师生关系是处理好这些矛盾的重要保证。

（二）民主平等的对话关系

对话是教师和学生的自我表达和相互交流,它不是一种形式,而是真正的沟通,是师生开放而有序的表达与争辩,是真诚的交流和心灵的沟通。“民主平等”是话语权和对话方式的“形容词”,是保证真正的对话的重要条件,专制的或机械的“对话”则徒有其表。民主不是混乱的绝对自由或个人主义,而是有序的自由;师生之间的平等不是绝对意义上的权利和地位的平等。民主平等是要明确教师和学生的责任、义务和权利,双方都能尽到自己的责任和义务,尊重彼此的权利,并且师生都有对这些文本进行监督、探讨甚至修改的权利。

（三）亲密和谐的“我—你”和“我们”关系

“我—你”表达出师生各自的独立性和独特性,而“我们”表达出师生的一体性和共同性。师生之间不仅是主体间性关系,还有主体同一性关系。良好的“我—你”和“我们”关系是融入了人之美好情感而带有亲密、和谐特质的关系,亲密和谐不表示没有冲突,而是冲突解决后所呈现的状态或结果——成为“我们”。“我们”是一个整合的有机

---

* 王永明、亓玉慧、王晓诚,山东师范大学教师教育学院,讲师,研究方向为课程与教学论。

生命体,"我们"相互依存、同舟共济,是"共生、共存、共命运的一个共同体"。①

(四) 共享共生的合作关系

教师和学生组成学习共同体、道德共同体和创新共同体,为了实现共同的教育目标,在"我"和"你"的对话中,把各自的知识、经验、智慧、情感等表达出来,释放到同一时空中,彼此碰撞,实现视域的融合,创造出"我们"共同的知识、经验、智慧和情感等,"我"和"你"都从中摄取精神营养,跨越自我封闭圈,走向开放与合作。于是,"你"中有"我","我"中有"你",我们共享彼此的思想,探索彼此的心灵。这样的过程既是学生学习成长的过程,也是教师学习发展的过程。

"我"所说的和所做的对不对、好不好,需要经过"你"的思考,需要"我们"共同探讨,这就是对现代师生关系的简单概括。然而,是什么保证了师生能以"我—你"相称? 是什么保证了畅所欲言的"对话"? 是什么保证了辩驳批判存在而和谐依然? 是什么保证了课堂民主而有序? 是什么保证了师生友爱亲密、团结合作? 我们认为是信任,信任是所有这些实现的基本条件。而极度的不信任如同让所有人都恐惧的瘟疫,使这一切都成为不可能。学生不信任老师,他们怎么会向老师诉说自己的真心话? 学生与学生之间互不信任,他们怎么可能分享与合作? 在不信任的环境里,处处受到监控,人人惶恐不安,又有谁敢去批判? 在不信任的环境里,冲突连续不断,即使表面平静,又怎能实现真正的和谐? 更为根本的是,失去了对人性的信任就等于失去了整个教育大厦存在的根基。那么,什么是信任? 信任与师生关系的建立有什么联系?

二、信任与师生关系

信任像空气一样,它是人的生存所必需的,它每时每刻都存在于人们的生活中,但我们感觉不到它的存在,只有在它缺失时,才感到窒息,感到对死亡的恐惧和对生命的无助,此时我们才意识到它的存在。信任发端于人们对经济、政治和社会问题的关注,但我们的教育还没有给予"信任"以足够的关注。

(一) 信任与不信任

吉登斯从社会学的角度将信任解释为"对一个人或一个系统之可依赖性所持有的信心,在一系列给定的后果或事件中,这种信心表达了对诚实或他人的爱的信念,或者,对抽象原则(技术知识)之正确性的信念"。② 艾里克森从心理学的角度将信任理解为对他人的善良所抱有的信念或指一种健康的人格品质,强调了对意向因素的内部期待。③ 我们认为,信任和不信任都来自于个人对于某种期待的判断。信任是指个体面对可能存在的风险,持有对未来的良好期待和对其实现之可能性的肯定判断,以及建立在此基础上的相应的行为,如授权、服从、合作等。不信任则反之,将导致专制和过度控制。

信任可分为自我信任、人际信任和系统信任。自我信任,即自信,是对自我的肯定、接纳和对自我价值的尊重。艾里克森曾从婴儿与其照料者的互动关系中对信任做过精

---

① 吴康宁:《学生仅仅是"受教育者"吗? ——兼谈师生关系观的转换》,《教育研究》,2003 年第 4 期。

② [英]安东尼·吉登斯:《现代性的后果》,田禾译,译林出版社,2000 年,第 29 - 30 页。

③ 王飞雪,[日]山岸俊男:《信任的中、日、美比较研究》,《社会学研究》,1999 年第 2 期。

辟分析。他认为,信任不仅意味着一个人必须学会怎样依赖外在供养者所具有的同一性和连续性,而且也意味着人可以相信自己。① 可见,对自我的信任是在一个良好的人际关系中培养起来的。人际信任,是"个体对交往对方的合作性动机与行为、行为与角色规范之间出现因果连带的可靠性预期"。② 在具体情景中,人与人的信任不仅基于情感的差序,还基于能力和人品的认知。系统信任,是人对符号标志系统和匿名的专家系统的信任。对系统的信任取决于有效交往的机会或系统功能的有效性,比如某知识可以有效地解释某种现象或解决某个问题,那么我们就会信任这种知识,拥有知识是提高人的信任水平的一个重要因素。有学者的研究表明,受教育水平与人的信任水平是成正相关的。③

信任对于人和社会的生存来说是不可或缺的,然而不信任亦有其存在的合理性。不信任使人去质疑、批判、抵制,动摇事物存在的根基,这为创造和创新提供了机会。"对于许多系统来说,恰恰是在它们的内部关系中,对不信任的实质渗入,它们需要保持警觉和创新能力,从而不至于落入相互依赖的俗套之中。"④但是,一个系统要想稳定地存在和发展就必须使信任占上风,不信任要在信任控制之下。一个新生的系统要有防止不信任占上风的机制,终止并使不信任无效,为信任的学习和信任资本的积累赢得时间。

信任是思想、情感、言行、品性、习俗、秩序、联系、系统、过去、现在和未来的链条的强化剂和黏合剂,它隐藏在这些链条的背后或镶嵌在内,没有信任内涵的存在必会解体。但是,信任和不信任又是同时存在于一体的,只是二者的强度不同,当信任的强度更大时,"它者"(依赖于人的)就能存在和发展,反之就会解体,这是由人之生存本性决定的。任何一种东西只有加上一个"信"字,才能存在于人们的意识和实践中。即使是在"不信任"中,也有一个信任的存在:你信任你的不信任,因而你不信任。

(二)信任与教育时空的建构

教育以对人性的信任作为其存在的根基,以发展人性之真善美为其存在的使命,教育对确立人对自身的信任,确立社会信任起着极为重要的作用。教育空间中的人、制度、组织、知识体系、专家系统等都与社会现在和未来的发展直接相关,教育空间中的信任直接影响到现在和未来社会的信任,而各种信任的类型都存在于师生关系之中,与师生的关系模式和品质息息相关。

师生关系所生成的社会空间可分为规训性空间和自由性空间。规训性空间是一种有确定而稳定结构的空间;自由性空间是一种不确定的开放的空间。规训性空间具有控制性和可控制性;自由性空间具有反控制性和不可控制性,有更多的可能性、更多的选择和更多的潜能。规训性空间主要是对人性之恶的规训,是人之成为社会人的培养空间;自由空间主要是对人性之善的解放,是人之成为自由的和有创造力的人的培养空

---

① [英]安东尼·吉登斯:《现代性的后果》,田禾译,译林出版社,2000年,第82-83页。

② 杨宜音:《"自己人":信任建构过程的个案研究》,《社会学研究》,1999年第2期。

③ 文建东,何立华:《中国"信任之谜"及其解释》,《经济科学》,2010年第3期。

④ [德]尼克拉斯·卢曼:《信任:一个社会复杂性的简化机制》,瞿铁鹏,李强译,上海人民出版社,2005年,第120页。

间。信任提高了师生对规训性空间的自觉顺应和改善,也为师生创造了更多的自由性空间。信任使教师从沉重的复杂性负担中解脱出来,减少了管理成本,获得了许多社会资本,有精力和机会去进行研究和创新;信任使学生从被控制中解放出来,可以更加自主地学习和成长。

规训性空间与自由性空间之间存在着一个过渡性空间,它连接着这两极空间,使规训性空间不至于趋向于专制和生硬,自由性空间也不至于趋向于放纵和混乱,规训性空间制约着自由性空间,自由性空间改变着规训性空间。过渡性空间是由师生之间的情感关系生成的,师生间的心理距离是在这里拉开的。"情"使冷冰冰的师生关系融解,使空间里充满温馨,使课堂成为师生的生命之家。信任可以加深师生彼此的情感,丰富这个过渡性空间。

规训性空间是大地,自由性空间是天空,过渡性空间是环境。现代师生关系扎根大地,仰望星空,自由呼吸和生长。信任构筑了坚实的大地和肥沃的土壤,开拓了辽阔的天空,提供了新鲜的空气。

三、基于信任的良好师生关系建构

信任与良好的师生关系之间是互利互惠、相互促进的关系。建立良好的现代师生关系需要以师生之间的信任为前提,而良好师生关系建构的过程也是信任建立的过程。

(一)信任与良好师生关系建立的可能性

以人为本的现代师生关系的内在基础是对积极的、前进的、具有建设性的人之本性的基本信任。这种信任促进教学权力和机会的合理分配,实现教育的合理放权与授权。这又使民主平等的对话关系成为可能,使沟通顺畅无阻,有助于师生的相互理解和尊重,使亲密和谐的"我—你"和"我们"关系成为可能。彼此的信任缩短"我—你"的距离,保持恰当的距离,化解冲突,加强凝聚力,使"我们"成为相互信任和相互依赖的共同体。如此,信任又可提高个体的本体性安全感和责任感,有助于深度的交往与合作,使共享共生的合作关系成为可能。信任使存在不孤独,增强了师生的安全感及对自我和他人的责任感。安全感是质疑、批判和创造的前提条件,责任感是自我奋进和彼此合作的内在支撑力量。

反过来,良好的现代师生关系作为一种适应社会时代发展趋势的教育关系,为提高师生的自我信任、人际信任和系统信任提供了良好的关系条件。在民主平等的对话中,师生认识到自身的价值和能力;在创建亲密和谐的"我—你"和"我们"关系的过程中,师生认识到人的丰富性和同一性;在共享共生的合作关系中,师生认识到他人和集体的意义和价值。在这一过程中,师生共同感受着现代师生关系的有效性,同时也建构和内化着现代师生关系的模式,产生着对自我、他人的信任,孕育着新的教育观和教育模式,也孕育着良好的社会模式。现代师生关系将提高学生的交往能力,提高学生对知识系统的理性信任,而这二者是社会信任的两个基本要素,因而必将会改善学生对社会的信任质量。

(二)信任与良好师生关系建立的现实性

首先,应明确共同的目标和价值取向。共同的目标和共享的价值观是信任和良好师生关系建构的核心,共同的目标和价值追求是教师和学生共同遵守的内在约定或契约,这使师生彼此信任。师生之间、生生之间应逐渐建立成为一个学习共同体、一个道德共同体、一个创新共同体,在共同体中建立彼此信任和自我信任,确立良好的师生关系。

其次,建立共同的制度和规范。共同的制度和规范是信任建立的基础,也是处理师生关系的依据。共同的制度和规范确立和执行的前提条件是教师和大多数学生通过民主平等的对话对制度和规范达成一致认同,这使其能顾及大多数人的权利,实现对最大多数人的约束,这个过程产生和巩固了师生对制度和规范的信任。良好的制度和规范将建立起共同的行为准则,这将促进普遍信任的建立,而普遍信任将为多样的对话与合作关系的建立开拓更广阔的创造性空间。

再次,创造良好的关系品质和文化氛围。师生关系品质和文化氛围是信任产生和存在的机制和空间。每个人都有对自我的积极期待,教育正是要打通彼此的期待,激发彼此的行动,这是一个信任的学习过程,由此逐渐形成一种相互尊重、相互理解、相互帮助、相互关心的文化氛围和人际关系。在这样的文化氛围里,师生"忘记了"信任,"忘记了"威胁,彼此敞开心扉,这是一种深度信任。这种关系将成为师生教育生活的心理—情感依托,增进学生对师生关系的信任和依赖。这是一种生存需要得到满足时的生存依赖,这种依赖有力地抵制了来自外部的不良渗透和影响。

复次,正确发挥教师的作用。教师是师生关系中的领导者,必须充分发挥教师的领导作用才能建立起良好的现代师生关系中的信任。教师要赢得学生的信任,自己必须首先坚守诚信和真诚,以自己的诚信来赢得学生的信任和诚信,然后就是要给予信任,信任学生、信任知识、信任教育和学习,最重要的是要信任人。信任是一种肯定的期待,这种期待可以激发责任心,更可以激发学生的自我教育和发展的潜能与动力。

最后,处理好传统与现代的关系。传统的突然断裂将引发教师和学生的生存焦虑,生存焦虑会严重影响师生的信任,所以必须处理好传统与现代之间的关系。实际上,现代师生关系正是从传统师生关系中生长出来的,应在尊重、理解和转化传统师生关系中确立良好的现代师生关系。如"弟子不必不如师,师不必贤于弟子","是故无贵无贱,无长无少,道之所存,师之所存也",这些深刻的观点对现代师生关系的建构都是有很大的启发意义的。

在良好的现代师生关系的建构中,师生都在学习信任;在信任中,师生构筑起良好的现代师生关系。信任不仅是教育的条件,而且有着强大的教育能力和教育潜力。信任的核心可归结于一个"真"字,无论是尊重、关怀、帮助、建议,还是教导、批评、惩戒,都要有一个"真"字在里面,"真"就是真实、真诚、真心。生存威胁是信任最敏感的神经,从根本上说,消除教师和学生在教育系统中的生存威胁是建立师生信任最为根本的保证。生存的威胁不仅仅有物质上的,还有精神上的,生存威胁的消除不仅需要物质上的保障,还需要精神上的保障;不仅需要内部的保障,还需要外部的保障。上文所谈及的主要是内部的和精神的保障,而提高教师的待遇和地位,保护师生的合法权益,全面实施九年义务教育,提供良好的资助和奖励制度,建立完善的适应社会发展的教育体制等是消除师生的生存威胁,提高师生信任的重要的外部保障。

大学精神与课程体系统整探析

徐 诺*

摘 要：大学精神统领课程体系，课程体系彰显大学精神，二者相互影响、相互交融。通过大学精神与课程体系的统整，能够为大学的特色发展提供重要支撑，发挥大学精神的育人功能，实现大学生科学、人文素养的提升。然而，当代大学课程体系建设中核心价值观弱化，人文精神式微，隐性课程遭受冷遇，大学精神元素匮乏，这些都深刻影响着大学精神与课程体系的统整。为了解决该困境，应该尝试以核心价值观统领课程体系建设，将人文精神融入课程体系建设，加强隐性课程开发，以及突显多元评价在课程体系建设中的功效。

关键词：大学精神；课程体系；统整

大学精神是大学的灵魂，对大学的生存和发展起着统领作用。正如美国高等教育学者弗莱克斯纳所认为的："总的来说，在保障大学的高水准方面，大学精神比任何设施、任何组织都更有效。"[1] 大学中开设的课程蕴含着丰富的大学精神，甚至可以被视为一所大学的"心脏"。然而，当今关于课程体系建设的研究，人们更多的是从如何加强课程要素建设等下位层面探索提高人才培养质量的路径的，弱化了大学精神在课程体系建设中对提高人才培养质量的灵魂作用，其效果并不令人满意。如何加强大学精神对课程体系建设的统领作用，提高人才培养的质量，理应引起教育工作者的关注，也是这个时代的当务之急。

一、大学精神与课程体系的关系解读

大学精神与课程体系二者相互影响、相互作用，大学精神蕴含在课程体系之中，课程体系显性或隐性地反映着大学精神。在大学精神显著核心竞争力的背景下，打造体现时代特征的大学精神，不断丰富大学课程体系建设的新格局，首先要厘清二者之间的关系。

（一）大学精神统领课程体系建设

第一，大学精神影响课程观的确立。大学精神体现着大学的办学目标和特色，构成了所培养人才的特质，是大学间相互区别的重要标志。大学精神蕴含在课程体系之中，课程设置诠释着大学精神。第二，大学精神影响课程内容的设置。大学精神历久弥新，不断传播价值观念。大学精神统领下的课程体系决定着课程内容的设置，课程内容的设置理应反映大学的精神。第三，大学精神影响课程结构的组成。大学精神与课程结构之间紧密相连、不可分割。第四，大学精神影响课程体系的评价。大学精神是一代又一代大学人共享的精神财富，课程评价更多的是对大学的办学理念及人才培养标准的

* 徐诺，山东师范大学教师教育学院硕士研究生，主要研究方向为课程与教学论。

① Abraham Flexner. *Universities*：*American*，*English*，*German*. Oxford University Press, 1930：348.

评估,具有激励、导引、规范等意义。大学课程评价指标若能对大学发展起到引领作用,那么这所大学的课程评价指标自然会作为一种优秀的精神得到积淀和传承,成为大学精神的有机组成部分,促进大学精神的不断丰富和发展。

(二)课程体系建设彰显大学精神

课程体系是大学精神的现实载体。大学精神的储存和散发主要靠课程体系的建设来帮助实现,尤其是隐性课程发挥着极为重要的作用。课程体系作为大学精神的载体,最本质的职能就是彰显和传承大学精神。没有课程体系建设的实践,大学精神将因失去根基而丧失活力,而缺失大学精神引领的课程体系,将会失去课程的价值。课程体系的建构反映着大学精神的价值取向,将大学精神内化为大学人的核心价值观和行为方式是大学精神对课程体系价值引导的实质。大学精神体现出的历史继承性,通过大学办学的价值判断、核心理念、目标设定、行为规范和评判标准等多种方式体现出来,潜移默化地对大学人产生深刻影响,主要体现在大学人的行为方式中。这些特征正是大学课程改革的精神支柱和价值取向。

(三)大学精神与课程体系统整的必要性

大学精神作为大学文化的核心,为大学课程体系建设提供强有力的观念引领和行动指导。只有实现大学精神与课程体系的统整,才能帮助学生形成正确的价值观,实现知识、能力和素质的全面发展,才能真正发挥大学文化的育人功能。第一,能够从文化取向的视角审视课程体系建设。从文化取向的角度,大学精神能够从整体层面为大学课程体系的建设提供重要的理论依据和实践指导。第二,能够为大学的特色发展提供重要支撑。大学以其特有的办学条件而确立的课程体系及其所彰显的大学精神特质,支撑着大学的特色发展。第三,能够提升大学生的科学素养和人文素养。大学精神以一种无形的力量,无声的教育来提升大学生的科学素养和人文素养,锻造人文情操,尊重个人的价值,追求自我价值与社会价值的统一。第四,能够发挥大学精神的育人功能。大学精神与课程体系的这种统整,能够全方位地对大学生施加影响,更深入地发挥大学精神的育人功能。

二、大学精神与课程体系统整过程中的问题分析

课程体系是大学精神的载体,大学精神隐含在课程体系中。课程体系建设是对大学精神的倡导和践行,是大学精神的重要依托。没有大学精神的引领和支撑,课程体系建设就会没有目标或偏离方向。在高等教育面向市场的背景下,大学更多地满足于经济社会发展的客观需求,更多地关注知识的资本化,课程体系中大学精神的式微成为不争的事实。

(一)课程体系建设中核心价值观的弱化

课程体系中的核心价值观对人才培养具有重要的作用,但由于过多强调课程体系对社会需求的适应性,因而弱化了课程体系中核心价值观的引领,在课程目标上,过于注重社会要求,忽视人的内在价值。常常以社会性标准作为人才培养的主要依据,把适应社会的发展需要作为课程体系建设的价值追求,使得大学生在接受知识的过程中出现与人的全面发展需要相失衡的状况,背离了全面发展的教育目标。在课程内容的设置上,经济全球化时代特别需要及时补充多元的文化素养,以备获得持续发展的能力。

然而,由于对西方文化的过于崇拜或过于排斥,使得中西方文化不能很好地融合,从而导致核心价值观对课程内容的引领价值过于片面化。在课程结构上,为了应对市场经济对人才的需求,大学越来越强调专业课程的设置,忽视通识课程对人才培养的重要价值,使得课程体系建设中二者的比例失衡,其弊端也日益显露,专业课程和通识课程无法对接造成大学人的发展的局限性。

(二)课程体系建设中人文精神的式微

由于大学过度重视科学精神的教育,忽略人文精神的教育,因而导致人文精神的式微,主要表现在以下方面:一是科学教育与人文教育的比例失衡。在高等教育面向市场的背景下,大学颇受功利主义和实用主义的影响,加之大学生面临严重的就业现实,大学呈现出对科学知识的过分青睐和对人文知识的过分冷漠,极易引发物质与精神的失衡。而人文教育自身,也在科学教育这种因素的影响下,出现了知识化的倾向,过于偏重人文知识的传授,而忽视人文精神的育人价值,从而导致大学失去了"为科学而科学"的精神,人文精神逐渐萎缩。二是人文教育与市场经济相背离。由于过多满足经济社会发展的需求,大学自身应有的品格日渐式微,直接服务、服从于市场经济成为大学的办学追求,大学应有的人文精神传统日渐丧失。

(三)课程体系建设中隐性课程遭受冷遇

当今课程建设更多地关注知识的量化和资本化,过于重视显性课程对大学生的重要影响,忽视了隐性课程的开发,阻碍了大学生情感、意志、个性品格的养成,导致大学生在言行举止、处世方式乃至整个世界观、价值观等方面的不足和缺失,课程建设失去了在潜移默化中影响大学生身心发展的作用。这极易导致对学生在道德认识的提高、道德情感的陶冶、道德行为的规范等方面的关注不足,也容易阻碍显性课程的实施,弱化大学精神在课程体系中的统领作用。

(四)课程体系评价中大学精神元素的匮乏

在具体的课程体系评价活动中,追求实证主义中数量化和科学化的倾向比较明显,过多地重视以数量化的特征对课程体系进行评价,忽视了对大学精神这一无法量化的核心问题的评价。大学精神元素被排除在课程体系评价之外,最终会导致难以实现课程体系评价追求的真正价值。

三、大学精神与课程体系统整策略探析

大学精神是大学赖以可持续发展的不竭动力。大学精神的传承理应通过与时俱进的课程体系来实现,这是提高人才培养质量、强化大学内涵发展的基础工程。大学精神与课程体系统整的策略主要有如下方面:

第一,以核心价值观统领课程体系建设。课程"在本质上是一种价值创造活动,因而必须遵循一定的价值原则。任何课程建构如若不优先考虑价值取向问题,如若没有哲学价值论的引领,都将陷入盲目和混乱,从而以失败而告终"。[①] 核心价值观是被大学公认的、内化的价值体系,对大学生的个体行为规范具有普遍性的制约作用。大学以其核心价值观规范大学生的健康成长,以价值观教育为引导,切实提高大学生的整体

[①] 靳玉乐:《论基础教育课程发展的新理念》,《教育理论与实践》,2002 年第 4 期。

素质,这既是大学培育人才的关键,也是大学自身发展的内在要求。

第二,将人文精神融入课程体系建设。德国哲学家康德认为:没有人,一切创造只是荒芜、徒然,没有终极目的。"人文精神是对人的全部特征及活动领域以广泛而又深刻影响的'实践哲学',是整个人类文化所表现出来的根本的价值精神,以人的全面发展为终极目的。它作为人类超越性的价值追求,向往的是社会文化价值的整体进步,面对的是社会生活整体。于是,它必然予课程建设以深刻影响,使现代课程在价值取向上反映和表达人文精神。"① 将人文精神融入课程体系,能够克服课程体系急功近利的"政治化"和"商品化"取向,使课程目标真正体现人的全面发展的需要。

第三,加强隐性课程的开发。"一所历史悠久的学校,一所有着自己独特文化的学校,是经过历史的积淀、文化的砌构形成自己隐性人文精神的……同类学校与学校之间,论常规课程,论教学计划表,几乎是没有多少差别的,然而,论隐性课程,论隐性文化,学校与学校的差别就可能很大。某些学校的珍贵之处就在其高质量的隐性课程。"② 隐性课程强调的是学生个性形成过程中情感和意志的作用,能够促进学生良好的个性品格的形成和发展,进而使之成为学生自身的行为习惯。隐性课程是构成教育过程不可或缺的重要组成部分,加强隐性课程的开发,不仅能够强化大学生的个性品格,还能够提升大学的品位。

第四,对课程体系进行多元评价。课程体系评价理应通过客观事实体现评价者的价值观念和主观愿望,是价值判断的过程。课程体系评价对课程体系建设贯有导向、规范和激励的作用。课程体系评价的价值取向直接决定着教育能否促进社会和人的全面发展。

---

① 刘旭东,薛荣:《人文精神:现代课程的价值取向》,《教育理论与实践》,1998 年第 1 期。
② 张楚廷:《教学论纲》,高等教育出版社,1999 年,第 129 页。

国内"翻转课堂"研究的最新动向与未来课题
——基于 CNKI 核心期刊数据的分析

边 伟[*]

摘 要：当前翻转课堂相关研究主要有翻转课堂的内涵研究、翻转课堂的教学模式设计研究、翻转课堂的实施策略研究、翻转课堂的评价研究和翻转课堂的技术平台研究等几个方面。这些研究中存在着翻转课堂内涵研究的深度不够、教学评价与反思及教学平台方面的研究较少、研究方法较为单一、研究的关注点较为狭隘等问题。在未来研究中，应注重深化理论思辨研究并加强实证研究、建立科学长效的教学评价机制、拓展研究视野、加强对其他相关人群的研究等。

关键词：翻转课堂；动向；课题

随着教育信息化的快速发展，以信息技术为依托的"翻转课堂"成为学校教育的新模式，也成为教育研究的新问题和新方向。对此，一大批教育工作者展开了许多有关"翻转课堂"的理论与实践研究，积累了众多研究成果。目前国内"翻转课堂"研究的现状如何？具体有哪些研究内容？研究还存在着什么优势与不足？在未来研究中应关注哪些问题？对此，我们有必要对国内"翻转课堂"相关研究进行分析，把握现状并展望未来趋势。本研究以中国知网期刊数据库中的核心期刊为中心，梳理了 2011—2015 年国内"翻转课堂"的研究状况，总结其特点与优势，反思其缺陷与不足，并尝试在此基础上提出研究的未来课题。

一、国内"翻转课堂"研究的内容探析

"翻转课堂"是从英语"Flipped Classroom"或"Inverted Classroom"翻译过来的术语，又称"反转课堂""颠倒课堂"，笔者分别将其作为关键词在中国知网期刊数据库进行检索，除去重复检索和相关度较低的论文，共得到有效样本 219 篇。通过分析发现，国内翻转课堂相关研究可概括如表 1 和图 1 所示。

翻转课堂自 2012 年从国外引进。2011—2012 年我国核心期刊中相关研究的文章数量为零，在引进初期相关研究也较少。从 2013 年开始，研究数量逐渐增多，并开始出现关于翻转课堂的内涵探讨及教学模式设计等方面的研究。2014—2015 年翻转课堂的教学模式设计及实施策略研究数量出现了较为快速的增长趋势。而且近几年，有关翻转课堂教学资源的开发、为家长提供的翻转课堂培训等方面的研究也逐渐增多，呈现出更深入、更细化、研究视角更丰富的发展趋势。

---

* 边伟，山东师范大学教师教育学院硕士研究生，主要从事基础教育课程与教学理论研究。

表1 国内"翻转课堂"研究内容分类

研究内容		数量	%
翻转课堂的内涵	翻转课堂的特征、价值、实质,翻转课堂与洋思模式的比较、与慕课的关系辨析、与高效课堂的异同与整合等	29	13.2
翻转课堂的教学模式设计	翻转课堂经典模式分析、翻转课堂教学模式的关键因素探析、太极环式教学模式、项目式教学模式、分级教学模式、课前交互式教学模式等	66	30.1
翻转课堂的实施策略	翻转课堂在英语和计算机等课程中的实施策略、翻转课堂在大学、职高等学段中的实施策略、不同的学习理论或教学方法在翻转课堂中的实施策略等	60	27.4
翻转课堂的评价	翻转课堂教学质量评价体系,学习者和教师对翻转课堂的评价,翻转课堂在国内应用的理性思考及可行性分析等	15	10.5
翻转课堂的技术平台	Canvas、QQ群、Tablet PC 及内容策展工具等平台的支持和在线支持环境的研究等	12	6.8
其他研究	对家长和教师进行翻转课堂方面的培训、基于翻转课堂的口译教学行动研究等	26	11.9

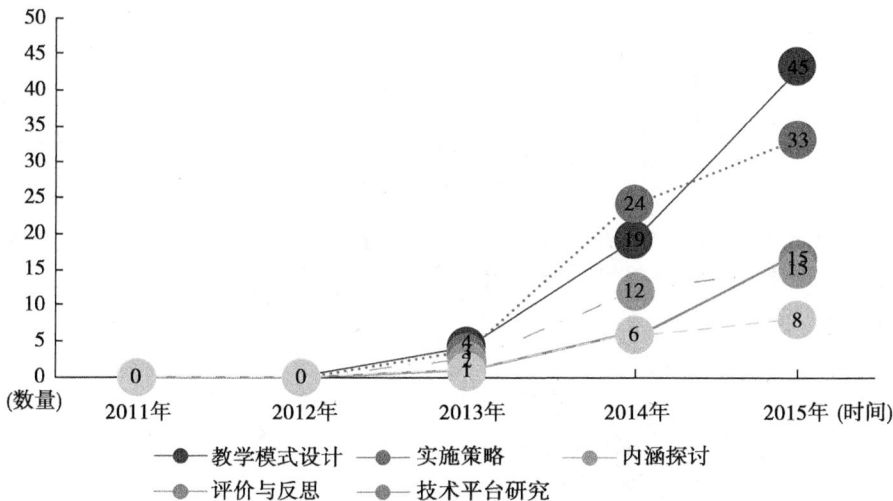

图1 国内"翻转课堂"相关研究的数量及发展趋势

(一)翻转课堂的内涵研究

不同研究者对翻转课堂的内涵解读不同,但大部分将其视为一种教学模式。此外,钟晓流等将翻转课堂解释为一种教学模型[1],张武威等将其看作一种教学方法[2],秦炜

---

[1] 钟晓流,宋述强,焦丽珍:《信息化环境中基于翻转课堂理念的教学设计研究》,《开放教育研究》,2013年第1期。

[2] 张武威,曾天山,黄宇星:《微课程与翻转课堂相结合的教学方法创新应用》,《课程·教材·教法》,2014年第7期。

炜则认为它是一种课堂教学改革的新范式。① 翻转课堂究竟从哪些方面对传统教学模式进行了颠覆？王彩霞和刘光然认为，翻转课堂颠倒了传统的教学流程、教学理念、教学模式及教师和学生的角色，贯彻了建构主义的相关思想。② 张金磊等将其与传统课堂进行比较后总结出翻转课堂的三个特征：首先，教师身份的变化——从课堂知识的传授者变成了学生学习的促进者和指导者；其次，翻转课堂需要师生在上课时进行交流和答疑，有利于增强课堂互动性；最后，学生通过自己控制学习时间、地点、内容，成为自定步调的学习者。③ 对此，何克抗也有类似观点，即无论是学生自己在家观看教学视频，还是课堂上师生互动交流，都是"以学生为中心"展开，使学生获得学习上的自主权。④

另外，郭文良与和学新从教育信息技术应用下翻转课堂教学形态的各种变化这一视角入手对其特点进行了阐述，具体可概括为：教学主题的多元、动态与协商；教学资源的集成、全面与共享；教学载体的创新、高效与立体；教学过程的自主、灵活与可控。⑤ 叶波认为我们有必要站在方法论角度上认真审视翻转课堂作为一种教学模式的应有价值，对教与学、教师与学生、内容与方法等诸多关系展开新的思考，从而避免其在实践中的误读和扭曲，进而彰显其作为教学模式的应有价值。⑥

通过分析发现，关于翻转课堂特点与价值的论述主要是将其与传统课堂进行比较后提出的，各观点间并无本质上的差异。不论是教学各要素，还是教学形态的变化，抑或方法论角度的新思考，翻转课堂的内涵研究都没有涉及一些最基本的理论与概念辨析，如支撑翻转课堂教学模式的两个重要理论——"建构主义学习观"和"掌握学习法"。若相关理论的研究不够完善，就难以有效指导教学实践。文献中有很多基于慕课的翻转课堂研究，慕课在国内尚属起步探索的阶段，它与翻转课堂到底是何关系？翻转课堂要求学生在课前观看教师录制的微视频，这里的微视频与大众熟悉的精品课又有何区别？这些都少有人论述清楚。

（二）翻转课堂的教学模式设计研究

翻转课堂作为一种舶来品，国内前期研究主要是介绍国外翻转课堂教学模式设计的研究成果。张新明等、宋艳玲等及潘国清主要介绍了以下三个典型的国外翻转课堂教学模式：Kar Plus 受皮亚杰发展理论影响而提出"Explore-Explain-Apply"三阶段学习周期模式；Jackie Gerstein 为那些习惯使用说教模式的教育工作者提供了便于实现翻转课堂的框架，包括体验式参与、概念探索、有意义建构和演示与应用四个阶段；此外还有Robert Talbert 总结出的翻转课堂结构模型，包括课前和课中——前者包括观看教学视频和针对性的课前练习两部分，后者包括快速少量的测评、解决问题和总结反馈三个阶段。这些翻转课堂的典型模式都是国外研究者在结合本国实际教学情况的基础上提出来的，为我国翻转课堂教学模式的设计起到了一定的借鉴意义。

① 秦炜炜：《翻转学习：课堂教学改革的新范式》，《电化教育研究》，2013 年第 8 期。
② 王彩霞，刘光然：《翻转课堂优化中职课堂教学探析》，《职教论坛》，2013 年第 6 期。
③ 张金磊，王颖，张宝辉：《翻转课堂教学模式研究》，《远程教育杂志》，2012 年第 4 期。
④ 何克抗：《从"翻转课堂"的本质，看"翻转课堂"在我国的未来发展》，《电化教育研究》，2014 年第 7 期。
⑤ 郭文良，和学新：《翻转课堂：背景、理念与特征》，《教育理论与实践》，2015 年第 11 期。
⑥ 叶波：《翻转课堂颠覆了什么——论翻转课堂的价值与限度》，《课程·教材·教法》，2014 年第 10 期。

也有不少研究者没有直接照搬国外的教学模式,而是在吸收国外教学理念的基础上,结合本国实际提出了新的翻转课堂教学模式。例如张金磊等对 Robert Talbert 的设计模型进行了改进,提出了更为明确的翻转课堂的实践方式,也表明了信息技术与学习活动在翻转课堂中的工具作用,不足之处在于此模型的学科适用范围较小。① 桑新民等提出了"太极学堂"的课堂创新理念和实践模型②;钟晓流等受前者和国外研究者的启发,将翻转课堂的理念、中国传统文化中的太极思想与布鲁姆的教学目标分类理论进行深度融合,构建出一个太极环式的翻转课堂模型,并根据模型的组成和流程给出了实施的关键要点。③ 太极环模式的优点在于能够很好地体现"教"与"学"教学相长、和谐共济的关系,为翻转课堂的本土化实践提供理论参考。不足之处在于此模型还停留在理论论述的阶段,实施的关键要点虽已给出,却未曾用于教学实践,其实施效果还有待验证。

另外,也有研究者针对翻转课堂教学模式在实施过程中的不足进行了改进,使其更适合我国的实际情况。例如曾明星等针对教师在空间上与学生分离从而不便对教学进行监控的问题提出了翻转课堂课前交互式教学模式④;潘国清以马克思唯物辩证法和认知科学为理论依据提出了一种螺旋形的翻转课堂模型⑤;宋朝霞与俞启定则将项目式教学法融入翻转课堂,成功解决了课堂教学实践难控制、生产情景难模仿等难题。⑥

根据分析可见,翻转课堂教学模式设计相关研究从最初介绍国外翻转课堂教学模式到基于此提出适应我国情况的翻转课堂教学模式,再到对翻转课堂教学模式在实施过程中的不足进行改进,呈现出不断递进与发展的趋势,这也是翻转课堂教学模式在我国逐渐本土化的过程,这点值得肯定。然而从已有研究来看,翻转课堂教学模式的设计并没有涉及研究对象的年级和水平,对年级适用性的关注还不够。另外,学科分布也不太均匀,目前占绝大多数的是计算机和大学英语科目。那么语文、数学及其他科目又该怎样翻转? 这是需要我们深思的问题。

(三) 翻转课堂的实施策略研究

在翻转课堂实施策略相关的 60 多个研究样本中,有 43 个涉及具体对哪门学科进行"翻转",其中英语学科最多(20.9%),且主要集中在大学阶段,其次是计算机(16.3%)、思想政治(9.3%)、生物(7.0%)、文献检索(4.7%)和声乐(4.7%)。此外还有物理、化学、医学、法律和体育等课程。可见,目前翻转课堂实施策略方面的研究主要将重心放在了大学英语课程方面。其中,窦菊花和文珊以《How to make a phone call》教学内容为例,在课前让学生通过微课程资源掌握打电话的四个基本场景用语;课堂上

---

① 张金磊,王颖,张宝辉:《翻转课堂教学模式研究》,《远程教育杂志》,2012 年第 4 期。

② 桑新民,李曙华,谢阳斌:《21 世纪:大学课堂向何处去?——"太极学堂"的理念与实践探索》,《开放教育研究》,2012 年第 2 期。

③ 钟晓流,宋述强,焦丽珍:《信息化环境中基于翻转课堂理念的教学设计研究》,《开放教育研究》,2013 年第 1 期。

④ 曾明星,蔡国民,姚小云:《翻转课堂课前交互式教学模式研究》,《现代教育技术》,2015 年第 3 期。

⑤ 潘国清:《一种翻转课堂的螺旋模型及实现》,《电化教育研究》,2015 年第 10 期。

⑥ 宋朝霞,俞启定:《基于翻转课堂的项目式教学模式研究》,《远程教育杂志》,2014 年第 1 期。

学生通过角色扮演的方式重现微视频中的场景,并将重现结果上传到 APP 平台,之后组织讨论点评,指出亮点及需要改进的地方;课后教师进一步完善。① 胡杰辉和伍忠杰则从教学方法、课程内容、教学组织和课程评价这四个角度论述了大学英语翻转课堂的实施过程和策略。徐艳梅和李晓东研究了电子学档项目式翻转课堂在大学英语中的实施策略,即构建支持翻转课堂的电子学档系统,录制和收集相关导入素材,之后以大学英语课堂教学为例,通过对比试验和深入访谈,验证了基于电子学档的项目式翻转课堂教学方法的应用效果。②

在计算机课程的翻转课堂实施策略方面,黄琰等人通过设计、实施与验证三个环节对计算机翻转课堂的实施策略进行了探讨。③ 马秀麟等人首先肯定了大学信息技术公共课教学中采用翻转课堂的可行性,然后尝试对不同层次的学习者使用不同的翻转课堂教学策略:首先,在课前组织导读和前测,使学习者产生强烈的学习动机;其次,以自主探究和发现学习为主组织课外学习活动,教师通过组织课堂交流和分享,实现知识的内化;最后,教师以课堂实践固化知识,并准备下一轮学习任务。④

以上研究考虑到了不同学科的特殊性,体现了一定的学科意识。但目前普遍存在的不足是:研究主要是从理论运用和通过实证研究论证其实施效果这两方面进行,很少使用案例或结合学校具体情况来说明翻转课堂在不同学科中的具体实施策略。国家在课程管理方面采用国家、地方和校本三级课程管理方法,就是考虑到了不同教学情境的特殊性。同样,每个地区、学校的教学情境不同,不能总在"教学情境具有普遍性"这样的假定条件下考虑翻转课堂的实施策略,且探讨角度不够具体。未来的课题更应该将翻转课堂实施情境的特殊性考虑在内。

总样本中有 25 个涉及具体的学段,占总研究比重的 41.7%,其中大学占 56%,高职占 20%,中小学占 12%,此外还有成人学校、高中和中小学等。这在一定程度上反映了大学教师对翻转课堂的重视程度。同时,相对于中小学生来说,高校学生自主学习能力和自我约束能力较强,因而比较能够胜任对大部分知识内容的自主学习。还有部分研究者并没有涉及翻转课堂学科学段方面的问题,但从其他角度对翻转课堂的实施策略进行了论证。例如,朱宏洁和朱赟认为,翻转课堂的实施虽然包括课前设计视频等多个环节,但其中最关键的要素仍然在教师,提出教师要树立新的教学理念等建议。⑤ 程云艳认为翻转课堂对广大英语教师既是挑战也是机遇,他们必须改变教学理念,提高外语教学技术素养等。⑥ 此外,还有研究者对不同学习理论或教学方法在翻转课堂中的实施策略进行了探讨,如姜艳玲和徐彤研究了学习成效金字塔理论在翻转课堂中的应

① 窦菊花,文册:《基于 APP 的大学英语翻转课堂教学改革探索》,《黑龙江高教研究》,2015 年第 5 期。
② 徐艳梅,李晓东:《基于电子学档的项目式翻转课堂教学方法研究——以〈新大学英语〉课堂教学为例》,《中国外语》,2014 年第 5 期。
③ 黄琰,蒋玲,黄磊:《翻转课堂在"现代教育技术"实验教学中的应用研究》,《中国电化教育》,2014 年第 4 期。
④ 马秀麟,赵国庆,邬彤:《大学信息技术公共课翻转课堂教学的实证研究》,《远程教育杂志》,2013 年第 1 期。
⑤ 朱宏洁,朱赟:《翻转课堂及其有效实施策略刍议》,《电化教育研究》,2013 年第 8 期。
⑥ 程云艳:《直面挑战 "翻转"自我——新教育范式下大学外语教师的机遇与挑战》,《外语电化教学》,2014 年第 3 期。

用和实践①,曾祥光研究了任务驱动法在翻转课堂实践中的应用。②

（四）翻转课堂的评价研究

此部分主要聚焦在对翻转课堂教学过程及其实施成效的评价,还尚未形成较系统、完善的教学质量评价体系。研究者们普遍达成共识,翻转课堂应采用多元化、形成性评价和总结性评价相结合的方式。③ 对此,马俊臣提出教师要从对学习结果转到对学习过程的评价,即教师通过建立学生的学习档案,对整个学习过程进行形成性评价和总结性评价,随时掌握学生的学习情况,从而对教与学的过程做出适当调整。④ 但教师在翻转课堂中具体应该采取何种原则、策略去评价学习成果,大部分研究者并未涉及。李馨在借鉴国际"CDIO"教学模式评价体系的基础上,提出了翻转课堂教学质量评价的三条基本原则:系统化构建原则、教学过程与学习成效并重原则和多元化发展原则。与此相适应,她还构建了翻转课堂教学质量评价体系,即教师首先要确定翻转课堂的"指标内容"和"权重系数",其次要通过教学实践来检验上述成果的合理性和科学性,从而形成最终的翻转课堂教学质量评价体系。⑤ 除了翻转课堂评价体系构建的适用性外,此研究的进步之处还在于作者提出须建构与不同学科、教育教学层次相适应的教学评价体系,这是教学评价体系未来的发展方向,是促进翻转课堂在我国发展的关键因素。黄琰等采用了行动研究法对翻转课堂教学模式在现代教育技术实验课中的应用效果进行研究,发现此模式对提高学生的学习自主性和积极性以及问题解决能力有一定程度的促进作用。⑥ 卢强也与此类似,但他还对翻转课堂教学模式的不足提出了重新定位师生角色、精制教学视频及重建课堂对话等策略。⑦

虽然素质教育在我国已实施多年,但大部分地区仍将考试成绩作为学生评价的主要标准,很多学校的翻转课堂仍采用传统的课堂教学评价方法,这已成为影响翻转课堂在我国深入发展的桎梏。2001年国家教育部颁布的《基础教育课程改革纲要（试行）》指出:"改变课程评价过分强调甄别与选拔的功能,发挥评价促进学生发展、教师提高和改进教学实践的功能。"⑧ 这不仅适用于普通课堂的教学评价,对于翻转课堂的教学评价亦是如此。

（五）翻转课堂的技术平台研究

翻转课堂是教育工作者顺应信息时代的需要提出的新的教学模式,翻转课堂能否成功实施,与其依托的教育技术平台息息相关。不同的研究者选用了不同的平台进行翻转课堂的实践。例如,张新明等人根据中国信息技术的实际发展状况提出了基于 QQ

---

① 姜艳玲,徐彤:《学习成效金字塔理论在翻转课堂中的应用与实践》,《中国电化教育》,2014 年第 7 期。
② 曾祥光:《任务驱动教学法在翻转课堂实践中的应用研究》,《中国成人教育》,2014 年第 7 期。
③ 张金磊,王颖,张宝辉:《翻转课堂教学模式研究》,《远程教育杂志》,2012 年第 4 期。
④ 马俊臣:《基于"翻转课堂"的现代教育技术教学研究》,《中国成人教育》,2014 年第 6 期。
⑤ 李馨:《翻转课堂的教学质量评价体系研究——借鉴 CDIO 教学模式评价标准》,《电化教育研究》,2015 年第 3 期。
⑥ 黄琰,蒋玲,黄磊.:《翻转课堂在"现代教育技术"实验教学中的应用研究》,《中国电化教育》,2014 年第 4 期。
⑦ 卢强:《翻转课堂的冷思考:实证与反思》,《电化教育研究》,2013 年第 8 期。
⑧ 中华人民共和国教育部:《基础教育课程改革纲要（试行）》,2001 年。

群和 Tablet PC 的翻转课堂教学模式①;沈书生等探讨了基于电子书包支持下的翻转课堂,他认为"主动权"和"讲课时间"的转变是电子书包支持下的翻转课堂与国内其他模式下翻转课堂的不同之处,它的作用主要表现在支持学生观看视频、帮助学生寻找合适的学习资源和协助学生进行沟通三个方面②;曾明星等则利用科学技术搭建了软件工程专业"翻转课堂"云计算教学平台,还分析了平台的主要功能,为工程课程翻转课堂教学平台的研究提供了参考。③ 另外,胡建平基于 Canvas 平台的翻转课堂,设计了以Canvas 平台为基础、基于翻转课堂的项目式教学模式,并且在"FLASH 动画制作"的实践活动中设计了翻转课堂课前、课中、课后的教学活动。④ 以上平台在翻转课堂的实践中都有自己的优势,但仍存在一些不足之处:在当今信息爆炸的时代,飞速增长的教育资源为学习者提供了大量可供学习的数字化资源,而以上几种平台在教育资源的收集、整合和共享方面还略显不足。在此背景下,胡建平和孙彦彬又将国外的内容策展(Content Curation)工具⑤介绍到国内,便于制作出具有多媒体内容的页面,为学习者提供多方位的学习资源,为翻转课堂的实施提供一个新的选择平台。但是目前国内这方面的运用还不多见,有待教育工作者深入实践。⑥

总体上,翻转课堂是以信息技术为依托的新的教学模式,不管是课前观看教师发放的教学视频,还是课上师生之间的交流互动,都需要一定的技术平台支持。翻转课堂最终是要应用到不同学段的不同学科里的,因此设计出符合各学科学段学生特点的翻转课堂教学模式及相应的技术平台至关重要。然而,此方面的相关研究还非常贫乏。少了技术平台的支撑,翻转课堂以何为实施平台? 具体的教学实践活动又该如何开展?

二、对国内"翻转课堂"研究现状的反思

翻转课堂到底是什么? 是要将其看作一种教学模式? 还是教学模型、教学方法、课堂教学改革的新范式? 最基本的概念内涵界定不清,就容易导致其实施策略、评价方式等的混乱。翻转课堂的实践要以严密的理论为基础,依据不同的学科学段和教学情境灵活运用。加强翻转课堂内涵及相关理论的研究,能够在一定程度上促进翻转课堂的开展。另外,目前国内翻转课堂教学的实施主要集中在英语和计算机科目,如基于"MOOC"的大学英语翻转课堂教学模式研究⑦、大学信息技术公共课翻转课堂教学的实证研究⑧等,语文、数学这类科目该如何进行翻转也是今后需思考的问题。值得注意的是,我们在引进翻转课堂教学模式时,应完成从技术模仿到理念转变的提升,把翻转课堂在我国实施的适用性考虑在内,如什么样的内容适合翻转课堂的教学,翻转课堂需

① 张新明,何文涛,李振云:《基于 QQ 群 + Tablet PC 的翻转课堂》,《电化教育研究》,2013 年第 8 期。
② 沈书生,刘强,谢同祥:《一种基于电子书包的翻转课堂教学模式》,《中国电化教育》,2013 年第 12 期。
③ 曾明星,周清平,王晓波,蔡国民,董坚峰:《软件工程专业"翻转课堂"云计算教学平台探讨》,《现代教育技术》,2013 年第 8 期。
④ 胡建平:《Canvas 平台支持下的翻转课堂实践探究》,《中国远程教育》,2014 年第 9 期。
⑤ 内容策展是一个收集、筛选、评论、组织和共享与特定主题相关信息的过程。内容策展工具把大量相关主题的内容通过编辑汇聚到一个相关网站中,把最前沿、最完整的信息分享给读者,从而为读者提供更多的学习资源。
⑥ 胡建平,孙彦彬:《内容策展工具支持下的翻转课堂教学探究》,《现代教育技术》,2015 年第 6 期。
⑦ 胡杰辉,伍忠杰:《基于 MOOC 的大学英语翻转课堂教学模式研究》,《外语电化教学》,2014 年第 6 期。
⑧ 马秀麟,赵国庆,邬彤:《大学信息技术公共课翻转课堂教学的实证研究》,《远程教育杂志》,2013 年第 1 期。

要在何种情境中实施,中国学生是否适合翻转课堂……从单个学生的角度来讲,皮亚杰认为学习行为是个体发生的,即便传递同样的知识,每个人面临的困难也不一样。① 真正有效的教学应该关注学生的实际需求,更好地了解学生。而且,翻转课堂是萨尔曼·可汗(Salman Khan)在"为耽误课程的学生补课"这一特殊情境下产生的,把产生于特殊情境的教学模式推广到全国乃至全世界的可行性有多大? 这也是值得我们思考的问题。另外,教师是否真正秉持着"以学生为本"的理念进行翻转课堂的教学也是值得关注的问题,否则,翻转课堂依然是对应试教育的强化而不是削弱。

总体来说,翻转课堂的研究还有些浮于表层、泛泛而谈,理论与实践脱节,没有很好地解决实际教学中存在的诸多问题。除了教学模式对学科学段的适用性不足、翻转课堂实施策略对情境的特殊性考虑不周、翻转课堂内涵研究的深度不够、教学评价及教学平台方面研究较少之外,目前国内翻转课堂研究还存在以下问题:第一,研究方法较为单一,主要以哲学思辨的方法对相关问题进行分析和说明,缺少对具体教育实践的关照。而且为数不多的实证研究主要是采用问卷调查和访谈的形式,缺少多样化研究方法的运用。第二,翻转课堂研究的关注点较为狭隘,缺欠对其他相关因素的研究。新课改的核心理念是"以人为本""以学生发展为本",目前翻转课堂研究的关注点主要在学生和教师身上,而对家长怎样监控学生的翻转学习、家长怎样与教师保持良好的沟通、学校怎样更好地开发翻转课堂教育资源及怎样指导教师更好地掌握教育技术等这些问题都没有深入研究。

三、研究的未来课题

近年来,国内"翻转课堂"研究取得了较为丰富的研究成果,但目前仍存在一些不足之处,在未来研究中应重点关注以下几个方面:

(一)深化翻转课堂相关的理论研究

翻转课堂作为美国土生土长的教学模式,要想在中国大地上生根发芽、开花结果,势必要先对它的概念内涵、特点价值及教学模式、教学设计等进行深入的理论研究。虽然当前国内翻转课堂的理论研究有一定程度的积累,但还不够深入。例如,支撑翻转课堂教学模式的两个重要的学习理论——"建构主义学习观"和"掌握学习法"鲜有人涉猎。支撑理论研究不够完善,就难以对教学实践进行有效的指导。

(二)运用多样化的研究方法

目前,国内翻转课堂相关的研究主要是采用理论思辨的方法,缺少其他多样化研究方法的运用,研究结果在很大程度上客观性和推广性不足。应多尝试采用基于数据的定量、定性及定量定质相结合的研究方法,增强研究的信效度。同时还须走进教学一线,对真实的翻转课堂案例进行分析。教学情境不同,翻转课堂的具体开展与实施状态就可能有很大的差异,有必要结合具体教学案例或学校具体情况开展一些实证研究。

(三)建立科学、长效的教学评价机制

要想更有效地评估翻转课堂的实施效果,必须建立新的教学评价原则和标准。在此须注意两个问题:一是适用性问题,要经得起教学实践的检验和完善,翻转课堂的可

---

① 陈琦,刘儒德:《当代教育心理学》,高等教育出版社,2005 年。

行性是实现教学可持续发展的重要保证;二是翻转课堂教学质量评价体系要针对不同学科,适用不同的教育教学层次。① 除此之外,还应分别设置针对教师和学生的评价。比如,怎样评价学生在课前观看教学视频的成效?怎样评价学生在课堂上互动交流的成效?怎样评价学生最终的学习成效?怎样评价教师在整个翻转课堂中的教学行为?评价应该包括哪几个层次?这些具体问题在翻转课堂教学评价机制中都应得到全面体现。

(四)拓展研究对象,加强对其他相关人群的研究

从教育生态学的角度来看,翻转课堂相关研究还须注重研究对象的整体性,翻转课堂的实施与家长、教师、课程专家等都是密切相关的。除了学生之外,还须关注对其他相关人群的研究。目前,翻转课堂在我国很多地区实施起来还是有阻力的,很多家长对其持观望或迟疑的态度,这在很大程度上影响了翻转课堂的开展进度。我们可以将家长作为突破口,进行多维对象的研究,有助于解决翻转课堂在实施中可能会遇到的瓶颈。可建立基于翻转课堂研究的"技术专家—教师—研究者"的合作共同体②,教师和课程专家可联合其他人员进行相关研究。这样不仅能拓展研究对象的范围,还能发挥团队合作的优势,促进翻转课堂研究的持续发展。

---

① 李馨:《翻转课堂的教学质量评价体系研究——借鉴 CDIO 教学模式评价标准》,《电化教育研究》,2015 年第 3 期。

② 朱琼莉:《国内翻转课堂研究现状和趋势分析》,《兰州教育学院学报》,2015 年第 9 期。

试论翻转课堂中教师的角色定位

路如月 *

摘　要：作为信息技术与教育相结合的产物，翻转课堂颠覆了传统的教学模式，彰显了学生学习的主体性，但教师的任务不仅没有减轻反而更重了。在课程的课前、课中、课后三个阶段，教师分别扮演了优质资源的提供者、学习活动的组织者、学后反思的促进者的角色。同时，翻转课堂也向教师提出了更高的要求，教师只有树立全新教学观念、提高信息技术应用能力、提升学科专业素质，才能保证翻转课堂的成功开展。

关键词：翻转课堂；教师；角色；要求

信息技术的高速发展大大推动了教育改革的进程，互联网、电脑等的广泛使用为教育的实现方式提供了多种可能，翻转课堂成为信息技术与教育相结合的产物之一。翻转课堂（Flipped Classroom 或 Inverted Classroom），又称"反转课堂"或"颠倒课堂"，是指在信息化环境中，学科教师提供以教学视频为主要形式的学习资源，学生在上课前完成对教学视频等学习资源的观看和学习，师生在课堂上一起完成作业答疑、协作探究和互动交流等活动的一种新型的教学模式。[1] 新型的教学模式的建立必然要求我们对教师的角色进行重新定位。在翻转课堂教学模式下，课前，作为教学资源的提供者，教师要为学生选择或制作优质的教学视频；课中，教师是学习活动的组织者，要引导学生交流讨论；课后，教师成为学生学后反思的促进者，须激励学生及时反思学习内容。同时，翻转课堂的施行也对教师提出了更高的要求。教师要树立全新的教学观念，提高信息技术应用能力，提升自身学科专业素质。只有这样，教师才能成功适应翻转课堂，更好地为学生服务。

一、翻转课堂的起源及发展

国外对翻转课堂的研究最早开始于 20 世纪 90 年代。1991 年，哈佛大学物理教授埃里克·马祖尔（Eric Mazur）创立了"同侪互助"教学法（Peer Instruction），在课前进行知识的传递，课堂上通过同伴讨论的方式使学生真正地掌握基本概念。"同侪互助"教学法通常被认为是最早开始翻转课堂实验的。2000 年，莫林·拉赫（Maureen Lage）、格伦·普拉特（Glenn Platt）发表论文《翻转课堂：建立一个包容性学习环境的途径》，首次提出了翻转课堂教学模式。文章论述了他们在迈阿密大学教授"经济学入门"这一课程时翻转课堂模式的实施情况，并阐述了如何通过翻转教学促进差异化教学，根据学生不同的学习风格开展教学活动。同一年，J. 韦斯利·贝克（J. Wesley Baker）在第 11 届大学教学国际会议上发表论文《课堂翻转：使用网络课程管理工具（使教师）成为身边

---

* 路如月，女，山东师范大学外国语学院硕士研究生，研究方向为英语课程与教学论。

[1] 于天贞：《从"主演"到"导演"：基础教育翻转课堂中教师角色转换及其路径》，《上海教育科研》，2014 年第 5 期。

的导师》。① 该论文指出教师不再是讲台上的权威,而是学生身边的指导者,并提出了翻转课堂的初步模型。2004 年,萨尔曼·可汗(Salman Khan)通过录制教学视频为远距离的亲戚辅导数学功课,并把录制的视频上传至 You Tube 网站,同更多人分享这一辅导资源,引起了人们的广泛关注。此后,可汗又陆续录制了许多不同学科的学习视频传到网络上共享,并于 2007 年建立了教育性非营利组织"可汗学院"(Khan Academy)网站。2007 年,美国林地公园高中两位化学教师乔纳森·伯尔曼(Jonathan Bergman)和亚伦·萨姆斯(Aaron Sams)用录屏软件把他们授课的 Power Point 演示文稿和讲课的声音录制成教学视频,并上传至网络供因故缺课的学生补习使用。后来,他们让学生在家观看教学视频,在课堂上完成作业,并为学习中遇到困难的学生进行讲解,这种教学模式受到了学生的广泛欢迎。经过乔纳森和亚伦的不断反思和改进,翻转课堂教学模式在全世界得以推广流行,也受到越来越多学者的关注。2007 年,杰里米·斯特雷耶(Jeremy Strayer)发表博士论文《翻转课堂在学习环境中的效果:传统课堂和翻转课堂使用智能辅导系统开展学习活动的比较研究》。该论文论述了翻转课堂在大学的设置,并提及学生能够自主控制正在观看的视频,机敏地接受新信息。

自 2011 年翻转课堂教学模式传入我国以来,我国的教育专家、学者乃至一线的大中小学教师都开始了对它的探索与实践,并结合我国教育实际情况开创出适合我国实施的模式。在我国,重庆市江津区聚奎中学于 2011 年最早开始翻转课堂的教学实验,并根据本校实施情况总结出翻转课堂教学模式实际操作的"四步"和"五环",课前四步:设计导学案—录制教学视频—学生自主学习—制定个别辅导计划;课中五环:合作探究—释疑拓展—练习巩固—自主纠错—反思总结。实践证明,通过教学模式的改革,聚奎中学无论是在办学质量的提升上还是学生综合素质的培养上都取得了很大成功。

二、翻转课堂中教师的角色

在传统的教学模式中,教师是学生与课堂的主宰者,是知识的权威者和拥有者。而在新型的翻转课堂教学模式下,教师的角色有了新的定位。教师不仅仅是知识的传播者,更是优质资源的提供者、学习活动的组织者和学后反思的促进者。

(一)课前:优质资源的提供者

上课之前,教师需要及时把当堂内容以视频的形式提供给学生,以供学生自主学习,因此教师是丰富、优质的教学资源的提供者。这些资源可以是教师亲自制作的,也可以是网络上获取的开放教育资源。对于网络上的视频教程,教师可以选用适合学生发展水平、与教学内容相匹配的资源。但教师本人亲自录制的教学视频更值得提倡。因为教师录制的教学视频内容和设计更符合学生现有的知识水平和思维特点,更能全面反映教学目标的要求,同时这也对教师的教学设计能力和信息技术应用能力提出了更高的要求。

教师需要布置一些针对性课前练习,以供学生在观看完教学视频后加强对学习内容的巩固并及时发现疑难之处。教师在设计练习题时应确保能全面反映学生的学习内容,且难度适中,更重要的是能让学生通过课前练习了解自己的学习情况,以便能在课

---

① 陈晓菲:《翻转课堂教学模式的研究》,华中师范大学硕士学位论文,2014 年。

堂中更加有针对性地解决自己课前学习过程中所遇到的疑难问题。

（二）课中：学习活动的组织者

在翻转课堂中，教师必须从传统的主导地位中解放出来，建立新型的师生关系。虽然翻转课堂中教师不再以讲授者的身份出现，转而成了课堂活动的组织者，但是教师依然发挥着重要作用。

在课堂活动的组织上，老师需要做到以下几个方面：首先，确定问题，交流解疑。在课堂中学习活动的开始阶段，教师需要针对学生观看视频的情况和通过网络交流平台反映出的问题进行集中答疑解惑。学生也可以提出自己在观看教学视频中所产生的疑难问题，与教师和同学共同探讨。其次，独立思考，完成作业。学生知识结构的内化需要经过他们自己独立的思考。此时教师只能从方法上引导学生，让学生独立地对问题进行观察、思考、分析。在必要的时候，教师可以给予一定的引导和指示，但要避免直接将最终结论灌输给学生的情况出现。再次，合作交流，深度内化。课堂中的交流学习是生生之间、师生之间通过沟通交流的形式对问题展开研究，完成知识深度内化的过程。在对学生进行分组之后，教师应走下讲台，走进学生的讨论，融入学生的小组合作活动中。当学生在讨论中遇到问题时，教师可以提供及时的帮助，引导学生澄清对知识的错误认知。最后，成果展示，分享交流。学生在经过独立探索和合作交流后，教师要通过组织报告会、辩论赛等形式给学生展示学习成果的机会，从而了解学生知识的掌握水平，有针对性地进行后期的"补救"工作。

在课堂学习活动中，教师的积极组织和引导，可以帮助学生克服学习过程中存在的干扰因素，促进学生间的交流合作，构建良好的学习环境，督促学生养成良好的学习习惯，提高学习成绩。

（三）课后：学后反思的促进者

传统教学模式下，教师主要通过课后布置练习题来帮助学生巩固所学知识。一般在这一环节，学生是与教师脱离的。学生在课后遇到问题却得不到教师及时有效的指导和帮助，阻碍了学生对课堂所学内容的消化吸收。而在翻转课堂中，学生不仅需要课前自主学习知识，课上深度内化知识，课后的学习反思也是必不可少的一大环节。

如果说课前的学习视频是翻转课堂的物质保障，课堂的交流互动是翻转课堂的核心灵魂，那么，学生的学后反思则是翻转课堂的升华环节。[①] 这就需要教师由传统的课后练习的局外者转变成学生学后反思的促进者。课后，教师作为学生学后反思的促进者，要留给学生富有真实的情境的思考探究任务，让学生在真实的问题情境中提升研究问题、解决问题的能力。还要充分利用现代化的信息技术和网络技术，在学生遇到问题时为其提供及时的指导和帮助。此外，教师还要积极引导学生对当天所学的内容进行总结反思，及时巩固课堂内容。

三、翻转课堂对教师的要求

翻转课堂翻转了传统课堂中知识传授和知识内化两个过程，教师的角色也发生了变化，教师发挥着比传统课堂中更为重要的作用，因此对教师提出了更高的要求。

---

① 黄金煜，郑友训：《"翻转课堂"与教师角色转型》，《上海教育科研》，2014 年第 6 期。

（一）树立全新教学观念

教师要想扮演好翻转课堂模式下的新角色,首先要树立全新的教学观念。教师要始终坚持学生是学习的主体,牢固树立以人为本的观念。教师应更准确地把握学情,选择教学内容和方式,满足学生的个性化学习需求。给予每个学生同样的重视,一视同仁,为学生提供充分展示自己的机会。将学生思维和创造力的提高放在首位,追求学生素质的全面提高,而非单纯分数的提高。

（二）提高信息技术应用能力

翻转课堂教学模式的顺利实施与现代化信息技术的应用紧密相连,翻转课堂的开展迫切要求教师提高自身的信息技术应用能力。教师首先要具备信息搜索的能力,才能在大量的网络资源中获取丰富且优质的教学资源;其次,还必须要学会利用信息技术录制教学视频,制作教学课件。根据学科特性和学生特点,设计最佳的展现方式,从而帮助学生更好地理解和消化教学视频内容。此外,教师还必须具备多媒体教学能力,在课堂上利用投影仪、幻灯片等现代化教学设备,提升课堂教学的吸引力。

（三）提升学科专业素质

教学视频的精心制作、翻转课堂的顺利开展都需要教师具备较高的学科专业素质。在掌握了信息技术应用知识之后,决定视频制作质量高低的则是教师的学科专业素质。翻转课堂上,学生们有大量的时间用来交流讨论,在对基本内容掌握之后,便会产生各种疑难问题向教师请教,教师若要从容回答学生的问题并使大家得到满意答案,必须具备丰富的专业知识。这时刻都在考验着教师学科知识的广度和深度。

四、结语

作为一种新型的教学模式,翻转课堂不仅颠倒了教学的顺序,翻转了传统课堂中知识传授和内化的过程,更重要的是改变了教师在教学中的角色。课前,教师扮演着优质资源的提供者的角色;课中,教师是学习活动的组织者;课后,教师是学生学后反思的促进者。同时,翻转课堂对教师提出了更高的要求。教师只有树立全新的教学观念,提高信息技术应用能力,提升学科专业素质,才能保证翻转课堂的顺利实施,更好地服务学生,提高教学质量。

理性看待"翻转课堂"

——基于语文学科的思考

刘晓利 *

摘　要:"翻转课堂"自从在美国诞生之后,短短几年的时间就已经成为当今教育领域的一个热点。本文一共分为三个部分:第一部分介绍了"翻转课堂"的历史及当前的研究现状;第二部分主要是对"翻转课堂"本质的看法;第三部分从"翻转课堂"的本质出发,探讨其自身所具有的一些局限性,立足于语文学科教育实践的现实及语文学科的特殊性,提出"翻转课堂"在语文学科应用中的局限,并在"翻转课堂"的热潮中,对语文"翻转课堂"进行一个冷思考。

关键词:"翻转课堂";本质;语文;局限

一、"翻转课堂"的起源及研究现状

(一)"翻转课堂"的起源

"翻转课堂"最初的构想来源于美国林地公园学校(Woodland Park)的乔纳森·伯尔曼(Jonathan Bergman)和亚伦·萨姆斯(Aaron Sams)这两位化学教师。[①] 2007 年,他们用录屏软件将他们授课用的课件加以讲解,录制成教学视频,并传到网上供那些因故不能按时上课的学生补习使用。随着两位教师开创性的教学实践,这种方法逐渐发展成为一种新的教学模式,得到越来越多的教师关注。萨尔曼·可汗也是"翻转课堂"教学实施的领军人物,他创建的可汗学院就是以"翻转课堂"的教学模式著称。2011 年以后,随着全球教育领域另一重大事件——"慕课"的出现,"翻转课堂"在课前家中实施的教学内容与教学方式发生了很大的变化。现如今,"翻转课堂"已演变成一种在整个北美甚至全世界广为流传的新型教学模式。

(二)"翻转课堂"的研究现状

"翻转课堂"从 2007 年开始出现,2011 年以后迅速扩展到全球,中国也紧跟世界教育的步伐,引进了"翻转课堂"模式。2012 年"翻转课堂"走进国内后,短短的 3 年时间,就在国内形成了较大的影响力。虽然"翻转课堂"在国内出现较晚,但发展很快,国内学者对它的关注度较高。下面三幅图是 2012—2015 年知网关于"翻转课堂"的文献数量。其中,图 1 是 2012—2015 年我国有关"翻转课堂"的所有期刊材料的数量变化趋势;图 2 是 2012—2015 年我国有关"翻转课堂"的所有核心期刊和 CSSCI 的文献数量变化趋势;图 3 是 2013—2015 年我国有关"翻转课堂"硕博士论文数量比重图。

* 刘晓利,女,山东师范大学文学院硕士研究生,研究方向为语文课程与教学论。
① 张跃国,张渝江:《透视"翻转课堂"》,《中小学信息技术教育》,2012 年第 3 期。

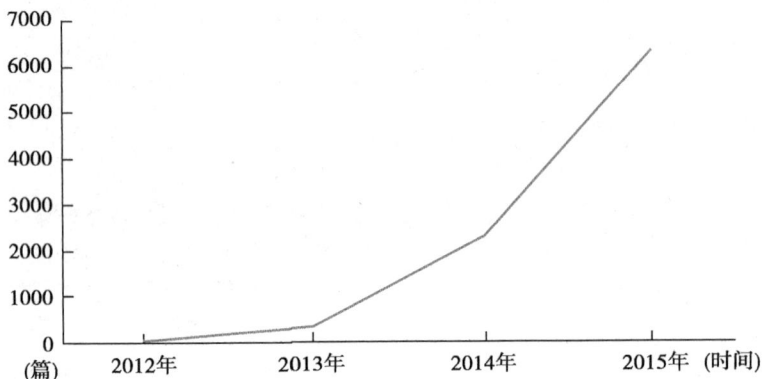

图1　2012—2015年我国有关"翻转课堂"的所有期刊材料的数量变化趋势

通过图1折线的走势可以看出,在"翻转课堂"刚刚引进国内时,也就是2012年,关于"翻转课堂"的研究还非常稀少,有关"翻转课堂"的研究文献只有12篇,而仅仅一年的时间这一数字就达到了297,增长了将近24倍,2014年和2015年文献数量依然呈直线式增长趋势。2012年到2015年这短短的四年时间里,有关"翻转课堂"的研究文献从最初的12篇增长到6299篇。从这两个数字的变化中可以看出,人们对于"翻转课堂"的关注度越来越高,对"翻转课堂"的研究热度也在逐年增长。

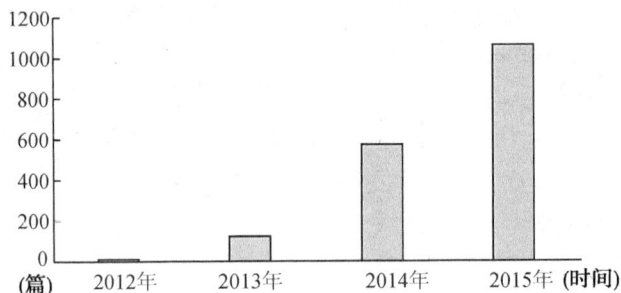

图2　2012—2015年我国有关"翻转课堂"的所有核心期刊和CSSCI的文献数量变化趋势

2012—2015年间,核心期刊和CSSCI上有关"翻转课堂"的文献也是逐年增加的,从2012年的6篇文献到2015年的1061篇文献,有关"翻转课堂"研究文献的增长速度确实让人感到震惊。

图3是2013—2015年我国有关"翻转课堂"的硕、博士论文数量比重图,由于2012年"翻转课堂"刚刚进入国内,很多人对这个新名词、新事物还不了解,"翻转课堂"这一新鲜事物还没有引起人们的重视,所以,2012年有关"翻转课堂"的硕博士论文数量是零。

由以上三幅图可以看出,"翻转课堂"在我国虽然起步较晚,但是发展迅速,短短几年时间就引起了有关学者、专家和一线教师的广泛关注。从

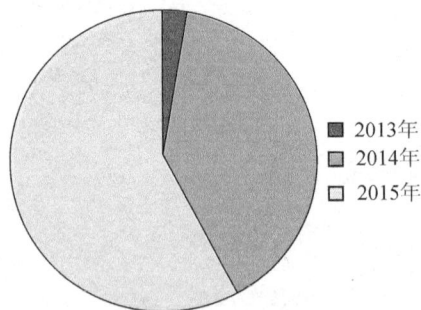

图3　2013—2015年我国有关"翻转课堂"硕博士论文数量比重图

在国外真正起步发展到现在还不足 10 年的时间里，"翻转课堂"何以引起国内外广泛关注，"翻转课堂"又为教育界带来怎样的影响，这不得不引发我们的思考。

二、"翻转课堂"的本质

"翻转课堂"，又被译作"反转课堂"或"颠倒课堂"。所谓"颠倒"，是针对传统教学模式而言的。传统教学模式是课堂上教师向学生讲授知识点，课后学生通过习题巩固内化所学内容，而"翻转课堂"则是通过在课前观看课程视频完成知识点的学习，知识内化则是在课堂上进行。[①] "翻转课堂"是一种舶来品，对于它的内涵和外延，国内外许多学者都没有给出明确的界定，而对于"翻转课堂"的介绍，则多是从它的起源和发展历史入手。国内学者中比较全面给出"翻转课堂"定义的是钟晓流，"所谓'翻转课堂'，就是在信息化环境中，课程教师提供教学视频为主要形式的学习资源，学生在上课前完成对教学视频等学习资源的观看和学习，师生在课堂上一起完成作业答疑、协作探究和互动交流等活动的一种新型的教学模式"。[②] 从这个定义出发，可以把握"翻转课堂"的几个核心。首先，是在信息化环境中。也就是说，"翻转课堂"是要依托一定的信息技术、网络环境和信息平台。从"翻转课堂"的起源和发展历史来看，它的兴起始终是伴随着信息技术的发展和进步的。其次，是教学过程的颠倒。传统的教学过程是"先教后学，以教定学"，课上进行的是教师的授课，课下是学生自己消化吸收课堂上讲授的内容，以及进行巩固练习。而"翻转课堂"将这种传统的教学过程"翻转"，强调先学后教，学生在课前进行自主学习，课堂上师生有针对性地解决教学疑难问题。

"翻转课堂"是对传统课堂的一种颠覆、一种革新亦是对传统教育观念的一次更新，它强调学生的主体地位，关注学生的需求。另外，它也改变了教师的传统地位。在我国，教师一直承担着"传道授业解惑"的职能，在师生关系中，教师长期处于主导地位，而"翻转课堂"却将教师定位于一个指导者、引领者的角色。这些都对我们目前的教育有一定的借鉴意义。

三、语文学科采用"翻转课堂"模式的限制

（一）"翻转课堂"的局限性

"翻转课堂"在短短几年内就引起了全球广泛的关注，对于"翻转课堂"的价值，国内外不少学者都已进行过详细的论述和阐释。但是，在全球都掀起"翻转课堂"热的同时，我们还应该看到"翻转课堂"所存在的问题。

哈佛大学物理学教授埃里克·马祖尔创立了一种他认为能使教学更有活力的教学方法——"PI"教学法。他在论述时将教学方法分为两个步骤：首先是知识的传递，然后是知识的内化。[③] 这一观点成为"翻转课堂"的重要理论基础，"翻转课堂"的独特之处正是知识传递与知识内化过程的颠倒。但我们应该看到，在学习过程中知识的传递、接受和内化过程是浑然一体的，彼此之间没有明确的界限，不是截然分开的。学生在接

---

① 卢强：《"翻转课堂"的冷思考：实证与反思》，《电化教育研究》，2013 年第 8 期。

② 钟晓流，宋述强，焦丽珍：《信息化环境中基于"翻转课堂"理念的教学设计研究》，《开放教育研究》，2013 年第 1 期。

③ 张渝江：《"翻转课堂"变革》，《中国信息技术教育》，2012 年第 10 期。

受知识的同时进行知识内化,只不过此时的内化是浅显的、粗糙的。而"翻转课堂"则被认为学生在课前观看教学视频是在接受知识,在课上则是内化知识,将知识的传授和内化过程进行了明确的划分,是非常不妥的。

其次,"翻转课堂"对学生的自主学习能力有了较高要求。"翻转课堂"要求学生课前在家通过观看和阅读教师录制的学习视频和相关资料进行学习。初、高中生,他们的自控能力还比较弱,如果没有教师和家长的监督,很难保证能较好地完成任务。不过,我们也承认,"翻转课堂"对于学习能力较强、自控能力较强的学生来说,不失为一种高效的学习途径。但是,学校中大多数学生的学习能力都处于一般水平,而对于自控能力和学习能力较差的学生来说,没有了教师的监督和课堂上学习的环境,"翻转课堂"对他们所能起到的作用则会非常小。因此,这样就会导致学生学习差距加大,两极分化更加严重,反而不利于学生的更好发展。

最后,"翻转课堂"可能会导致知识的碎片化。"翻转课堂"将一课时的内容细化为若干个知识点,对每个知识点用一个"微视频"进行讲解,这些微视频的时长一般在5~10分钟。"翻转课堂"采用微视频的好处是"时间短、目标明确、可反复学习",对于某一个知识点的讲解会比较透彻,有利于学生加深理解、牢固掌握。但是,这种方式容易造成"知识碎片化",不利于学生构建完整的学科体系和知识体系。对于知识与知识之间的联系,学生也容易忽视,从而导致学生不能很好地迁移与运用所学知识。

(二)"翻转课堂"在语文学科中受到的挑战

在"翻转课堂"轰轰烈烈席卷全国时,语文学科却始终对"翻转课堂"保持一个不冷不热的态度。不论是国内还是国外,对于语文"翻转课堂"的研究和实践都是非常少的。查阅相关资料发现,美国的"可汗学院"及我国台湾地区的"均一教育平台"这些全球知名网站,其"翻转课堂"平台竟然都没有涉及"语文"这一学科。[①]张金磊等人在《"翻转课堂"教学模式研究》中对美国部分开展"翻转课堂"教学实验学校的相关统计情况也表明,"翻转课堂"实施的科目主要为数学、科学等理科课程。具体情况张金磊等人在"传统课堂"与翻转课堂"各要素对比表[②](如表1) 中有所体现。

表1 "传统课堂"与"翻转课堂"各要素对比表

学校名称	年级	科目
艾尔蒙湖(Lake Elmo)小学	5 年级	数学
Wildomar 小学	4、5 年级	数学、科学、社会研究
达·芬奇(Da Vinci)学院	5 年级	主要为数学
Nipher 中学	6 年级	科学
Westside 学校	5 年级	技术
Ruth Dowell 中学	7 年级	数学

---

① 童志斌,李姗姗:《关于语文学科"翻转课堂"的冷思考》,《课程教学研究》,2015 年第 5 期。

② 张金磊,王颖,张宝辉:《翻转课堂教学模式研究》,《远程教育杂志》,2012 年第 4 期。

学校名称	年级	科目
542 Abbotsford Rd, Kenilworth 1L 60043 学区	初中、小学	初中数学、初中科学、小学数学、体育、初中外语
Memorial 中学	8 年级	科学
St. Thomas Aquinas 学校	6、8 年级	6 年级全部课程、8 年级数学
Hamilton 中学	8 年级	地理科学
Harrison 高中	高中年级	生物、化学
Loomis Chaffee 学校	12 年级	分子生物学
Pekin Community 高中	AP	物理、化学
克林顿戴尔（Clintondale）高中	高中年级	所有课程
Monroe 高中	10 年级	化学
Downingtown East 高中	AP	化学

　　为什么会出现这种情况？因为理科知识点明确，很多教学内容只需要清楚地讲授一个概念、一道公式、一道例题、一个实验等，其学科特点便于"翻转课堂"的实施。而对于政治、历史、语文等文科课程来说就不太适用了，尤其是富有民族文化个性和人文特色的语文。语文教材的选文都是一篇篇富有感情的、充满生命力的文章，在语文课堂上，语文教师不是仅仅传授知识就完成任务了，语文教师担负的更重要的责任是通过文质兼美的文章以及自身的文化修养和人格魅力来影响学生，这是一个彼此对话、彼此交流、彼此影响的过程。语文课堂需要营造特定的情境，对学生进行潜影默化的影响，"翻转课堂"割裂了教师与学生这种面对面的交流和精神的对话。所以，站在学生情感、态度、价值观的角度来说，"翻转课堂"的教学模式显然是有其局限性的。①

　　"翻转课堂"在我国大范围推广还面临很多的困难和挑战，我国与国外那些教育发达国家不论在技术上还是教育水平上都还存在很大的差距。但是，我们应该看到"翻转课堂"给我们提供了一种思想、一种思考、一种思路，它在师生关系、教学模式、学习方式等方面都带来了很多思考，也让我们在不断反思中前进。理性看待"翻转课堂"，如何取其之长，补己之短，才是我们目前应该考虑的问题。

---

　　① 叶波：《"翻转课堂"颠覆了什么——论"翻转课堂"的价值与限度》，《课程·教材·教法》，2014 年第 10 期。

建构主义视野下的语文翻转课堂教学模式研究

刁 宁*

摘 要：语文翻转课堂是较晚出现的一种翻转课堂，且具体表现形式十分复杂。从"下课听讲，上课作业"形式采用程度的角度划分，可以分为三种：指向文本解读的、不完整的翻转课堂，指向写作的、相对完整的翻转课堂，以及指向情感陶冶的、完整的翻转课堂。三种形式各有利弊，需要我们整体认识与把握。笔者结合建构主义思想，对翻转课堂这一教学组织形式在语文学科的运用进行了思索，提出了翻转课堂在这一学科进一步发展的一点建议。

关键词：翻转课堂；建构主义；文本解读；情感陶冶；写作

一、常见的语文翻转课堂教学模式

翻转课堂是一种区别于传统课堂的新型教学模式，即学生在家中利用互联网观看教师事前录制的讲解视频代替上课，在课堂上，教师和学生把主要精力集中于完成作业及练习题。在翻转课堂日渐流行的今天，不少语文教师开始进行翻转课堂实验。最初是针对语文阅读的翻转课堂，之后逐步延伸，扩大到阅读、写作、口语等各个方面。与实际的语文教学工作相适应，语文翻转课堂也有以下三种指向：

（一）不完整的"翻转"，指向"文本解读"

语文教材是语文课程中最重要的资源，也是进行语文课堂教学活动的依据。不完整的翻转指的是语文课在外在形式上不完全采用翻转课堂的模式，而是根据文本的特点进行适当的调整。比如，在学习一些具有特定概念的说明文、议论文、科技小品文时，采用翻转课堂的模式来讲解课文中出现的一些概念、法则、历史背景知识和基本的问题常识，课堂上则进行阅读理解与鉴赏的讨论。在学习一些散文、诗词、喜剧和小说时则采用一般的课堂模式，在课上致力于课文的学习和讲解，课下督促学生完成教师布置的练习和作业。这是一种依据文本的翻转课堂模式，也是对我们初期盲目推广翻转课堂的一种冷静思考。在翻转课堂刚刚引入的"高热流"时期，曾经出现过许多盲目套用翻转课堂模式的做法。但是，这些做法不是因为实施困难而最终作罢，就是因为实施后无法完成预定的提升教学效率的目标而被废止。这种不完整的翻转，指向文本解读的课堂就是对这种热潮和这些做法进行反思的结果。"教育实践是一种文化，而文化变革越是缓慢，才越能得到确实的成果。"①现在，翻转课堂的形式越来越多，手段、具体实施方法千奇百怪并非是一种不好的现象，这是教育者们努力探索更加适合中国的翻转课堂形式所带来的必然结果。

---

* 刁宁，女，山东师范大学文学院硕士研究生，研究方向为语文课程与教学论。

① ［日］佐藤学：《静悄悄的革命》，李季湄译，长春出版社，2003 年，第 8 页。

（二）相对完整的"翻转"，指向"写作"

在语文学科的教学中，语法、修辞等都属于陈述性知识，它们是陈述"是什么"的知识，在"翻转"时容易制作成微课程。而写作、阅读理解和诗歌鉴赏等则属于程序性知识，这种知识是表达"怎么做"的知识，在"翻转"时制作成微课程比较困难。但是，比较困难不意味着不可以进行。相对完整的、指向写作的翻转课堂指的是将文本解读与写作指向融合起来，除了诗歌、文言文等不便于学生写作或学生学习难度过大的课文以外的所有课文，都采用翻转课堂的形式进行教授。当然，他们对于"翻转课堂"这一教学形式的运用也不是直接地照搬照抄，而是在微课中适当地补充一些写作知识，在课上与学生讨论文章应该怎么写，带领学生进行文章写作并且修改学生写作的文章。这种翻转课堂比上一种"文本解读"指向的翻转课堂所采用的翻转形式成分多，范围也广。需要指出的是，之所以采用这种形式进行教授并不意味着他们对翻转课堂理念认同更多的或者他们更保守、传统。出现这种情况的原因，是因为语文教育观不同。采取这种翻转课堂形式的教师大都认同指向写作的语文教育观念，认为"写作能力是语文素养的综合体现"，"阅读能力不是语文素养的综合体现，口语交际能力不是语文素养的综合体现。牵牛要牵牛鼻绳。语文教学要提升学生的语文素养，当然要牵语文素养的牛鼻绳'作文能力'"。[1] 在这种观念的指导下，翻转课堂的教学形式当然也要为"写作能力"服务，而不是仅仅局限在文本的解读上。

（三）完整的翻转，指向"情感陶冶"

语文课的内容包罗万象，知识也浩如烟海。[2] 从语文课的教育内容和课堂教学实际来看，并非所有的内容都适合用翻转课堂的形式教授，一些情感性非常强的诗、词及散文没有教师的现场指导讲解，单靠微课和学生自读是很难深刻地理解和把握的。例如《烛之武退秦师》一课，仅仅关注到语言形式和文言知识的积累是不够的，因为这一课包含的意蕴十分丰富。有的学生可以关注到文本动人的叙事描写；有的学生可以发现文本中人物独到的语言艺术；还有人可以领悟到其中层层递进的"层析"艺术。如果学生与学生之间、学生与教师之间没有交流，那就很难完整而准确地理解文章。"独学而无友，则孤陋而寡闻"，主张进行完整翻转课堂的人看到了这一点，所以他们也开始强调情感陶冶的作用。完整的翻转不是完全的翻转，他们主张学生在课下利用微课学习知识、自读文本，课上，教师则专注于情感陶冶，以文本为载体陶冶学生的情操，培养学生的审美能力，提高学生的综合素质。需要指出的是，这种翻转课堂的形式大都出现在学生素质好、教师水平高、教学设备一流的优质学校。很明显，相较于前两种翻转形式，在这种形式下，学生课下需要完成大量的内容：不仅要观看教师录制的微课，还要在课下查阅资料写作发言材料，不然课上就很难有理想的教学效果。

二、建构主义对翻转课堂发展的启示

作为一种全新的教学组织形式，翻转课堂目前的发展已经步入调整时期。比起兴起时我们满怀热情地机械模仿，现在的我们要冷静理性得多。泰勒曾说："为了使教育

---

① 陈金铭：《访谈"指向写作的阅读课"》，《小学语文教师》，2013 年第 3 期。
② 刘清怡：《"翻转课堂"在语文教学中的运用》，山东师范大学硕士学位论文，2015 年，第 23 页。

经验产生积累效应,就必须将它们组织起来,使之互相强化。"①同样,翻转课堂作为一种组织的形式帮助学生强化教育经验,建构知识才是它的最终目的。根据建构主义的观点,学生学习的过程是学生在社会文化背景下,借助他人的帮助而进行的有意义的建构活动。要想在学生进行有意义的建构时扮演好"支持者"的角色,语文翻转课堂就要坚持做好以下工作:

(一)坚持文本中心,用好"翻转"形式

教材文本是语文课程重要的资源,语文翻转课堂无论在形式上如何创新与改变,其教学内容都不应该偏离教材文本。教语文就是教教材,无论多么令人感动的课堂教学,偏离了教材、做不好文本解读工作,就不能算是一堂好课。但是,这并不意味着因循守旧守着"老师灌,学生听"的老路,而是要教师根据本班学生的实际情况和语文学科的课程特点,适度"改构"翻转课堂。比如,教师可以在课前下发一些简单的作业问题及微课,课下学生看微课完成作业;课上,教师引导学生们讨论质疑、更深层次地探究文本。这样也就使"课下视频,课上作业"的老翻转形式产生了变异。形式与内容是相互适应的,一定的内容需要借助一定的形式,一定的形式也只适用于一定的内容。语文翻转课堂这种教学组织形式是为了更好地服务于语文教学内容,因此,在实践中我们不应该把它用死,而应该以帮助学生进行有意义的建构为根本,努力使学生在教学中认识语文的本质和规律。

(二)坚持"筛""活""控"的翻转课堂原则

作为一种全新的教学组织形式,翻转课堂的进行不能没有原则和规律,也不能过于局限于某一种机械的形式。对于想要进行语文翻转课堂的教师而言,无论采用何种形式都要注意把握"筛""活""控"的原则。

"筛"即筛选,是指进行语文翻转课堂,首先要确定适宜翻转的内容。制作微课前,教师应该认真研读文本、了解学情,并在此基础上进行筛选,最终选出适合进行翻转课堂的教学部分。

"活"即活用,指的是进行翻转课堂时要灵活地进行把握。事前计划的再详细,实施的过程中也难免会出现疏漏。在进行翻转课堂的过程中特别是实验翻转课堂的初期,教师应该时刻关注学生学习的效果和知识建构的程度,在不理想时及时进行调整与把握。

"控"指的是监控。翻转课堂强调学生的主体地位,这也导致了学生学习自由度的提高。但自由毕竟还是有限度的,学生进入学校的目的是为了学习知识、培养能力而不是享受自由。翻转课堂不能超越课堂纪律与网络安全要求。学生在学习时教师要注意引导、把握,防止学生沉溺于网络或导致为"放羊式"教学。

翻转课堂作为一种新出现的教学组织形式,其发展注定不是一帆风顺的,要经历许多协调、适应和与实践相结合的过程。它不是简简单单地用网络去取代课堂,也不是单纯地将教师拉下"决定一切"的神坛,而是一种重视学生自主探索,强调学生自我建构价值理念的渗透。语文课的翻转课堂决不能照搬照抄理科翻转课堂的模式,而是应该从混乱中找到统一,从不合适中寻求契合点,将建构主义的思想落实到实处、应用到实处,让翻转课堂闪现出建构主义的思想光辉。

---

① [美]泰勒:《课程与教学的基本原理》,罗康,张阅译,中国轻工业出版社,2014年,第88页。

基于翻转课堂模式的小学英语语篇教学设计

牛裕华 *

摘　要：本文基于翻转课堂模式探讨了小学英语的语篇教学路径。文章首先介绍了翻转课堂教学模式，然后根据国内外学者对翻转课堂教学模式的研究和实践，建构出适合小学英语语篇教学的翻转课堂教学路径，并且以小学英语故事教学为例做出一个教学设计，旨在为小学英语语篇教学的改进提供参考。

关键词：翻转课堂；小学语篇；教学模式

一、引言

我国《教育信息化十年发展规划（2011—2020）》指出，"教育信息化的发展要以教育理念创新为先导，以优质的教育资源和信息化学习环境建设为基础，以学习模式和教学模式的创新为核心"。① 随着信息技术及教学理念的不断更新，翻转课堂（Flipping Classroom）成为目前国内教育界的热门话题。在新课改的大形势下，越来越多的小学也开始了翻转课堂的教学实践。然而，这种新教学思想还没有形成成熟的教学路径时就开始推广实践，致使出现很多形似而非神似的翻转课堂教学实践，并且没有改善教学效果。② 要想成功地实施翻转课堂，需要考虑到硬件设施是否完备、师生及家长对于新的教学模式的态度等各种现实因素，同时在实施过程中，要对整个模式指导下的教学进行精密地设计。本文对翻转课堂教学模式进行了探讨，并以小学英语语篇教学为例，设计出具体的教学路径，以期为小学英语教学提供借鉴。

二、翻转课堂

（一）翻转课堂

翻转课堂，最早是 2007 年由美国林地公园高中的乔纳森· 伯格曼（Jonathan Bergmann）和亚伦·萨姆斯（Aaron Sams）提出的。2011 年，萨尔曼·可汗（Salman Khan）在"TED"（Technology Entertainment Design）大会上介绍了这种全新的教学模式，得到了各国教育工作者的关注。

国内外众多研究者对翻转课堂进行了研究。其中 Abeysekera 等国外研究者对翻转课堂进行了思考并认为：翻转课堂是一种教学策略，也是一种混合学习的类型。翻转课堂通常通过在线提供教学内容，以及课外活动的方式颠覆传统教学安排。③ 也就是说，翻转课堂将传统的知识传授和知识内化两个阶段进行了颠倒，课前学生通过观看教学视频完成知识的传授，课堂上学生通过各种教学形式，例如小组讨论、作业、教师单独辅

---

* 牛裕华，山东师范大学外国语学院硕士研究生，研究方向为英语课程与教学论。

① 教育部：《教育信息化十年发展规划（2011—2020）》，http://www.docin.com/p－395288150.html.

② 卢强：《翻转课堂的冷思考：实证与反思》，《课程与教学》，2013 年第 8 期。

③ 胡小强，苏瑞，吴林军：《基于点读技术的小学英语翻转课堂探究》，《中国现代教育装备》，2015 年第 16 期。

导等,完成知识的内化。①翻转课堂将传统课堂的"以教导学"转变成为"以学导教",更具人性,是对传统的教学结构形式的重构。

（二）翻转课堂的教学模式

2011 年,美国学者格斯坦(Gerstein)最先构建了翻转课堂的教学模式,将课堂划分为体验学习、概念研究、意义建构以及展示应用四个阶段。② 在我国,许多学者也构建了可操作的翻转课堂教学框架。本文借鉴众多学者的教学模式图,结合小学生的学段特点及小学英语教学的特点,构建出一个新的翻转课堂教学模式图(见图1)。

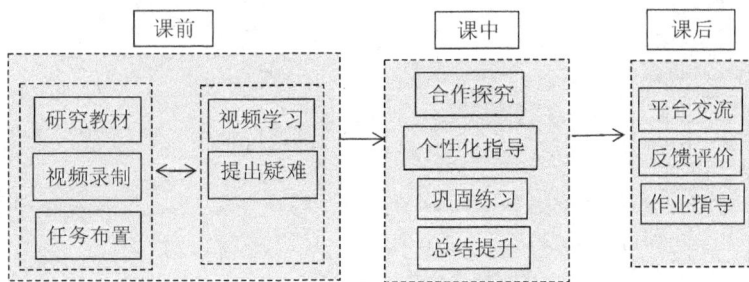

图1 翻转课堂教学模式图

从图1可以看出,翻转课堂具体分为课前、课中、课后三个部分。其中,课前教师负责制作微视频课程、布置学习任务、提供学习资源,学生按照教师的安排自主学习;课中教师引导学生合作探究、巩固练习和总结点拨,并针对个别学生进行个性化指导;课后通过相关平台进行交流,教师进行反馈评价。该模式在课前注重培养学生自主学习及批判性思维能力,课中通过合作探究促进知识内化,并对重难点进行探讨,以学生为中心,给予学生充分展现自我的机会。在这个过程中,教师作为学习资源的提供者、指导者及促进者,引导学生向探究的深层思维发展,挖掘学生的潜力,培养他们的学习积极性及探索研究能力。

三、基于翻转课堂的教学模式设计

基于研究得出的翻转课堂教学模式,本文以外语教学与研究出版社新标准小学英语一起点四年级上册第六模块 Unit 2 "He didn't come back"为例,设计整个教学流程。这一单元讲述了神笔马良的故事,其目标就是让学生学会运用过去式讲述故事,进行交际,明白"善有善报、恶有恶报"的道理,培养学生乐于助人的品质。

（一）课前

教师首先要深入分析本课教学材料,确定学生在情感、知识、技能等方面要达到的目标,而且要了解学生现有的故事讲述水平;然后提供英文讲述神笔马良故事的微视频教程、故事讲述技巧及相关的扩展资源等学习素材。微视频有三个:神笔马良英语动画片;教师对此故事的英文讲述;教师对本课课文的整体讲解,包括重点的词组、句型、过去式肯定、否定形式等的讲解,同时教师需要渗透"善有善报、恶有恶报"的情感目标。

---

① 张金磊:《"翻转课堂"教学模式的关键因素探析》,《中国远程教育》,2013 年第 10 期。
② 陈怡,赵呈领:《基于翻转课堂模式的教学设计及应用研究》,《现代教育技术》,2014 年第 2 期。

这三个微视频都利用 Camtasia Studio 6.0 来进行微视频的录制和后期制作,保证其画面清晰。视频制作完成后,将视频上传至班级公共邮箱或云盘,方便学生下载观看。在上传视频之后,教师将本课的具体学习任务以及目标要求发送至指定邮箱,让学生自主学习,并通过班级微信群或者 QQ 群随时关注学生提出的疑难问题,了解学生的学习情况,同时也在一定程度上监督学生自觉地完成课前学习任务。

值得注意的是,在这个过程中学生的学习不是一刀切的,对本课内容感兴趣或者是有学习余力的同学可以学习教师提供的扩展资源,促使学生的能力得到更大提升。比如,学生可以根据在视频中学到的故事讲述技巧,自己绘声绘色地讲述故事,制成音频或视频发送给教师,教师对其进行个别评价和指导。

(二)课中

首先是师生合作探究阶段。此阶段用时 10～15 分钟。教师将课前阶段学生提出的有代表性的疑难问题展现给大家,由小组讨论、合作解决,并针对每一个疑难问题随机选取两名学生进行讲解,教师对其进行纠正、评价。在这个过程中,学生是主体和中心,教师是帮助者和促进者,学生可以对每一个问题发表自己的看法,从而提高和参与并增加时间。为检验学生的掌握情况,教师提出几个问题要求学生回答:a. Why did the bad man feel angry? b. Did the magic paintbrush help Ma Liang? c. And then, what did the bad man do? 在这个过程中,教师要对重点句型进行板书,强化练习。

第二阶段是个性化指导阶段。此阶段用时 3～5 分钟。在这个阶段,教师针对个别学生依然存在的问题进行个性化指导,因材施教。

第三阶段是巩固练习阶段。此阶段用时 20～25 分钟。集体复述和个体表演相结合。首先,教师和学生一起对本故事进行复述;然后要求学生积极踊跃地上台进行讲故事或合作诵读表演,锻炼学生的当众演讲能力,在轻松愉快的氛围中巩固所学知识。教师对学生表演中的优点进行赞赏,并且指出需要改进之处。之后,再针对重点知识进行练习,巩固重难点词汇语法知识,促进知识的内化,也使学生能够对自己学习的知识进行自检。在这个过程中,教师也可以进行个别指导,也就是说,第二阶段和第三阶段是交叉进行的,没有严格的时间界限。

第四阶段是总结提升阶段。此阶段用时 3～5 分钟。教师对本节课的重难点知识,即过去式肯定、否定句型的转变及个别单词的过去式变形进行总结。然后教师要从学生个人、小组及整体的角度,对课程进行评价,评价以激励和表扬为主。

在 45 分钟的课堂中,教师要根据学生的接受情况,掌控好课中各个阶段的时间,以便可以实现课堂知识的完全掌握和内化,保证不把课堂的任务留在课下。

(三)课后

课后包括平台交流、反馈评价和作业指导阶段,重点是平台交流和作业指导,因为课堂的结束不代表学习的结束,课后可以在班级的 QQ 群里进行对翻转课堂看法的交流,也可以对仍然不懂的问题或者进一步习题练习中的疑难问题进行交流探讨。同时,家长也可以就翻转课堂教学模式下学生的学习情况在 QQ 群里进行反馈交流。教师从中结合家长的看法对此教学模式进行进一步的改进。

四、结语

翻转课堂是对传统的教学模式的一种创新,真正地实现了"以学生为中心"的教学理念,目前在我国的实践正不断地增多,但系统的研究还比较稀少。这就要求教育研究者不断地进行探索和总结,在持续的教学实践中完善翻转课堂的各个环节,为教学者提供更多有效的指导并真正地促进学习者的学习。但是,这种新的教学模式在我国也面临很多挑战,如:不是每一位教师都具有熟练的微视频制作能力、学生的学习自觉性有待提高、教育思想教育观念的更新困难、硬件设施不够完备等问题。所以,在这种国外成功的新教学模式植根于中国教学的土壤时,我们必须根据中国课堂教学的具体实际,以及教师、学生的教与学的特点,结合中国的教育思维方式,否则将会弄巧成拙、事倍功半。

本研究可以在一定程度上为小学英语翻转课堂的实施及改进提供指导,但也存在很多局限。首先,本文探讨的教学模式需要进一步的实践研究和完善;其次,因为学生的某些课堂表现会超出教师的预料,导致课堂活动的实践比较粗糙,难以达到预期的效果。这些都是在下一步的研究中需要重点解决的问题。

基于翻转课堂的中学物理教学法的教学模式建构

吴　双*

摘　要："翻转课堂"是利用信息技术来实现教育创新的成果。翻转课堂教学模式中,学生通过网络平台在课前进行知识的学习,知识的内化则在课堂上、教师的指导下完成。这种教学理念对解决中学物理教学法中学生"课时少、任务重"的问题具有一定的参考价值,根据中学物理教学法教学的特点,提出了中学物理教学法翻转课堂的教学模式。

关键词:中学物理教学法;翻转课堂;教学模式

一、问题的提出

近年来,世界范围内大规模在线开放课程得到迅猛发展,为了把握"互联网＋"潮流,推进教育信息化,高等教育教学改革发展面临着新的机遇与挑战。

当今的大学课堂,大部分仍停留在教师灌输、学生接受的单向传输模式,这种模式被证明不仅学习效率低下,而且提不起学生的学习动力和兴趣。翻转课堂使这种效率低下的模式得以改善。在线学习完成知识传授环节,学生可任选时间进行相关知识的学习,师生面对面的课堂时间则用来完成学生知识的内化。

二、"翻转课堂"简介及其在中学物理教学法教学中应用的可行性

"翻转课堂"把传统的学习过程翻转过来,让学习者在课外时间完成针对知识点和概念的自主学习,课堂则变成了教师与学生之间互动的场所,主要用于解答疑惑、汇报讨论,从而达到更好的教学效果。[①] 翻转课堂颠覆了传统教学模式,渗透"以生为本,先学后教"的理念,实现了知识传授和知识内化的颠倒,将传统课堂中知识的传授转移至课前完成,知识的内化则由原先课后做作业的活动转移至课堂中的学习探究活动。随着教学过程的颠倒,课堂学习过程中的各个环节也随之发生了变化(见表1)。

表1　传统课堂与翻转课堂的比较

	传统课堂	翻转课堂
教师	知识传授者、课堂管理者	学习指导者、促进者,资源开发者
学生	被动接受者	主动研究者
教学形式	课堂讲解＋课后作业	课前自主学习＋课堂协作探究
课堂内容	知识讲解传授	问题探究
技术应用	内容展示	自主学习、交流反思、协作讨论、成果展示
评价方式	纸笔测试	多角度、多方式的多元评价

---

* 吴双,山东师范大学物理与电子科学学院硕士研究生,研究方向为物理课程与教学论。

① 马秀麟,等:《大学信息技术公共课翻转课堂教学的实证研究》,《远程教育杂志》,2013 年第 1 期。

（一）中学物理教学法具备实施"翻转课堂"的硬件条件

"翻转课堂"是多媒体时代的产物，它利用网络等现代技术辅助教学，因此，相对完备的多媒体技术平台是实施"翻转课堂"的前提条件。据我们对目前的中学物理教学法教学实践的调查，90%以上的学生可人均使用一台电脑，几乎所有学生都有机会接触电脑并掌握基本的操作方法，这为"翻转课堂"的实施奠定了物质基础。

（二）中学物理教学法与翻转课堂在本质上的相互适应

传统的中学物理教学法课程通常采用单一的课堂教学形式，以教师讲授为主，辅以学生的课外练习及微格试教。但是传统的教学模式忽略了学生个体差异大这一事实，一刀切的教学内容和教学方式显然难以照顾到不同学生的需求。教法课是一门应用性很强的课程，学生不可能在完全孤立的情境下完成复习、预习或者作业，他们需要丰富的学习资源（优秀教案、教学录像等）进行交流讨论、反复实践，只有这样才能从真正意义上掌握物理教学技能。

"翻转课堂"使学生不必拘泥于原有的信息呈现顺序和方式，而是根据实际情况选择适合自己需求的学习内容、进度和方式，主动参与知识结构的重组和建构活动；也可以在课堂上根据自己的想法展开探究式学习。学生真正成为教学活动的中心，学习的积极性和主动性无疑会大大提高。翻转课堂不仅可以为学生提供丰富、真实的课堂教学影音资料，使学生不必一味地依赖教师和教材，而且可以为学生架起与教师、同学和外界沟通的桥梁，从而解决学生在课下自主学习无法实现交互的弊端。

三、基于翻转课堂的中学物理教学法教学模式

美国富兰克林学院数学与计算机专业的 Robert Talbert 经过多年教学积累，总结出描述翻转课堂主要环节的教学结构模型（见图 1）。①

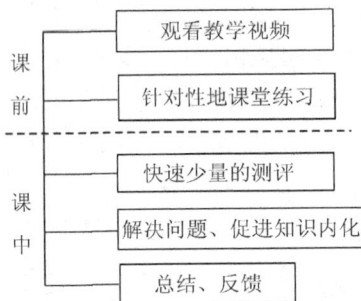

图 1　Robert Talbert 翻转课堂结构图

但是已有教学模型没有结合学科特色。不同学科应该对应不同的教学模型，因此，有必要构建一种结合中学物理教学法特色的翻转课堂教学模型。中学物理教学法是一门应用性很强的学科，在翻转课堂教学模式的基础上，结合中学物理教学法的学科特色，构建了以下基于翻转课堂的中学物理教学法模型。

---

① 马秀麟，等：《大学信息技术公共课翻转课堂教学的实证研究》，《远程教育杂志》，2013 年第 1 期。

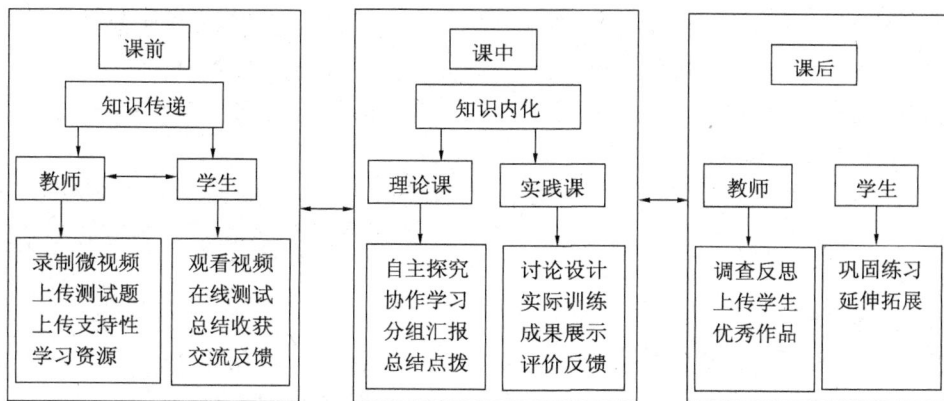

图2 基于翻转课堂的中学物理教学法教学模式

（一）课前

首先，教师全面分析学生需求，重新梳理单元教学内容，确定教学目标与内容，收集学习资源，完成翻转课堂的教学设计，分解知识点，录制微视频片段，同时针对视频设计课前练习题（课后练习、教学案例分析及教案写作练习等）、上传支持性学习资源（包括电子教材、优秀教案、教学录像、优质课视频、新课改专栏、说课专栏、相关的专题学习网站、参考书籍等）。

学生自主观看教学视频，从网络上下载学习资源包，课下观看教学视频的时间和节奏完全由自己来掌握，在观看教学视频之后，要完成教师提前布置好的课前针对性练习，以加强对学习内容的巩固，同时将自己的收获与疑问记录下来。学生课前可以通过社交媒体与同伴进行互动交流，分享各自的学习收获，探讨在观看视频过程及针对性课前练习过程中遇到的疑惑，互相解答。对于同伴之间解决不了的问题可以远程反馈给教师，教师对学生进行个别指导并帮助学生解决难以处理的问题。

（二）课堂活动

在翻转课堂教学模式中，课堂活动是一个知识内化的过程。由于知识的习得已经在课前自主学习环节完成了，那么在课堂上，教师就从传统的讲台上走了下来，深入学生中间，组织学生进行协作探究、小组讨论、完成课后作业等活动，为学生提供有针对性的指导。

1. 师生共同确定探究问题

教师需要综合教学重难点、学生在课前观看教学视频、进行课前针对性练习时发现的疑问及同伴交流中未解决的困难等方面，来总结出富有启发性、探究性的问题，组织学生进行深层次的研讨，而学生则根据理解与兴趣选择相应的探究题目。

2. 学生独立解决问题

在学生独立解决问题阶段，选择难度适中的问题让学生以自主探究的方式加以解决，同时，教师还可以及时提供面对面的辅导和交流，帮助学生有效地将知识内化。

3. 开展协作探究式活动

协作探究阶段由教师安排任务或提出相关问题，协作学习的内容一般选择难度相对较大的问题。教师根据学生对问题的选择将学生进行异质分组,每组规模一般控制在 3～5 人,组内开展微格试教、专题讨论。小组成员之间通过交流、协作共同完成学习目标,在此过程中,教师需要随时捕捉各小组的探究动态并及时加以指导。

4. 学生进行成果展示与交流

学生在经过了独立解决问题、小组间开展协作探究式活动之后,将个人及小组的成果在课堂上进行展示,各小组之间进行交流与评论并分享学习收获,汇报完毕后小组进行互评切磋学习。

5. 反馈评价

反馈评价主要由教师和学生共同完成,采取过程评价与结果评价相结合的方式开展。对过程的评价主要考查学生参与课堂活动的表现,重点考察小组探究、交流汇报等环节中的表现。对结果的评价主要是考查学生对知识和技能的掌握程度,重点考察学生的问题解决和作业完成情况。

（三）课后

课程结束以后,教师及时对学生的学习情况进行调查,及时发现问题并采取相应的措施改进教学,同时把优秀的学习作品在网络教学平台上展示。教师还可以上传与教学内容相关的学习资源进行延伸,实现学生对知识(技能)的巩固和拓展。学生根据自身情况进行课后巩固,教师还须提供相应的教学资源以及帮助,力求让所有的学生都能加深知识内化。

四、总结与思考

教学视频并非翻转课堂的核心,对传统教学流程的颠覆和基于"以学生为中心"的思考才是翻转课堂的真正含义,翻转课堂的成功得益于探究性学习和基于项目的学习带来的主动学习。[1] 其实质在于通过对教学过程的重新建构,优化教学中各要素的关系,提高学生的学习效率。在实施"翻转课堂"时,一定要避免形式主义,应准确把握该模式的实质。

---

[1] 金陵:《"翻转课堂"翻转了什么?》,《中国信息技术教育》,2012 年第 9 期。

生本化学校课程建设的探索与启示

高 嵩 王琳琳*

摘 要：三级课程管理制度的颁布与实施，为广大中小学校自主进行学校课程建设搭建了广阔平台。潍坊实验中学以学科课程为依托，秉持激发课程活力的建设理念，采用多元化课程整合的方法探索并构建以学生自主发展为根本宗旨的学校课程体系，凸显了课程的人本化价值取向，为未来学校课程建设的有效开展提供了借鉴。

关键词：学校课程；课程整合；学生；自主发展

"学校课程建设是指学校在国家、地方和学校三级课程管理体制下，依据学校培养目标、学生需要、校内外教育资源对现行国家课程、地方课程和校本课程进行整合重组，进而构建适应学生发展的、高效的、具有学校特色的课程体系的过程。"[①] 国家三级课程管理制度的制定与实施为中小学进行自主课程建设提供了广阔空间和难得机遇。潍坊实验中学的教师积极参与以各学科课程为依托，结合学校特色和教学经验，运用多元化课程整合的方法，积极探索以赋予学生自主发展空间为宗旨的新课程。其课程建设的思路对于基础教育课程改革及学校课程建设具有启发意义。

一、学校课程建设理念：激发课程活力

潍坊实验中学的课程建设一直秉持大课程观，即把课程看作教学内容和进程的总和，认为课程不仅是把各科教学内容和进程变成整个便于教学的体系，而且是培养一个人的蓝图。所以，学校课程建设需要改变以往学科课程以知识传授为主的简单、枯燥状态，使课程彰显人文价值，焕发活力。

（一）丰富课程内容体系

"人类掌握知识的目的是应用知识，也就是将知识应用于广阔的社会情境，这种情境远远超越了学科内容的狭隘界限和专业化的研究范围。在把系统的知识与社会生活联系起来的过程中，学校担负着十分重要的中介角色。因此，学校课程就不能仅仅局限于学科知识或专业化的学科内容上，必须关注在更广泛多样情境中的知识应用及相互关系。"[②] 潍坊实验中学意识到，虽然学科知识在专业化取向的现代教育中仍居于核心和决定性地位，但是社会越来越关注学生的自主探究能力，以及具有丰富多样内容的教育。在这样的时代背景下，学校积极思考将国家规定的学科课程内容不断深化拓展，形

---

* 高嵩，山东师范大学教师教育学院，课程与教学论专业硕士研究生；王琳琳，山东省潍坊市潍坊实验中学，初中英语教师。

① 周海银：《学校课程建设的内涵、取向与路径分析》，《山东师范大学学报（人文社会科学版）》，2015 年第 1 期。

② 徐继存：《知识：作为课程资源和影响课程的因素》，《当代教育科学》，2005 年第 10 期。

成系统、有序的体系,使学生真正适应21世纪的社会生活。学校将课程组织能力强、课程实施经验丰富的教师组成研究团队,围绕国家设定的学科课程集中打造人文科学延伸类课程、自然科学延伸类课程及社会实践类课程。人文科学延伸类课程开设了英语西方文化礼仪课、英语绕口令歌曲课、语文读国学经典课等;自然科学延伸类课程开设了生物实验拓展课,并指导学生进行科学测血型、量血压及脉搏实验;社会实践类课程开设了探秘昌乐火山口、宝石城,考察三河湿地、白浪河湿地,中华文化寻根曲阜游、泰山游,以及青岛观海爬崂山、走近东营黄河入海口等课程。

(二)形成课程开发方案

学校应充分考虑每个学生的特点,进行学校课程的规划和设计。学校要求每个教师反复研究国家课标,形成对国家课标独到的见解,同时通研教材,以学科体系中居于核心地位的基础知识和基本技能为主干,梳理出学科知识网络和学科能力目标,并利用课标和课程研究报告的评价和答辩,深化对课标、课程的理解,落实课程研究成果。在每个学期伊始,班主任(首席导师)和班长、学习委员、课代表一起,对全班学生按性别、成绩、能力等因素进行均衡组合,分成若干个小组(每组4人,每班基本为13～15个小组),并由小组成员自主推选出一名组织能力强的学生任组长。学期初,包科领导和备课组长制定学期教学进度,分解备课任务并落实到每位教师(主备人)。备课组教师利用学期初的预备周和备课组活动时间进行集体备课,备课进度为两周。每位教师在备学生、备教材的基础上确定每节新授课的预习提纲,同时,备好新授课教学设计。备课首先从育人出发,设计好教学目标、过程方法和评价策略,使学生能够在目标的引领下,自主合作,探究体验,把握学习规律,享受学习快乐。其次,做好课堂预设和生成,预设情境,预设问题,预设突发事件,一切预设都是为了生成。教师要及时抓住课堂生成目标和问题,培养学生的思维能力。最后,搞好课堂评价,激发学生斗志,评价体制要有趣、灵活、新颖,切实调动学生参与课堂的积极性。备课组活动前,由主备人提前将超前两周的预习提纲及新授课教学设计一并印发给本备课组老师认真审阅,以便备课组活动时,主备人在陈述备课思路、过程及方法后,本备课组老师能及时提出修改意见,充实优化主备人的教学设计,形成备课组集体授课的共用教学设计。

(三)提高课程实施效率

重视"271"认知规律并编制高质量导学案是提高课程实施效率的有效保障。学校积极反思学科课程在实施过程中出现的课堂单调乏味、教师讲学生记、随意提问多、激发思维少、低效互动多、当堂落实少、重复作业多、分层布置少、课型研究少、课堂效率低的现象。通过反思发现学生在传统课堂上单位时间内的学习效果呈现出"271规律":20%的时间内学生被教师带动进入全效学习状态,70%的时间内学生没有实现优质高效的吸收利用,10%的时间内效果极低。究其原因,课堂教学始终被教师主宰着,学生自主学习的能动性没有被激发出来。要想提高教学质量,首先要抓住的核心就是"271规律"中70%的部分,把45分钟的70%还给学生,通过师生互动启发、学生自主学习、小组合作探究等途径提高课堂教学效率。因此,学校应重视以育人为原则的导学案的编制引领学生的课堂学习。导学案的编制程序为:

寒暑假期间,学校组织学科骨干教师到外地进行封闭式培训,集中精力编制学案,保证学案的高效性和实用性。首先，主备人认真研究课标、教材，形成导学案的初稿；然后，备课组长审核初稿，分发给备课组教师进行导学案初稿演练；之后，在备课组内集体讨论导学案的不足，主备人再进行最终的修改，由备课组长再次审核；合格后交给学科领导审批、签字、印发。同时，学校每学期至少组织两次导学案育人水平设计大赛，总结亮点，发现问题并集中讨论解决，最终将优秀学案集结成册，对教师进行有针对性的培训。

导学案分为预习案、探究案和训练案，分别在课前、课中和课后下发。预习案15分钟内完成，主要引导学生自学，帮助学生整体感知教材，掌握基础知识，发现疑难问题；探究案20分钟之内完成，主要引导学生探究，发挥思维创造，构建知识体系；训练案30分钟之内完成，主要引导学生训练、巩固、提升，综合运用，灵活分析，解决问题。导学案中的每个知识点必须找到与学生学习、生活密切联系的一个问题，确保探究问题的生活化、趣味性。导学案要关注学生的不同需求，引导所有学生层层深入、积极思考，同时对不同水平的学生提出不同要求，使每一个学生都能学有所获。

二、学校课程建设方法：多元化课程整合

"学校课程建设是学校教师建构自我认识与形成学校特色的过程，是学校知识、生命历程以及个人意义之间关联的建构过程。"①山东省潍坊实验中学的各教研组基于学科特点和教学经验，在学校提出的课程建设理念指导下潜心思考，运用多元化课程整合方法，改编和创新学科课程，打破原来架构，重新形成系统的、完整的、符合国家课标要求又高于国家课标的、符合中学生认知规律的学科课程体系，实现国家课程校本化、师本化和生本化。这种实践探索主要凸显出三种有代表性的教研组及他们的课程建设方案。

（一）单元间模块重组

学校中的英语教研组认为，与单篇备课、教学相比，模块教学更强调学习资源的整合、生成和合理利用。以主题来组织内容的模块为教师利用教学资源提供了便利，即同一模块下的各部分内容可以相互支持、互为资源。一方面，英语教研组根据话题进行模块重组。在高一英语教材中，课程标准规定了24个话题（Personal information；Family，Friends and people around；Personal environments；Daily routines；School life；Interests and hobbies；Emotions；Interpersonal relationships；Plans and intentions；Festivals，Holidays and celebrations；Shopping；Food and Drink；Health；Weather；Entertainment and sports；Travel and transport；Language learning；Nature；The worlds and environment；Popular science and modern technology；Topical issues；History and geography；Society；Literature and art）循环反复地出现在各个单元。模块教学情境下根据话题，通常将相同或相近话题文章整合在一起。以 The worlds and environment 为例，英语教研组将第一单元（Cultural relies）和第四单元（Wildlife protection）组合在一起，探讨如何保护文化遗产及如何保护动物，利用图片、投影仪或多媒体展示一些名胜古迹（Aswan High Dam，the Great Wall，the Temple of Heaven，Three Gorges Dam）和即将灭绝的珍稀动物（Giant Panda，Golden

---

① 周海银：《学校课程建设的内涵、取向与路径分析》，《山东师范大学学报（人文社会科学版）》，2015年第1期。

Monkey），就如何保护或拯救它们提出自己的建议和想法。学生可利用第一单元中出现的一些词和词组（bring ... back to life，save，recreate 等）及第四单元中出现的一些词和词组（take care of，take measures ... ）进行讨论。这样从文化遗产的保护到动物的保护，无形之间形成了一个任务链，从而激发学生热爱大自然、保护大自然，以及为建立一个和谐、幸福的社会而努力学习的热情。另一方面，英语教研组也根据听说读写功能进行单元整体内容重组。以必修一 Unit 3 Travel Journal 为例，首先，将 warming up，pre-reading，reading，comprehending 重组成一节 intensive reading 精读课；其次，将 Learning about Language 中的 Discovering useful words and expressions 与 Workbook 中的 Using Words and Expressions 结合成一节词汇语言知识课；再次，把 Using Language 中的 Reading 和 Workbook 中的 Reading Task 以及 listening，speaking& writing 整合成一节听说写作课；最后，Learning about Language 中的 Discovering structures 与 Work book Using structures 整合成一节语法复习课。

（二）学科内专题重构

学校中的数学教研组针对人教版高中数学进行了课程内容与要求的调整，通过增减每个教学单元的教学内容来重新构建新的教学专题。数学教研组指出课程整合要"吃透课标，领会新课程理念：《新课标》对高中教材的要求有部分改变，对学生的知识单纯记忆的要求有所降低，对学生的实际生活的联系的要求逐渐提高。《新课标》对知识学习要求的改变，导致高考对高中数学知识的考察也发生了变化，从近几年高考来看，高考试题与现实生活的联系正日益密切，高考试题中单纯记忆性的知识考察所占的比重越来越低，对思维能力、实验能力、创新能力的考察则日益重视，高考的命题方式日益灵活，如果我们在教学中连课标的知识能力点要求都不清楚，不要说会背离了社会和国家的发展要求，连高考的脚步都会跟不上"。数学教研组认为，课程改革给课堂教学注入了新活力，使传统单一、被动的教学方式，转变为能够充分发挥学生主体性的、多样化的教学方式。但过多的内容与有限的课时形成了矛盾，要走出这个困局，教师必须对教材进行合理增减，以强化主干知识。因此，数学教研组根据自己多年的教学经验，重组了数学专题（见表1和表2）。

表1　部分课程内容知识点的调整

课程	内容	增加知识点	删减知识点
数学1	函数概念与基本初等函数 I	幂函数	
数学2	立体几何初步		三垂线定理及其逆定理
数学2	平面解析几何初步	空间直角坐标系	
数学3	概率	几何模型	
数学3	统计	茎叶图	
数学4	基本初等函数 II（三角函数）		已知三角函数值求角
数学4	平面上的向量		线段定比分点、平移公式

表 2　整合以后具体课时安排(以必修一为例)

对应课本	章节	内容	课标课时	整合后课时
必修一	集合	集合与集合的表示	2 课时	1 课时
		集合之间的关系和运算	3 课时	2 课时
		复习课	1 课时	1 课时
	函数	函数	8 课时	6 课时
		一次函数与二次函数	3 课时	3 课时
		函数与方程	2 课时	1 课时
		函数的应用	2 课时	1 课时
		复习课	2 课时	2 课时
	基本初等函数一	指数与指数函数	4 课时	3 课时
		对数与对数函数	4 课时	2 课时
		幂函数	1 课时	1 课时
		复习课	2 课时	2 课时

(三)课内外资源整合

学校中的语文教研组将教材与读本及课外课程资源做了系统整合。语文教研组认为,"苏教版高中语文的课程资源,不只是苏教版高中语文教材,还包括与之配套的《高中语文读本》及其他课外的课程资源。课程资源由单一性向丰富性的转变可以鼓励师生充分开发和利用教材以外的多种资源,让学生根据自身学习和发展的需要积极选择和开发课外、校外各种学习资源,引导学生利用资源进行各种探究活动,在获得知识技能的同时,让学生学会学习、学会思考、学会合作、学会创新,形成科学的价值观"。高中语文教学重视课内知识和能力的迁移,而苏教版的《高中语文读本》是课内知识迁移和延伸的指南。语文教研组指出,"认真阅读《语文读本》,就不难发现,教材中的每一单元,甚至每一课,几乎都能在其中找到延伸点。这样就能较好地把课内知识同《语文读本》阅读科学地结合起来,既扩充教学容量,又扩大学生的知识视野。比如,在教学《如梦令》时,教师可以引导学生去摘录李清照不同时期的诗作,扩充学生的知识面,对李清照的词作及其风格有更加深入的理解。李清照经历了南北分裂之乱,在南渡之后,她的词风变化很大。南渡前,李清照的词多描写少女、少妇的闺中生活,如《如梦令》《怨王孙》两首词,于轻快活泼的画面中见作者开朗欢乐的心情和轻松悠闲的生活。《醉花阴》中含蓄地述说闺中的寂寞和对爱情的向往。《凤凰台上忆吹箫》《一剪梅》等小词也都是她的闺情名篇。南渡后,生活的苦难使她的词风趋于含蓄深沉。《菩萨蛮》《声声慢》等词表现了词人长期流亡生活的感受。《永遇乐》在这类词中为代表之作,元宵佳节,词人远离那些香车宝马之邀,独自品尝战火后的凄清,这首词中,她已从自怜飘零之苦进转担忧现实的隐忧了。到了《渔家傲》一词,虽然还有无所归处的痛苦感慨,但激昂的格调已表达了词人欲摆脱苦闷、追求自由的愿望"。

在课外资源的拓展中,语文教研组紧密关注学生的现实生活。《语文课程标准》在"课程的基本理念"中指出:"语文课程应植根于现实,面向世界,面向未来。应拓宽语文学习和运用的领域……""语文课程应该是开放而富有创新活力的,应尽可能满足不同地区、不同学校、不同学生的需求,并能够根据社会的需要不断自我调节、更新、发展。"社会生活是学生学习的最为鲜活的资源,当课程与社会生活资源整合在一起时,学生学习的空间将会得到不可估量的拓展,给学生以无尽的启迪。语文教研组认为,最好的感悟方法是让学习者到现实世界的真实环境中去感受、去体验。利用媒体直观、形象、生动,与学生的生活关系密切的特点,借助媒体呈现教材,从可视、可听、可感等各个角度调动学生的感官,创设与学生的生活、体验贴近的情境,拉近学生与文本之间的距离。比如说,在教授《送友人》这篇文章时,主要引导学生珍爱生命,感受母爱,在课堂尾声给学生播放《天堂的晚餐》这部几分钟的微电影,让学生在感受作者的母亲对作者伟大而坚忍的爱的同时,将视线拉近学生的生活,让学生深切体会"子欲养而亲不待",让学生懂得感恩与珍惜父母之爱。

三、学校课程建设启示:构建学生自主发展的平台

学校不断对课程进行改革和创新的最终目的是促进学生发展,如果一味强调"结构变迁"和"内容丰富"而不深刻理解课程内涵和基本功能,就会造成虚假的繁荣,这种耗费人力、物力而进行的所谓课程建设是毫无意义的。当前,广大中小学自主建设学校课程,新颖而又富有特色的课程形态不断涌现,潍坊实验中学的学校课程建设以各学科为依托,彰显了促进学生自主发展的鲜明特点:结合国家新课程改革、学生主体性教育理念,使课程赋予学生更多的自主发展空间。这启示着学校未来课程建设的趋向。

(一)完善学科知识

在教学实践中将学科知识体系变得完善是学校课程建设首要考虑的问题。首先,"近代科学从它诞生那天起,就开始建立起严密的科学体系,分解的方法奠定了近代科学研究的基石,人类的探究从综合走向分化,从浑朴走向精确,但割裂了知识间的内在联系"。[①] 新中国成立以来,国家主管部门颁布的教学计划亦是以分科型知识体系为主,但是,知识经济时代对综合性人才的需求迫切,需要学校对学科知识进行系统重构。其次,大部分中小学生一旦遇到学科课程提供的知识零散、不系统,就不易建构起整个学科的知识框架,因而,针对学生考试时焦头烂额、逐渐失去学习兴趣的实际状况,学校和教师必须要面对并采取有效措施。最后,学校教师固守教科书就是最科学的编排,每门学科课程的知识体系已经非常完备的传统观念,导致学生的成绩得不到显著提升的事实,促使教师不得不反思自身的课程实施,进而寻觅让学生清晰构建学科知识体系的方法。以学科为依托进行知识体系的建构不仅具有必然性,也具备可能性。一方面,学科教师最熟悉自己所任教的课程,丰富的专业素养和教学经验是其重构学科知识体系的重要前提;另一方面,信息技术高度发展的今天,多媒体得到广泛应用,网络视频,慕课等迅速普及,为学校完善学科课程的知识体系提供了技术支持。

---

① 陶本一:《学科教育学》,人民教育出版社,2002 年,第 83 页。

（二）培养学习思维

学校课程建设应强化课程促进学生学习思维培养的意义。促进学生学习思维的培养是知识增长的必然。"第二次世界大战之后,新发现和新发明的数量几乎每十年就翻一番。截止到 1980 年,人类社会获得的科学知识,90% 是第二次世界大战三十余年获得的。"① 进入 21 世纪,科学技术的发展更为迅速,知识总量激增,科学知识更新速度也在加快。学校课程如欲真正实现育人的目标就必须紧跟时代步伐,培养学生获取知识主动学习的技能和素养;促进学生思维的发展也是知识经济的需求。知识经济下的社会需要人们开发无形资源,"不仅对现有资源的开发与利用将是节约的、洁净的,而且人类与资源关系还表现为高生产力和高科技将,不断发现和创造出地球上本来没有或已经绝迹的各类资源,包括有机物质和无机物质"。② 如此一来,培养学生的创造能力和创新意识成为学校教育不可推卸的责任,学校课程必然以此为核心加以改进并完善起来。现代心理学认为人不是消极被动的客体,而是具有充分主动性和能动性的主体,有效的学习活动必须建立在充分尊重学习者身心发展水平和特点、顾及个别差异与人的个性基础之上。学校课程建设可以更好地兼顾和促进学生的个性发展。

（三）感悟实际生活

学校课程建设应促进国家规定的课程内容更加贴近本校学生生活的实际。课程是实现学校教育目的的主要途径,它所面对的是每个独立完整的学生,存在着能否满足学生生存和发展需要的问题。学生常常因为课程内容没有他们活生生的经验题材所具有的那种真实,而有意识地认为课程缺乏真实性,于是他们学会了不期望课程具有那种真实,渐渐习惯把课程当作具有应付背诵、考试的真实性。长此以往,学生的日常经验就得不到应有的加料? 学生会认为在学校学到的东西远没有日常经验丰富。另外,接受一知半解、生吞活剥的教材而养成的心态,会影响思考的效率与活力。学校课程建设要有效关注到这一方面,在国家课程资源上不断深化和拓展,使课程内容更贴近学生的实际生活。"从动态学的角度来看,世界是由一个极其庞大繁复的关系网络构成的——这些网络不断地转换变化,被循环性的水平交叉关系所驱动,这些水平交叉关系能够随着时间流逝而被放大微小差异。"③一个不一样的世界,需要我们用一种或多种不一样的工具去理解它。所以,学校要立足于自身所处的地域文化,建构符合学生实际生活的多彩课程,满足学生全面发展的需求。

美国教育学者古德莱德曾提出五种层面的课程:理想的课程、正式的课程、领悟的课程、运作的课程、经验的课程。由此可见,课程从规划、设计到具体实施,从课程的决策者、设计者、教师,最终到学生,经历了不同层次的转换。学校进行课程整合的意义与价值在于使国家层面的课程便于转化为学生自身层面的课程。在这样的课程中,学生能够迅速激起学习兴趣,轻松构建学科体系和知识结构,每个学生在学科课程中形成自己特定的理解,从而逐渐获得自主发展的基本素质。

---

① 李定仁,徐继存:《教学论研究二十年》,人民教育出版社,2001 年,第 1 页。
② 李京文:《知识经济:21 世纪的新经济形态》,社会科学文献出版社,1998 年,第 20 页。
③ [美]小威廉姆 E. 多尔,[澳]诺尔·高夫:《课程愿景》,张文华,等译,教育科学出版社,2004 年,第 310 页。

幽幽方寸间　渊渊历史情

——历史邮票课程资源开发研究初探

张永梅*

　　摘　要：多年的教学实践证明，邮票是进行历史教学有效而独特的教具。课堂上，将历史与邮票有机结合，可以极大地激发学生学习历史的兴趣，促进学生对历史知识的理解，进而达到学以致用的目的。课外组织历史集邮兴趣小组，开发校本课程，开展多彩课堂，让学生在"玩"中学，拉近了教师和学生间的距离。由此建立的"邮缘"一直在延续，正所谓：幽幽方寸间，渊渊历史情。

　　关键词：课程资源；历史；邮票

　　《历史课程标准（2011年版）解读》中指出，课程资源对于课程改革开发与发展的意义重大。因此，我们应该重视课程资源的开发与利用。地方历史课程资源是其中的重要组成部分，邮票就属于地方历史课程资源。笔者集邮已有20余年，打开精心收藏的邮册，犹如翻阅一幅幅悠远而朴实的历史画卷。在多年的历史教学中，为数众多的邮票不仅成为一种极好的教具，而且成为笔者和学生交流的特殊"媒人"，有点"枚"目传情的意蕴。那么我们该如何充分开发和利用这一独特的历史课程资源呢？

　　一、课堂导入，激发兴趣

　　在学习八年级下册第8课《伟大的历史转折》时，笔者展示了自己搜集的《中国共产党十一届三中全会二十周年》纪念邮票两枚，同时出示问题：（1）画面上的人物是谁？反映的事件是什么？（2）这一人物的主要贡献是什么？为什么会在1998年发行邮票来纪念这个会议？在学生兴趣盎然之际，引导学生思考，导入新课。

　　历史和我们总是有距离的，当课本上的文字略显枯燥时，教师将相关邮票展示出来，会是课本文字材料最好的补充。一幅幅有血有肉的历史画卷使学生触景生情，激发起他们的情感，从而缩短了学生与相距甚远的历史情景在心理上的距离，使呆板、枯燥的历史"死而复生"，使学生的想象力迅速活跃起来，从而调动学生学习的主动性。

　　二、再现情景，激发想象

　　在讲述七年级下册第16课《中外的交往和冲突》一课时，我准备了《郑和下西洋580周年》邮票（共四枚）。笔者先向学生展示了第一枚邮票——《伟大的航海家郑和》，引导学生仔细观察画面上的郑和是什么形象，在学生自由发言后，播放背景音乐。笔者要求学生闭上眼睛，一边听着描述，一边想象。笔者运用文学性语言，进行了这样的描述：他头戴内使乌纱，身穿绣蟒官服，手持航海海图，凝神远望，神态坚毅，英武谦和。背景是乌云翻卷的天空、汹涌澎湃的大海、飞翔于海面上的海燕以及乘风破浪的船队。整幅画面把这位航海家的形象和远航的艰险表现得淋漓尽致。接着，展示了后三

---

　　* 张永梅，女，青岛第六十一中学，中学一级教师。

枚邮票——《和平的使者》《贸易和文化交流》和《航海史上的壮举》，然后又让学生结合课本材料分组解说了郑和所到之处的盛大场面。这样，对于郑和下西洋的伟大意义，不用看书，学生也便自然而然地有了认识，从而也进一步深化了对郑和下西洋的认识。

邮票中有大量与历史题材相关的重大历史事件、历史人物、文学艺术及经济科技等方面的内容。把切题的邮票引入课堂，营造强烈的历史学习氛围，可以很好地解决重点难点，对培养学生的思维能力很有帮助。

三、突破难点，培养思维

在学习八年级下册第 18 课《战略大决战》一课时，笔者先组织学生结合《三大战役简表》阅读教材，填写表格内容（表 1）。

表 1　三大战役简表

战役名称	时间	参战部队	战略战术	主要地点	战果	作用
辽沈战役						
淮海战役						
平津战役						

学生填完表格后，笔者出示了《解放战争三大战役纪念》邮票（共五枚）。引导学生观察画面，并思考以下问题：三大战役为什么这么快就取得了胜利？根据课本内容和邮票上反映的信息多数学生可以很容易地得出结论。

中学历史教学的主要目的就是发挥历史"以古鉴今"的功能，从而达到学以致用的目的。历史邮票本身就是一面镜子。根据学生所学内容，选一些有价值、有典型意义的邮票适时适宜地加以利用，在教育学生如何做人和如何审美等方面会起到一定的作用，从而帮助他们树立正确的人生观和价值观。

四、联系实际，学以致用

在讲授八年级下册第 13 课《海峡两岸的交往》一课时，笔者通过投影展示了 1968 年发行的《全国山河一片红》邮票。笔者是这样介绍的：邮票图案为手持《毛主席语录》

工农兵的游行队伍和《中华人民共和国地图》,地图下面由革命委员会的红旗汇成了红色的海洋。整个画面绘成大红色,象征全国山河一片红。因此,集邮界简称它为"一片红"。但是,发行当日邮电部急令全国各地邮电局:立即停售,全部邮票清点收回。"一片红"流出量甚少,成为新中国最著名的珍邮。介绍完之后,笔者设计了这样的问题:请同学们仔细观察这枚邮票,为什么"一片红"邮票发行不到半日就被急令收回呢?学生回答后,笔者做了这样的归纳:这是一枚与祖国统一大业有关的邮票。我们相信,在不久的将来,台湾的蝴蝶兰必将会飞舞起来。海峡两岸人民不会再发出"一心中国梦,万古下泉诗"的感慨,而迎来的将是"度尽劫波兄弟在,相逢一笑泯恩仇"。

对学生来说,复习课不像新授课那样具有吸引力,内容多而杂,容易使人感到枯燥乏味。将邮票整合成专题用于复习课中,可以充分调动学生参与课堂学习的积极性、主动性,从而起到事半功倍的效果。

五、专题展示,加深理解

有很多邮票从不同方面反映了我国古代经济、艺术的成就。如栩栩如生的半坡人面鱼纹盆,叹为叹绝的商代青铜器司母戊大方鼎,雕塑艺术的瑰宝秦陵兵马俑,世界丝织艺术的珍品马王堆汉墓帛画,生动活泼的唐三彩骆驼载乐俑,色泽莹润的宋代景德镇瓷器,雄伟壮观的明长城,等等。笔者在组织学习这部分历史专题时,首先展示相关邮票,通过邮票反映的古代成就抓住学生的眼球,提高学习兴奋点。然后指导他们结合自己查找的相关资料讲述画面所展示的内容,让学生从自己感兴趣的方面入手进行学习、了解,从而达到掌握知识的目的。

历史人物是历史学习的主要内容之一。笔者展示了一些关于中国杰出人物和爱国志士的邮票。其中有"哀民生之多艰"的诗人屈原,有六渡日本传播文化的鉴真,有精忠报国的抗金名将岳飞,有开眼看世界、揭开近代反侵略斗争序幕的林则徐;有追求天下为公、向往世界大同的伟大民主革命家孙中山,有首倡共产主义理想并为革命献身的瞿秋白、李大钊,以及为革命奋斗终生的老一辈革命家毛泽东、周恩来、朱德等。历史人物一个个地从邮票里走出来,走到了学生们的眼前,以直观的形象感染学生,学生也在敬慕和缅怀中树立了爱国意识和为祖国为人民献力的大志。

将邮票和历史有机结合,激发了学生学习历史的兴趣,使学生切身感到历史课不是枯燥无味的,而是新鲜有趣的,扩大了学生的知识面和视野。由此,邮票促进了学生对历史知识的理解,对历史知识的学习又推动了学生对集邮的兴趣。

六、开展活动,在"玩"中学

1. 组织课外活动兴趣小组

组织历史集邮兴趣小组成员定期组编历史邮票专题,然后再组织全体学生参观,撰写小论文,评选佳作并进行展览。活动中,笔者和学生组编了九大专题:"盛唐的风采""文学奇葩——中国古典名著""盛开的紫荆幽莲——一国两制的伟大构想""与共和国一起成长""石壁上的美——灿烂的石窟艺术""瓷都之国""开国元勋——十大元帅""传说时代的文明曙光""凝固的艺术——古代建筑"等。

2. 开发校本课程,开展多彩课堂

根据学校的要求,结合笔者个人的兴趣爱好、邮票收藏情况以及学生的实际需求,笔者开发实施了题为"邮票上的历史故事"的校本课程,并制定了课程目标和课程内容。课程目标包括结合历史教材,通过对邮票的欣赏、了解以及组编专题等活动,培养学生对集邮和学习历史知识的兴趣;通过邮票这一鲜活的载体,激发学生的学习情趣,充分调动学生参与学习的积极性、主动性;通过向学生介绍如何欣赏方寸之美,潜移默化地实施思想教育,促进学生的健康审美情趣的形成,等等。课程内容包括"邮票与历史""邮票上的历史趣闻""邮票上的中国古代史""邮票上的中国近代史""邮票上的改革开放""邮票上的世界史""邮票上的科技文艺之花"等等。在体会"玩"的乐趣中,既增长了智慧,又提高了他们的能力的审美情趣。

总之,根据历史课的特点,通过史邮结合的教学方式,正如那"润物细无声"的春雨,既能收到一定的成效,又可以避免枯燥的说教,真正发挥邮票在历史这门学科中"得天独厚"的优势。相信笔者的小"邮友"会越来越多,我们的"邮缘"也会像常青树一样延续下去,从而达到幽幽方寸间,渊渊历史情!

电子书包背景下的小学数学课堂教学的行动研究

李德超 *

摘　要：信息化时代，互联网全面覆盖，无线网络技术迅猛发展，这一切都对教育领域产生了重大影响，加快推进教育信息化工程已成为世界各国的共同选择。本文根据扬州市 S 小学电子书包试点状况，进行电子书包背景下的小学数学课堂教学的行动研究，旨在提出电子书包环境下的小学数学教学策略并验证其有效性，以填补电子书包这方面研究的空白。

关键词：电子书包；小学数学；行动研究

当今的信息化时代，互联网全面普及，无线网络技术飞速发展，电子书包试点风起云涌。本研究以 S 小学部分参加电子书包试点的班级作为研究对象，通过与参与试点教师访谈、听课及问卷调查可知，大部分教师并未享受到电子书包上课的成功喜悦，教师对利用教学策略来提升教学效率普遍缺乏成功体验。具体研究过程如下。

一、制定研究计划

（一）研究目标

1. 从实践层面上对电子书包背景下小学数学课堂常用教学策略进行验证；

2. 提高教师对教学策略的认知，促进教学效率提高与教师专业成长；

3. 增强学生学习兴趣、提高自我效能感，进一步提升教育教学质量。

（二）研究内容

1. 教学设计的基本策略，包括：教学材料与对象的研析策略、确定教学目标策略、设计教学活动策略；

2. 教学实施的基本策略，主要包括教学问答对话策略。

（三）资料收集方法

师生问卷，试卷考查，课堂观察，个别访谈。

（四）研究时间安排

具体时间：2015 年 3 月—2015 年 6 月

二、行动研究过程

（一）进行教学设计

教学设计的首要环节是研析教学内容与教学对象，通过对教材内容的分析，把握编写意图、厘清内在价值；采用测验与观察相结合的方式，了解学生的学习起点与基础，以此来锁定教学的重点和难点，明确教学目标。然后，教学活动设计应围绕教学目标具有一定的逻辑性和层次性，要做到重点突出、主次分明、条理清晰，有一定的开放性，要考虑到现场生成的一些问题，要预设学生可能出现的情况，并据此给出教师的应对方法与

---

* 李德超，扬州三元桥小学副校长，高级教师，硕士。

措施。具体包括活动内容、活动设计意图、活动的组织和实施，以及时间的分配等。

下面是 J 教师执教的苏教版四下《乘法分配律》一课的教学设计：

活动内容	活动的组织实施		设计意图	预计时间
	教师活动	学生活动		
创设问题情景，导入新课。	学校将有 5 个同学代表学校去参加"扬州市少儿舞蹈比赛"，老师要为她们每人买一套舞蹈服，我们一起做做参谋好吗？	学生通过电子书观看老师推送的舞蹈服装图片。	通过创设现实问题情境，让学生感受数学与生活的关系，激发学习兴趣。	3分钟
引导学生进行合作探究、揭示规律。	教师引导提问：第一步：从图中你获得了哪些信息？可以怎样列式解决？还可以怎样列式？这两个算式有什么关系？	学生回答并口头列式，然后揭示算式相等的关系。	通过利用两种不同的方法来解决问题，在不同算式间初步建立起联系，并比较它们有什么相同之处，初步让学生感知规律。	18分钟
	第二步：请每个同学拿出本子再写出一些像这样的等式，分组汇报、交流。	学生先独自完成，然后小组交流，最后进行全班交流。	让学生自己按规律再写出一些符合要求的等式，既为概括规律提供更丰富的素材，又加深了对规律的认识。	
	第三步：揭示规律：你能用自己的语言把这些等式中存在的规律表达出来吗？	同桌先互相说一说，然后进行全班交流。	让学生亲历体验、观察、总结、猜测、验证、归纳推理等过程，学生不仅发现规律，也锻炼了科学探究能力。	
实践应用规律	教师机推送练习题至学生。（题目略）	学生在电子书上独立完成练习。	练习设计针对性强、有阶梯性，形式多样，联系生活，有效促进学生对知识的消化与吸收。	15分钟
总结本课内容	教师提问：今天我们学习了什么知识，我们是怎样进行学习的？	学生自由畅谈自己的学习收获。	结束时，让学生谈学习收获，利于将所学知识及时有效加以梳理和巩固。	4分钟

J 教师的设计从学校实际面临的现实问题入手，通过帮助舞蹈队的同学购买舞蹈服装，来充分激活学生的生活经验与学习兴趣，为新知识的自我意义构建提供支架和切入点，然后在电子书包的支持下，通过教师的介入，让学生既进行自主研究，也开展合作探究，初步揭示出乘法分配律的内涵特征。接着，通过推出多层次、多形式、与学生生活紧密相连的练习题来进一步验证规律、内化规律。最后，引导学生进行反思，及时进行新知识的梳理与巩固。整个教学设计重点突出、层次清晰、层层递进，充分融合了知识性、科学性、生活化与趣味性等。

（二）实施教学策略

教学行为问答策略具体包括发问、候答、叫答、理答四个连续的环节。

发问策略要求：一是问题应简洁明了；二是保持高认知水平问题的一定比例；三是保持学业相关问题的较高发问频率；四是恰当设置从低到高的问题顺序。

发问后需要候答,具体要求:一要充分给出学生思考判断的时间;二要认真倾听学生的想法。如果学生的解法和老师的相异,不能随便打断学生发言,而要帮助其明晰自己想法的独特价值。

下面是 M 教师所执教的苏教版四下《三角形的认识部分》教学实录:

(教师机推送生活中的三角形至大屏引导学生欣赏)

师:谁愿意来说一说,什么样的图形叫作三角形?

生1:由三条线段首尾相接而成的图形叫作三角形。

师:有没有不同意见?

生2:我认为三角形是由三条线段围成的图形,叫作三角形。(板书:围成)

师:他说说由三条线段围成的图形,叫作三角形,你们同意吗?

生:同意。

师:书上用了哪个词语?

生:围成。

师:由三条线段围成的图形,叫作三角形。刚才前一个同学用了"首尾相接",这位同学你能给大家解释一下吗?

生:因为它们端点要是不连起来的话就不是三角形了。

师:听懂他的意思了吗?

生:听懂了。

师:有些人说听懂了,有些人未必能理解。这样,老师借你一个法宝(出示3根磁性小棒),你到上面来演示一下。看看什么样的情况是首尾连接了。

学生走上黑板来演示。

师:同学看,现在这样叫什么?(首尾相接)也就是叫(围成)。

师:那你给同学们演示一个没有围成的。

生演示。

师:现在是不是叫三角形?(不叫)

师:这位同学演示得好不好?(好)我们给他点掌声鼓励一下。(学生鼓掌)

……

M 教师每次的发问都简明扼要,问题设置存在由易到难的逻辑梯度,发问后,即使有学生立刻举手,他也耐心给出几秒钟的候答时间,从而让绝大部分学生都有时间进行深入思考。整个教学过程非常流畅,极其高效地让学生认知并掌握了三角形的本质内涵。据笔者现场观察:课上师生间、生生间的对话交流精彩纷呈,最后,在辨析图形是否是三角形时,生2的精彩回答更是让全班学生鼓起掌来。

为确保课堂对话交流的覆盖面,课堂上需要教师进行叫答。叫答策略包括:一要确保学生回答问题机会均等且尽可能多;二要多采用学生可预见的叫答方式,少用随机叫答;三对"大声喊"答的学生,教师要遵循如下原则:学生都想回答时,要适当抑制,多数学生沉默时,则多加鼓励。

请看 M 教师本课的教学实录:

师:谁能自告奋勇地到上面来作一条高?

老师请生 1 上来作高。(举手示意学生很多,而生 1 并没有举手)

师:我们看看他的三角板是怎样来摆放的。

生 1 转动三角板,不知如何放置。

师:这把三角板挺厉害的,有时候会把人搞晕啦。

老师引导学生先找顶点 C,再找对边 AB。

师:那么,三角板该怎么摆放能作一条垂直线段?

男生还是不知如何放置三角板。

师:这把三角板有魔力啊,他到上面以前本来知道这是高,现在却作不出来了。谁愿意帮助他?

另一名男生主动上来帮助他正确放置三角板。

师:你能告诉同学们你是怎样想的吗?

生 2:我想 C 的对边应该是 AB,所以应该从顶点 C 向 AB 边方向作一条垂线,那么,三角板的一条直角边应该对着顶点 C,有一条边应该对着 AB,这样作一条线段。

师:听清楚了没有?

生 1:听清楚了。

师:请你把它画上去。

男生 1 在图中作高。

师:现在你会从 C 点向 AB 边作高了吗?

生 1:会了。

师:那么,你应该对这个同学表示……

生 1:谢谢!

师:这个同学从不会到会了,大家也应该表示……(同学们掌声响起)

笔者注意到生 1 上课以来一直默不作声,没有一次主动举手发言。过于安静的孩子自我效能感总体是偏低的,自我效能感的高低取决于过去学习成功的体验,经常成功的学生就会有较高的自我效能感且比较自信。笔者注意到该生的同时,相信 M 教师也注意到了他。于是在师生的共同帮助下,生 1 终于获得了一次成功的学习体验,课堂后半部分可以明显看到生 1 的变化,发自内心的喜悦溢于言表。在最后部分,M 教师对学生间良好互动交流的指导也是入木三分、给力精准,这一切皆取决于教师的良好素养和课前的充分准备。

学生回答后,需要教师及时给出回应,这便是理答了。理答策略包括:一是对正确的回答,教师要及时给予肯定,适当进行表扬,也可以通过追问的方式来了解学生对该问题的理解程度。二是对不完全正确的回答,教师要先肯定其正确部分,然后帮助其完整给出正确答案。三是对不正确的回答,教师应帮助其弄清原因,并且要明确给出正确的答案。四是当学生超过候答时间仍然不能回答问题时,教师须及时处理。如果是问题模糊,可以通过改进问题使问题明朗化;如果是学生心怀恐惧,害怕答错出丑让同学老师嘲笑,教师可以先问一些简单问题,帮助其获得成功;如果是存在知识缺陷,教师则可以直接讲解、给出答案。五是注意引导学生进行生生互动交流、互相启迪思维。比如可以问其他学生:"你们来能否评价一下他的回答? 你们的想法是什么? 还有什么不同的想法?"等等。

请继续看 M 教师本课的教学实录:

师:下面请同学们作出下列 3 个三角形的高。(教师推送作业至学生机,学生在平板上完成)

教师巡视并提示:作底边上的高,看清楚底边在哪里。

师:谁愿意到上面来展示一下? 这节课还没发言过的向我招招手。

教师请一学生上来展示自己的作品。

师:同学们看这第一题三角形的高作对了吗?

生:对了。

师(指第 2 个三角形):这一个? (对了)

师(指第 3 个三角形):这一个呢?

生(答案不一):对了,没有……

师:我听到有人说没有。

生 1:我认为没有作对,因为三角形的高是一条垂线,既然是互相垂直的话,那就应该是直角,它这个并不是 90°的直角。

师:哦,并不是 90°的直角,漏了一个直角标记是吧? 那你看看他作的是不是垂线?

生 1:它这个也不是垂线,因为那条高和底是要成 90°的,它这个没有成 90°。

师:你怎么知道它没有成 90°呢? 我们可以用三角板去验证一下。看看,虽然直角标记没有做,但我们也不能冤枉人。你们一起去拿上三角板验证一下。

(两位同学同时上台用三角板验证。)

师:从顶点向它的对边作垂线,对不对? (对了)

师:但是忘了一个……

生:直角符号。

师:直角标记忘记做了,应该要补上。

师:老师在课前也搜集了一些同学所画的高,你们看了以后有什么话说。同桌之间先交流交流。(教师端推送至学生机)

(学生同桌之间交流想法。)

师:这位同学冲老师嘿嘿笑笑,但这节课没有回答过,我偏要请她,你来说说看。

生 2:我觉得第 2 个三角形画的不是高,因为它的角没有 90°。

师:没有 90°,也就是说画的这条线不是垂线。好的,你还能发现其他的图形有什么问题吗?

生 2:我觉得第 3 个画的也不是高,因为它没有从顶点画下来。

师:没有从顶点出发,是不是? (是)一口气说对了两个,我们给她点掌

声。（学生鼓掌）

师：还有谁想说？

生3：我觉得第4个对了，因为它的顶点对住了它的对边，所以对了。

师：你看看，你说对了以后，又那么多小手举起来，旁边的女同学你来说说看。

生4：我觉得应该是不对的，因为它直角符号标错了，应该标在底那边，它标在高那部分了。

师：还没有说的很清楚是吧？

生4：我认为正确，因为它是三角形ABC特殊的顶点。

师：它是特殊的顶点，你怎么理解？

生4顿时语塞。

师：第4题有些同学有点迷糊了。谁能够到上面来做小老师，把它说清楚。

（请一学生上台）

生5：我觉得应该是不对的，因为是从顶点到底所成的直角，才能算是高。它是从底到顶点，所以说它不能算是高。

师：听明白了没有？

生：听明白了。……

教师的理答反应直接关系到学生回答问题时的投入程度，影响到学生能否在课堂上获得成功体验，影响到能否出现精彩纷呈的现场生成。教师的理答越是欣赏肯定、积极主动，学生的参与学习便越主动积极。课上，M教师问："特殊的顶点你是怎么理解的？"生4一时语塞，无法回答，然后M教师通过找"小老师"帮助的形式，既弄清了问题，也保护了生4的自尊心与积极性。当生5顺利给出正确的摆法时，M老师及时提醒学生们用掌声给予鼓励。学生的参与热情完全被M老师点燃，全身心地参与到了教学中来。美中不足的是，本课中师生所使用的手持终端多次出现信息互换中断与提交不成功现象，直接造成了教学超时，也影响了整个教学的流畅性与师生的情绪。

三、效果评价与反思

本文所进行的行动研究前后共计一学期，通过对研究过程中收集到的资料进行梳理分析，笔者认为被试学生的学习态度、学习兴趣、课堂表现等方面都有了一定的积极变化，学生的学习成绩明显提高；参与实验的教师通过学习与实践，自身专业素养也获得了一定的提升。这些昭示着本行动研究取得了一定的效果，但在研究过程中，也发现了一些有待反思和解决的不足与问题。

（一）效果评价

1. 有效提高了学生的学习成绩

在本次行动研究中，大部分学生的学习成绩取得了不同程度的提高。以上学期期末与本学期期末全校统一考试成绩为例，与平行班级相比，被试班级数学成绩明显有所提高。

2．学生综合能力获得有效提升

（1）学生的数学思维能力获得提升。电子书包的应用对情境化教学提供了有力支持，使学生自主性学习、合作学习、探究式学习成为可能。通过教学策略的使用，教师能够有效地为学生创设有价值的思维情境，鼓励学生使用百度等网络工具，充分利用公共资源库等网络资源开展自主性学习、合作探究性学习等。在教师创设的真实情境中，学生有大胆的猜测、有小心的求证；有不同的质疑，有同一问题的多种解决思路，等等。孩子的思维一旦被激活，总是呈现出意想不到的精彩。可以明显感觉到学生在内在逻辑、思维能力、外在口头表达能力等方面的发展和进步。正如一同听课的教师所给的评价那样："现在听四（6）班的课感觉非常热闹，孩子们的表达能力真是太厉害了。"

（2）学生的交流、合作能力得到提高。通过教学对话交流策略的运用，现在教师能更有效地给学生提供互相合作的机会、高效地开展交流互动活动。课堂上常常形成互相学习、互相启发的局面，每位学生进行自我反思的同时，也能分析他人、借鉴他人，碰撞思维、互相启迪，每位学生都成为学习活动的积极参与者。如今，在数学课堂上，每个学生都表现出强烈的合作完成任务的愿望，每个小组有小组长，有自己的"小新闻发言官"，组长自觉担负起分工协调的任务，小组角色定期更换，有效训练了学生合作交流的能力，学生的各项能力有了明显提高。

3．学生的学习态度有了积极的变化

开展行动研究以来，笔者通过观察学生课堂表现发现，参与课堂互动的学生比以前多了很多，原来不怎么举手的学生开始主动回答问题了，学生整体的学习积极性高涨了许多。在行动研究之前，任课教师普遍反映四（6）班的学生上课很活跃但纪律不好，还有几个学生常常不做作业。在行动研究期间，笔者经常与班主任、数学 M 教师交流情况，思考办法：一方面加强学习目的性教育，一方面加强班级规章制度的建设。同时，通过教学策略的有效应用，特别是激励强化策略的使用，使得学生的学习状态获得明显改善。行动研究以后该班学生自我效能感的提升，说明学生在电子书包背景下的数学学习活动中更多地体验到了学习成功，因而学习信心与兴趣也随之提高，学生们在学习上变得更主动、更自觉了。

4．有效促进了教师的专业成长

首先，此次行动研究活动改进了参与实验教师的教。正所谓"教研相长"，两位教师通过参与此次研究，并结合自身实际进行反思，发现了一些问题，也解决了一些问题，丰富了自己的教学经验，提升了自己的教学水平，有效改进了自己的日常教学。其次，行动研究有效提升了实验教师的专业素养。通过此次行动研究，两位教师一方面通过自学教学策略的相关书籍弥补自身的专业知识的缺陷；另一方面通过理论指导教学实践，提高了教学效率，提升了两位教师的教科研能力。最后，行动研究提升了她们的自我价值感，让她们在工作中找到了乐趣。教师不仅要在教学活动和教育生涯中体现自我专业价值，而且要使自己在学术研究、学术创造中体现自己的社会价值。教学工作的枯燥无味主要源于日复一日的机械重复，行动研究让两位参与教师的日常教学有了自己的思考与创意，因而，虽然过程很辛苦，但两人均表示非常开心，很有成就感。

（二）问题与反思

回顾整个行动研究的过程，由于笔者能力不足与时间受限，也存在一些遗憾与问题，具体表现为：

1. 不足之处

（1）时间太短、样本偏小。研究时间只有一个学期，得出的验证结果难免显得有些仓促；研究对象仅仅是一个班的43名学生，主要涉及的教师只有两名，样本偏小，研究结论的普遍性有待进一步的验证。

（2）行动研究方案自身存在不足之处。鉴于笔者自身专业水平有限，以致研究方案本身也存在有待完善之处，例如：研究思路有些偏窄，进行行动研究时视野被限定于数学教学内容及其教学方式的改进上，对科目内容以外的多种教学要素及其相互之间的联系和要素间的连贯性关注较少；再加之研究时间有限，以致实际调查研究无法做到深入，只能局限于对所发现的问题进行浅显分析，给出相应建议等。这些对后续研究及结论的推广都会产生不利影响。

（3）试点教师自身信息化水平有待提升。电子书包属于新兴的教学支持系统，教师对它的适应需要时间。目前，电子书包的应用多处于起步阶段或属于传统多媒体支持下的教学应用。在与教师访谈过程中，教师们普遍坦陈：对电子书包并不能实现灵活应用，无法充分发挥出电子书包特有的优势和功能。他们非常希望得到更多培训和指导的机会，希望能够在专家的引领之下，多与同行进行学习交流，不断提高自己的电子书包背景下的数学教学应用水平。

（4）电子书包的功能有待进一步完善。总体来说，电子书包系统基本能够支持整个教学活动正常、完整的开展，但应用中仍然存在一些有待改进的问题：比如，电子书包系统的稳定性问题，教师推送作业、学生上传作品及师生利用网络工具进行互动交流时，常常出现传输速度太慢及掉线的问题；比如，电子书包电池续航能力不足；再比如，电子书包设备有时会出现故障，上课时学生在使用设备的过程中出现一系列问题，会不断要求教师解决这些问题，而解决问题有时会耗费大量上课时间；等等。这些问题的出现一方面影响了师生使用电子书包的积极性，另一方面也影响了电子书包使用的效率。

2. 改进对策

（1）进一步提升电子书包系统配置水平

针对当前电子书包系统在硬件和软件方面存在的问题，学校应通过加大投入、设立专项资金，采购更为先进的硬件设备，进一步提升硬件配置水平。学校应通过与主管部门、网络运营商、硬件供应商、软件平台研发公司等相关合作伙伴密切配合，进一步加大带宽以提升软件平台的稳定性与便捷性等，不断完善电子书包试点的实施软、硬件环境。

（2）进一步加大试点教师培训学习力度

电子书包首先需要实现的，也是最基本、最核心的功能是教学应用，而其教学应用的重点与关键是教学思想和教学模式的变革，即由"教为中心"转为"学为中心"。参与试点的教师是电子书包试点的最终落实者与实践者，教师自身观念的转变及专业素养的水准成为推进试点的关键因素之一。由于电子书包的实践尚属于探索阶段，并没有太多现成经验和路径可供借鉴,因此教师的培训至关重要。一方面,学校要通过建章立制确保电子书包研讨活动常态有效开展;另一方面可采用"请进来与走出去"相结合的方式给教师培训学习创造机会。

（3）进一步完善学校项目试点管理机制

首先,要明确试点领导小组的管理职能。明确学校一把手校长任组长、分管校长任副组长、其他部门负责人任组员的具体责任,责任到人、各负其责。其次,要建立健全试点管理制度,完善常态运行机制。做到试点有规划、有计划、有总结、有制度、有考核等,确保专家指导下的电子书包教学研讨活动正常开展。再次,要尝试建立基于电子书包的教学质量评价体系。探索建立以学生的学习兴趣与信心、自主学习与探索能力、动手实践能力、解决问题的能力、合作交流能力、学生的信息素养等内隐性的发展因素作为衡量指标的评价体系,为实现电子书包背景下教与学的方式的根本转变彻底扫清障碍。最后,要不断推进试点工作向更广、更深开展。在建立科学有效的监管机制的前提下,进一步扩大电子书包的使用范围,学习应用覆盖课前、课中、课后全过程,从而真正实现自主性、个性化、合作探究式的泛在化学习。

促进学生思维发展的多元化数学作业设计

吴　爽*

摘　要：数学作业作为教学过程中必不可少的一个环节，对于巩固、拓展、深化数学知识，提升学生的数学素养，具有不可替代的作用。对基于学生思维发展的数学多元化作业进行设计探索，能够克服小学生作业形式单一、内容枯燥等弊病，增加小学生的学习兴趣，使学生从被动的知识接受者转变为主动的知识建构者，让学生在学习中身心得到健康的发展。基于学生思维发展的多元化数学作业的实践探索，有利于因材施教，有利于学生的个性化发展，有利于提升学生的数学素养。

关键词：小学数学；多元化作业设计；数学思维品质

新课程改革突显的教学理念是全面提高学生的学科素养，作业作为教学的一条环节，也应该成为培养学生素养的一条重要途径。从综合提高学生学科素养这个角度来说，作业要注重引导学生探究、发现，关注学生的学习过程，重视学生情感态度、思想品质、审美情趣等方面素质的培养，使作业真正成为全面提高学生学科素养的平台。数学素养包括数学知识、数学思维、数学方法、数学思想、数学技能、数学能力、个性品质七个方面。数学思维则是数学学习中的重中之重，本研究设计的作业侧重于提升学生的数学思维品质。

长期以来，数学作业在教师的教学中所占比重很高，教师在作业布置上严重错位，习惯以教师为中心、以教材为中心、以考试为中心来设计和布置作业。教师批改作业方法比较固定，学生缺乏自己对数学进行思考整理的时间，布置作业和批改作业的质量都还有很大的提升空间。新一轮课程改革要求突显"以学生为本"的教育理念。因此，设计作业应蕴含丰富的教育因素，应有利于调动学生的积极性，培养学生相应的学科素养。如何落实新课程理念，以学生的发展为本，让作业成为促进学生发展思维的生长点呢？为此，笔者进行了基于学生思维发展的多元化数学作业设计研究。

一、游戏性作业，提升学生思维的敏捷性

哈佛医学院儿科教授 T. 贝利·布拉泽顿说："游戏不只是好玩和刺激而已，它能够激发孩子潜在的创造力和竞争力，是儿童了解世界、了解自己、了解他人与社会最重要的途径。"那么，玩游戏能够帮助学生学习数学吗？笔者认为在教学过程中，可以将数学游戏与作业进行结合，让孩子们在玩中学，在玩中领略数学的美妙。

在实践中，为了巩固学生所学知识，发展学生的思维能力，可以设计游戏性作业。游戏性作业一般可分为知识性游戏和益智性游戏两大类。

20 以内的加减法、表内乘除法是学生整个小学阶段数学计算学习的基础。如果单纯进行计算的训练，孩子们会觉得非常乏味，因此，笔者设计了计算棋游戏和扑克游戏。

---

* 吴爽，青岛安国路小学二级教师，理学学士。

计算棋游戏不仅需要学生具备正确的计算能力，而且要求学生下一步想几步，需要思考"先下什么棋才能使自己的棋最后不被吃掉"。这里面蕴含了很多的技巧，对学生思维的正确性、敏捷性和逻辑性要求较高。运用这一资源，可以在一、二年级开展计算棋游戏，用以提高20以内数加减法及表内乘除法的计算能力。"扑克游戏"也可以对学生的计算进行训练。教师设定游戏规则，通过扑克游戏进行简单加减乘除这样的训练。这样的游戏性作业，可以使孩子们在玩的过程中巩固表内乘除法，敏捷计算加减法，从而提高计算能力，提升思维敏捷性。

数学教学应当关注对学生数学思维的培养，多元作业的设计更有助于学生思维的训练。魔方、七巧板、数独等都是非常好的益智游戏。以玩魔方为例，设计玩魔方的任务，可以有效培养学生的数学思维。教师通过微视频的方式教授基本的第一层，然后要求学生自己研究复原魔方的方法，直至会拼六个面。这样的作业为学生提供了互相研究、互相学习的空间，学生的研究热情能够被激发出来。魔方的复原也有技巧，学生们为了使复原速度更快，会自己探究使魔方复原的简单方法或者是高级玩法，在此过程中，学生的创新意识得到提升。

这样的游戏性作业，蕴含着丰富的思维价值，能够有效激发学生的学习热情，让学生在玩中学得更有乐趣。学生在玩的过程中能够提升学习效能感，建立自信心，增强创新意识，数学思维在潜移默化中得以提升。

二、操作性作业，提升学生思维的独创性

喜欢活动是儿童的天性。《义务教育数学课程标准》指出："动手实践是学生学习数学的重要方式之一。"低年级的孩子比较好动，设计符合学生兴趣的可操作性作业，能有效激发学生学习的激情。因此在教学过程中，可以从学生的生活经验和已有的知识出发，遇到合适的课型，就为孩子设计操作性的作业，从而为他们创造动手操作的机会。

在图形与几何领域就可以布置操作性作业。比如：在学习一年级下册第四单元《认识图形》时，为学生设计"我创作 我快乐"的操作性作业，让学生用认识的图形拼贴自己喜欢的图案。学生在设计操作的过程中，不仅能加深对图形的认识，而且能有效培养自身的创新能力。又如：在学习三年级下册第二单元《对称》时，要求学生剪贴自己喜欢的轴对称图形，学生在创作中能够加深对对称现象的认识。这样，学生在做中学，学得有趣，学得愉快、主动、深刻。

在常见的量的教学中，也可以布置操作性作业。比如：在学习三年级上册《克与千克的认识》后，让学生先估一估自己和家人的体重并进行验证，也就是实际测量体重，加深学生对"克"与"千克"的理解。还可以让学生多观察身边的物品，去估一估、称一称，把它们填到自己设计的表格中。这样引导学生尝试动手操作，自主实践，为学生走入生活奠定基础。又如：在学习四年级上册《角的度量》后，让学生通过估一估、量一量滑梯和楼梯与地面所成的角是多少度，帮助学生建立度的概念，使学生认识到角的单位的重要性，体会到数学的价值。

这样的操作性作业有利于培养学生的"个体首创性"。虽然一些知识、模型别人已经提出过，但对学生自己来说，却是新颖的，是他们第一次发现的。在此过程中，能有效发挥学生思维的独创性,从而发展创造性思维。

三、生活化作业,提升学生思维的深刻性

《义务教育数学课程标准》指出,数学教学要体现数学来源于生活又应用于生活的特点,使学生感受数学与现实生活的密切联系,感受数学的趣味和作用,增进对数学的理解,加强学习和应用数学的信心。根据低年级学生的年龄特征和生活经验,学生的学习更应该从生活出发,从学生平时看得见、摸得着的周围事物出发,在具体、形象的感知中,使学生真正获得数学知识。因此在设计作业时,应当尽量将数学作业和生活实践紧密结合,从而展现数学的应用价值,让学生体会到生活中处处有数学。

设计"生活树"就符合这一理念。在设计作业时,可以用每一单元的课题作为树干,每个树干有多个分支,分支的数量可以根据小组的人数而定。填充的内容是与所学知识有关的生活问题。学生在装点"生活树"的过程中,可以感受到数学来源于生活、应用于生活,体验到数学与日常生活是密切联系的。而且,学生们以小组为单位,相互学习,不仅能够体会到数学的趣味性,也能够体会到成功的喜悦,从而使自己的知识与情感、态度都得到发展。

生活本身就是一个巨大的课堂,生活中存在着大量的极有价值的数学现象。除了"生活树",教师还可以组织学生写数学日记,指导学生把自己在日常生活中发现的数学知识、提出的数学问题、应用数学解决实际问题的情况用日记的形式记录下来。数学日记能促使学生主动地用数学的眼光去观察生活,去思考生活,让生活问题数学化,从而有助于培养学生的数学意识,提高学生解决实际问题的能力。

这种生活化作业的设计有利于学生发掘数学自身的魅力,引发学生在学习过程中的自主意识和积极主动地参与数学活动的情感。当学生面对实际问题时,就能主动尝试着从数学的角度运用所学的知识和方法寻找解决问题的方法,从而提高自身的应用能力,进而增强学生思维的深刻性。

四、整理性作业,提升学生思维的归纳性

整理性作业便于学生建构知识之间的联系。通过知识的整理,学生能够系统地掌握知识,这对学生内化知识、内化教学过程中学习的数学思想方法帮助很大。整理性作业适合布置给高年级的学生。

在实践过程中,可以教材为载体,引导学生进行单元回顾。在每一单元知识学习结束后,让学生先回顾所学知识,再用喜欢的方式进行整理。在梳理过程中,学生可能会采用知识树、晾衣架、iPad图、思维导图等形式,这些形式能够突出知识之间的联系,充分展现学生的创新意识。经过一段时间的锻炼思维导图、整理性作业逐渐成为学生们每个单元学习结束后非常喜欢的作业形式。学生在完成整理性作业时,不仅全面整理逐渐知识,而且能够准确建构知识之间的联系,这对学生系统掌握单元知识和阶段性复习有很大帮助。

通过每个单元的整理实践,学生能够感受到梳理单元知识时重要的是内容要全面,须能够体现知识之间的联系。学生在整理知识的过程中能够体验到数学知识之间的联系之美,在此过程中,学生的归纳思维有所提升。

五、反思性作业，提升学生思维的批判性

杜威认为反思活动是一种得以产生思维活动的怀疑、犹豫、困惑、心灵困难的状态，是一种为了发现解决这种怀疑、消除和清除这种困惑而进行的探索、搜索和探究的行为。反思在学生的学习过程中是非常重要的，因此，笔者设计了反思性作业，用以培养学生的反思意识。

笔者要求学生不仅要在"反思本"上选择有代表性的题目进行纠错，而且要写出错因，以此引导学生分析出错的原因，提高做题的正确率，提高反思意识。通过"反思本"的运用，学生从原来的说不出错误原因，或者说自己"粗心"或者"不懂题目，所以错了"，到现在准确分析错因，如概念理解错误——正负数的表示、分数的意义表示等；又如计算错误——漏写答案、忘记进位等；粗心错误——看错数字、忘记写单位等。这样，学生就能对自己的错误进行分析改正，并引起注意，或者查漏补缺，或者更加细心。在批阅"反思本"后还要组织学生互相交流，通过交流"反思本"，学生可以从别人的错误中比较学习，进而达到知不足、找差距、取长补短、相互促进、共同提高的目的，同时还能营造出积极向上的班级文化氛围。

在实践过程中，也可以将数学日记作为学生反思的载体。在一个单元学习结束后布置一篇数学日记，学生记录自己的所思、所得、所惑、所悟；也可以在阶段性检测后布置数学日记，学生记录自己的错题，分析自己的错因，表达自己的感受。检测成绩优异的学生还可以分享自己的经验，总结自己的优点和努力方向。我们可以将学生好的作品收集起来，装订成册，让数学日记动起来，让学生有机会向好的作品学习，从而提高自己的作品质量。

利用这样的反思性作业，能帮助学生分析错因，总结成功经验，不断培养自身的反思意识。学生的批判性思维在此过程中也会得以锻炼。

数学多元化作业的实践探索强调趣味与智能的统一，通过创新趣味化的作业形式和作业内容，培养了学生积极的情感，发展了学生的智力和才能，促进了学生情智双馨、和谐发展。

在实践过程中，虽然创设了多种形式的作业，但是内容实质更应该引起我们的关注。此外，课题如何深化，形成的成果如何转化，如何进行成果提炼，梳理共性的内容，建立联系，形成递进上升的趋势，让教学有章法可循，等等仍需进一步研究。

魅力的彰显与兴趣的回归
——浅谈小学语文激趣教学的若干策略

刘雪华 *

摘　要：语文学科的魅力是小学语文激趣教学的重要基础。作为小学教育的基础性学科，语文学科具有人文情感性、韵律诗意性、想象创作性、生活运用性等独特魅力。小学语文教学应该围绕语文学科的特有魅力，采取阅读激趣、吟诵激趣、情境激趣和生活激趣等教学策略，以使小学语文课堂充满生机，绽放光彩。

关键词：小学语文；语文魅力；激趣教学策略

2001 年以来，在新课程改革的大背景下，我国中小学各个学科领域的众多学者都积极投身于激趣教学的研究中，形成了较为丰富的激趣教学研究成果。然而在小学语文教学领域，对于小学语文激趣教学的重要基础——语文学科的独特魅力及其与小学语文激趣教学之间的关系，则很少有人关注和研究。本文试图在认真分析语文学科的独特魅力的基础上，探讨小学语文激趣教学的若干策略。

一、相关概念界定

"兴趣"一词由来已久，在教育研究领域也备受重视。要想对"小学语文激趣教学的若干策略"作一番探讨，就需要对相关概念作一个明确的界定。

（一）兴趣的概念

兴趣是人认识、欣赏和探索某种事物的倾向，是人的行动强有力的动机。一个人对自己感兴趣的事物总是优先给予注意，并伴随着积极的情绪。浓厚的兴趣是人在学习和工作中取得成功的重要条件。①

（二）学习兴趣的概念

学习兴趣又称认识兴趣，它是学生渴求获得知识、探究某事物或参与某种活动的积极倾向。它是推动学生学习的有效动力，是学习动机中最直接、最活跃的心理因素。②

（三）激趣教学的概念

激趣教学是指：教师针对教学状况采取灵活多变的策略，利用学生的好奇心理、逆反心理和求新心理，创造和谐轻松的课堂氛围，激发学生的求知欲，使学生在情感的愉悦中接受知识、掌握技能，以达到最佳的教学效果。③

二、语文学科的魅力

语文是一门重要的人文社会学科，是人们交流思想的工具。语文也是一门博大精

---

* 刘雪华，山东师范大学教师教育学院硕士研究生，研究方向为课程与教学论。
① 陈元晖：《教育与心理辞典》，福建教育出版社，1988 年，第 633 – 654 页。
② 陈元晖：《教育与心理辞典》，福建教育出版社，1988 年，第 633 – 654 页。
③ 刘海涛，豆海湛：《小学语文：名师魅力课堂激趣艺术》，西南师范大学出版社，2010 年，第 56 页。

深的学科,是民族文化的载体。作为人类智慧的记录者和民族文化的传播者,语文学科总是以独特的魅力熠熠生辉。

(一) 人文情感性

语文是几千年来人类智慧的结晶,也是民族文化的重要组成部分。语文学科的人文性,主要是指学科所特有的丰厚的文化积淀、深邃的思想内涵、宝贵的精神传承等。[①]从广义上说,语文是一门培养民族文化精神的重要课程,语文教育也是一种人文情感的陶冶过程。此外,语文学科的人文情感性体现在对文本表意的理解领悟上,因为语文的文本表意渗透着人们对真、善、美、丑的爱恨之情。可见,语文正是以文字为符号,通过启发教育来沟通学生的心灵,引导他们树立正确的文化观和价值观。

(二) 韵律诗意性

语文学科以汉语言文字作为基本载体,汉语言文字结构灵活、讲求意合、颇具乐感、富有灵性。[②] 在语音方面,一个汉字的语音由声母、韵母、声调三个部分组成。汉字本身有平、上、去、入四个声调,这些不同的声调组合规律地放在一起,辅之以骈散交替、长短相间等手段,使汉语言文字具有抑扬顿挫、悦耳动听的韵律美。在语义方面,汉字是表意文字,是形、音、义的有机结合体。汉字的点、横、竖、撇、捺组合成了几万个不同的字形,进而由字成词,由词成句,意蕴丰富,诗意盎然。[③]

(三) 想象创作性

从语言学角度来看,语文学科具有想象性。这一方面是由于汉语言文字语义的丰富性和语法的多变性;另一个重要方面是由于人的思维的主观性。受时代条件、阶级地位、环境因素、认知能力、价值观念等影响,学生总会本能地利用想象、联想、推测、感悟、直觉来弥补对文本认识的不清晰。[④] 这在一定程度上就赋予了语文学科很大的想象和创作空间。语文的表意往往也故意留下悬念,营造一种“言已尽而意无穷”的效果,让学生发挥想象去揣摩创造。

(四) 生活运用性

陶行知曾说过:“生活即语文,语文即生活。没有生活做中心的教育是死的教育,没有生活做中心的学校是死的学校,没有生活做中心的课本是死的课本。”刘国正也认为:“教室的四壁不应成水泥的隔离层,应是多孔的海绵,通过各种孔道使教学和生活息息相通。”[⑤]生活是语文的土壤,生活是语文的源头活水。无论是翻开语文教材,还是在日常生活中,我们都能发现语文的影子。生活为语文提供了源源不断的养分支撑和创作素材,语文也只有在生活中不断运用才能显得更加生机勃勃。

三、小学语文激趣教学的若干策略

学生只有被语文学科所吸引,才能全身心地投入到语文学习中来;小学语文的课堂只有焕发出魅力的光彩,才能更加激发学生学习语文的兴趣。因此,小学语文要围绕着

---

① 曹恩尧:《把握语文教育特点 提高学生语文素养》,《中国教育学刊》,2004 年第 1 期。
② 曹恩尧:《把握语文教育特点 提高学生语文素养》,《中国教育学刊》,2004 年第 1 期。
③ 曹明海、钱加清:《语文课程与教学论》,山东人民出版社,2005 年,第 144 页。
④ 耿红卫:《语文课程的特点略论》,《江西教育科研》,2007 年第 3 期。
⑤ 刘国正:《语文教学与生活》,《语文学习》,1998 年第 2 期。

语文学科的独特魅力,采取阅读激趣、吟诵激趣、情境激趣、生活激趣等教学策略来激发学生学习语文的兴趣。

(一)阅读激趣:倡导自主高效阅读,传授科学的阅读方法

阅读是学生获取信息最基本的方法,也是引起学生心灵共鸣最有效的途径。阅读教学是语文教学的重要组成部分,它几乎能直接或者间接地落实语文教学的各项目的、任务。[①] 小学语文教师应该以阅读兴趣为起点,引导学生自主阅读,并要以阅读方法为着力点,让学生学会高效阅读,进而不断培养小学生丰富敏锐的语感,丰富他们的体验与认知。

小学生处于学习的初期阶段,强烈的好奇心和短暂的注意力使他们很难安静地坐下来进行长时间的有效阅读。同时,小学生的认知水平是有限的,对较难的阅读文本往往不明所以。所以,小学语文教师可以向学生们推荐一些故事性强、想象力丰富、趣味性浓的书籍,以激发起小学生对阅读的兴趣。在引导学生进行自由阅读的同时,小学语文教师还应该注重传授科学的阅读方法,使学生阅读得更高效,如精读、略读、标注。

(二)吟诵激趣:加强古诗文吟诵,挖掘民族文化诗意元素

小学生的古诗文吟诵,不仅要重视吟诵内容,还要保证吟诵时间,优化吟诵形式。就内容来说,古诗文吟诵的内容以经典唐诗宋词为主,包括《唐诗三百首》《小学生必背诗词》等。吟诵的时间也要有所保证,经典文化的熏陶是一个潜移默化的过程,只有在长时间的吟诵中,文字中的情感和思想才能内化到学生的心中。

小学语文教师也要及时地改变和优化吟诵的形式。在吟诵节奏上,可以引导学生根据节律或吟或唱、或快或慢地吟诵,以求读得声情并茂、绘声绘色;在吟诵情境上,可以引导学生结合着诗情画意来吟诵,或者运用小品、快板、相声等文艺手段来进行吟诵;在吟诵活动上,教师可以组织学生进行游戏吟诵、故事吟诵等,也可以通过举办一系列吟诵诗会来调动学生吟诵的热情。

(三)情境激趣:创设情景化的课堂,放飞学生想象的翅膀

生动有趣的语文教学情境可以唤起学生丰富的想象和愉悦的情感,进而能调动学生参与课堂的积极性,激发起学生学习语文的兴趣。小学语文教师可以利用形象的、直观的和趣味性的课本插图和幻灯片图片,来使教学内容变得形象直观、丰富有趣,达到"一图穷千言"的效果。教师还可以根据教学内容的需要,选择相应的音乐来渲染"未有曲调先有情"的氛围,把学生带入美妙的情境中,倾听语文世界的回想。在使用多媒体的同时,教师还可以运用具有感染力的语言来为学生创设情境画面,以拨动学生的心弦,激活学生的想象力,提高学生学习语文的热情。

小学语文教材文体多样,这就要求小学语文教师要恰当地把握教材的特点,使所创设的情境符合文本的内容。比如,散文是一种自由随意短小的文学体裁,在教学时教师可以牢牢把握散文的创作特点,从"美""情""神""境"四个方面创设散文情境;诗歌是具有丰富的情感、凝练的语言、鲜明的节奏特点的文体,在创设情境时一定要利用学生

---

① 曹明海,钱加清:《语文课程与教学论》,山东人民出版社,2005 年,第 144 页。

已有的经验进行铺垫,并且引导学生反复吟诵体会其中的诗意。

(四) 生活激趣:打造开放的空间,促进语文与生活的交融

生活是学生们所熟知的,蕴含在生活中的语文知识就会像一幅幅生动的图画一样在学生们的脑海中闪现。因此,小学语文教师在教学时应该以现实生活为背景,把学生从课本中解脱出来,去感受生活、参与生活。只有与生活紧密联系在一起的语文学习才会更容易被学生接受,更容易调动起他们的兴趣。

生活是语文学习的源头活水,生活中蕴藏着取之不尽的教学资源。学校是学生生活的重要舞台,丰富的校园生活是学生学习语文的重要载体;家庭是学生学习语文的第一场所,父母是孩子第一任的启蒙老师;社会是一道广阔的背景,开展社区活动、关注社会动态也是语文与社会的紧密结合的渠道;大自然是学生天然多彩的体验室,走进自然里,学生的各种感官会被充分地调动起来,理解能力自然会得到提高。

论语文教学中"长文短教 选点突破"教学策略的实施

陈付亮　刘雪可 *

摘　要：当前的语文教材选取的课文大多篇幅较长，要想把这些篇幅较长、信息量较大的长文在有限的课时内教完，且使学生达到理想的学习效果，"长文短教"无疑是提升课堂效率的最佳对策。在对"长文"进行"短教"时，首先要做到细读文本，在此基础上善于选点突破，即紧抓文章内容的联系点及课文要求上的侧重点来进行教学设计，巧妙地设计主问题及读写等学习活动，以此来以点带面，以面带篇，让教学达到事半功倍的效果。

关键词：长文短教；选点突破；教学策略

所谓"长文"，就是篇幅长、文字多、内容丰富的课文。这样的长文在中学语文教材中出现频率极高，而由于每节课教学时间的限制，很长的篇幅和丰富的内容很难在一、两节课时间内详细展开，因此，就需要对"长文"进行"短教"。而"短教"，就是要在对文章整体把握的基础上，在教学中凸现重点，把握本质，对教材做出艺术化的处理，使教学达到事半功倍的效果。研究"长文短教"，就是要研究教师如何精选课文内容，并将之按照特定顺序恰当地组合，从而使学生能借助于精练的教学内容举一反三，高效地把握全文。长文短教是教材处理研究的重要内容，实现对它的成功探索，有利于提升课堂教学效果。而长文短教的教学策略，具体来说可以概括为以下四个方面：

一、细读文本，巧设主问题

处理长文必须整体感知与把握，因而进行"长文短教"的前提条件是"文本细读"，"文本细读"就是读者通过对作品文本的仔细阅读，对文本意义的准确、透辟解读，达到对作品细致、精确的语义分析和意义阐释的过程。没有"文本细读"，"长文短教"也就无从谈起。"短"关注的是精华，"点"聚焦的是亮点，不注重细读，就无从提炼。

如教授《皇帝的新装》时，我们要先通过文本细读，把握好本文是通过写一个皇帝赤身裸体参加游行大典的滑稽故事，进而揭露当时社会的丑恶，告诉人们要敢于说真话的道理。面对这样的长文，我们不妨用一个主问题贯穿全文：我看到了一个什么样的人（皇帝、大臣、小孩）？请说明原因。这一问题，简单明了，不仅能够让学生迅速地筛选所要获得的信息，而且给学生以自由发挥的空间。这样大胆取舍，设计出能统率全文的核心问题，课堂就会"牵一发而动全身"，从而引导学生多方位深入理解文本、把握文本，高效地完成课堂教学任务，实现长文短教。又如，在教学杨绛先生的《老王》时，可以抓住对文末"那是一个幸运的人对一个不幸者的愧怍"这一句话的理解来完成教学任务。可以巧妙地细化成：这里的"不幸者"指的是谁？哪些方面表现了其不幸？"幸

---

* 陈付亮，山东省青岛第六十二中学，中级教师，文学学士；刘雪可，山东师范大学教师教育学院研究生，主要研究方向为课程与教学论。

运的人"又指的是谁？"幸运的人"又为何感到愧怍？顺着这一条主线，就可以水到渠成地完成对文本的解读。理解了这些，就把握了文章的实质。通过文本细读、巧设主问题的方法来进行长文短教，即使文章一课时教完，课堂也不失应有的广度和深度。

需要指出的是，长文短教，不等于降低水准，也不等于"深文浅教"，更不等于蜻蜓点水、浅尝辄止。阅读教学必须引导学生不断地品味语言，与文本展开充分的对话，由此产生情感的共鸣。在品味语言的过程中培养语感，在情感陶冶的过程中培养高尚的情操，因为我们的目标是全面提高学生的语文素养。例如，在教学《伟大的悲剧》时，笔者抓住"悲剧为什么是伟大的？"这一主问题，让学生在阅读、交流中与文本的五位英雄进行了一次跨越时空的心灵对话。这样的阅读是立体推进、逐层深入的，语言层层品味，情感步步推进，人物形象渐渐丰满，学生心中的精神丰碑自然高耸。通过巧设主问题，《伟大的悲剧》这样一篇长课文仅在一个课时中就完成了教学，但笔者想：一篇好的文章会影响人的思想乃至一生，而一堂成功的课同样也会在学生的心中经久难忘、历久弥新。我们的课堂应该为学生架起一座解读文本的桥梁，引导他们去阅读那些闪烁着人类精神光芒的文章，引领他们去享受那些精神的盛宴，引发他们与伟大的灵魂碰撞交流，在他们成长的道路上刻下永不磨灭的印记。而立足于学生实际，着眼于学生发展的主问题的设计，必定使长文短教更加精彩！

当然，需要注意的是，无论从何种角度选点，所选的点都要立足于对文本的整体把握，即需要先进行文本细读。要能关照文本的整体核心价值所在，主问题的设计亦是如此。

二、抓住联系点，开展教学设计

有些文章看起来很长，我们在教学时常感觉到无从下手。面对这样的文章，需要我们在选点上下功夫。换句话说，就是长文短教无须面面俱到，而应找一个恰当的"切入点"，力求达到"牵一发而动全身"的功效。通过环环相扣的问题链，聚焦一点，洞察全文。即我们不妨寻找能贯穿课文主要内容的一个联系点，以此作为突破口，深入理解文本内容，挖掘深刻的主旨。正如打蛇所打之七寸，位置虽小，却很致命一样，此点虽小，却能统领全篇，切中要害。

读李森祥的小说《台阶》时，我们会发现整篇的内容都与台阶有关，而我们更会惊奇地发现"（不）坐台阶"是本文内容的联系点。在教授此文时，我们不妨指导学生抓住"坐台阶"这一联系点，来品析父亲"坐"台阶的几个片段，再跟最后"不坐台阶"进行对比分析，以此来探究父亲的思想性格，逐步挖掘小说的深刻主旨。这样我们通过抓住父亲"（不）坐台阶"这一内容的联系点，能串联起整篇文章的内容，从而比较全面地理解"父亲"这一人物。这样既省时又省力，即使篇幅再累赘、文章再长也可以在有限的时间教授完并且取得良好的教学效果，达到"牵一发而动全身"的理想效果。

再如鲁迅的《社戏》，也是一篇长课文。就其内容来讲，课文主要回忆了"我"幼年时与农民孩子看"社戏"的情景。虽然文章内容在各段上都各有侧重，但都紧紧扣住对平桥村这一自由天地的向往，平桥村人淳朴的感情及小伙伴们的热情纯真、聪明能干，给"我"留下的深刻印象和美好回忆这一中心。因此，在教学过程中就可把教学重点凝聚到课文各部分内容的这一联系点上：景美、人美、情更美。整篇课文的教学可以用两个课时,首先让学生带着"怎样理解本文结尾处'我实在再没有吃到那夜似的好豆,——也不再看到那夜似的好戏了'这句话?"的问题,自己阅读全文。要求学生运用已有的知识和能力,读通读懂课文,进而归纳出中心思想。在此基础上,再引导学生读课文,联系上下文找出具体表现中心思想的语句,讲读句子,避免逐字逐句平均用力的琐碎分析。从学生的反馈情况看,这样做达到了预期的目的,收到了的良好效果。

长文短教重在一个"短"字,这个"短"字,又主要表现在"点"上。也就是说,长文短教的主要技巧在于如何"选点突破"上。细读文本之后,找准文章内容的联系点来进行教学设计,通过环环相扣的问题链逐步引导学生发现并领悟文章的中心思想,这样就可以在有限的课时内,快捷高效地完成教学任务,不失为进行"长文短教"的有效教学策略。

三、聚焦教学设计点,开展教学活动

每一篇文章都有很多可供选择的教学设计点,如果我们聚焦其中最重要的一个点来进行读写活动的巧妙设计,就既可以增强学生学习的效度,又可以拓展学生学习的深度,从而实现将长文有效短教。

著名特级教师黄厚江老师在教学《神奇的极光》这篇很长的说明文时,他认为如果教授此文用时太多,没有内容可教,也不值得;用时太少,又无法完成教学任务。后来,依据文章引用大量神话故事进行形象化说明这一特点,黄厚江老师设计了两个以写为主的语言活动,即通过让学生阅读课文,分别用 30 个字和 300 个字来介绍极光,并让学生思考、讨论:为什么 30 个字可以介绍,300 个字也可以介绍,作者却要用几千字呢?被删除的是哪些内容? 这些内容在文章里有什么作用? 这样的写,让学生深入地认识了文章的特点,并体会了说明中引用神话故事的具体效果。看上去是一个写的活动,实际意图却在于读。带动学生的阅读,用一节课成功地实现了长文短教,对文章特点的把握也比较到位。

笔者在教学《变色龙》这篇长文时,在导入新课和整体感知文章主要内容的基础上,创造性地开展了以"诵读触摸人物灵魂"的教学活动。众所周知,契诃夫作品中个性化的人物语言字字珠玑,一句话,半句话,甚至一两个字,就使人物的灵魂一下子活脱出来。因此,笔者在教学时指导学生朗读课文的重要段落,尤其要读好"你干什么发抖呀"中的"你",读出奥楚美洛夫对将军的尊重和对狗的亲切,更要读出他对将军的阿谀奉承。再指导学生读明奥楚美洛夫说话时的停顿与断续。由此可以读出奥楚美洛夫对权贵畏惧,对百姓欺压的态度。重点指导学生读出奥楚美洛夫前后态度的变化,从而读明《变色龙》之"变"。通过巧妙地设计读写等学习活动,能更容易地让学生把握人物的情感变化、文章的中心思想。

这样的教学设计就是利用课文这个语言载体,从课文本身的内容出发,设计与课文有血肉联系的"读"的内容,从而达到以读促读、以读带思的教学目的。更重要的是,这样课堂教学更显示出一种角度丰富、细水长流、时时训练的特点,很好地实现了课标关于"在教学中努力体现语文的实践性和综合性","拓宽学生的学习空间,增加学生语文实践的机会"的理念。这不失为将长文有效短教,提高课堂效率的好途径。

四、抓住目标侧重点，落实重点项目

长文短教，是一种教学智慧，是一种大胆取舍，善于取舍的大智慧。通过一篇课文的教学让学生或者掌握一种知识，或者学习一种方法，或者提升一种能力，或者体验一种情感，或者领悟一种人生智慧。就某一篇课文而言，可以抓住一个点进行重点训练。面面俱到往往是处处隔靴搔痒，所以不妨一次深挖一点，或者突出"语言训练点"，从课文的语用功能的实际出发，从小处着眼，从语言表达的方式着眼，在课文中寻找、发现、提炼出语言表达的某个方面的技巧来进行教学。或者从词语表达、句式运用、段落写作、人物刻画、景物描写等角度，积聚一个闪亮的语言学习与运用的"点"，根据学生的能力，进行有的放矢的突破，教给学生一点有用的知识。

如余映潮老师在《羚羊木雕》教学中，从文本中找到一个看似不起眼但却非常有价值的教学重点"千姿百态地表示'说'"，在学生整体理解课文内容的基础上，教师以课文中语言描写为范本，教给学生怎样把对话中的"说"这个"内容"写好，带领学生总结出写"说"的基本规律，并让学生就给定的"场景"进行说话片段练习①。余老师教给学生的，固然是一种知识，训练的是一种语言表达的模式，但同时也教给学生学习语言表达的一把钥匙，教师所开启的不仅仅只是"千姿百态表示'说'"这把锁，而是让学生还要想到千姿百态表示"喜"，千姿百态表示"怒"，千姿百态表示"哀"，千姿百态表示"乐"……人生百味如何表达，学生在此可管窥其中奥妙。

就某一个单元课文而言，可以各有侧重地抓住一个点着重训练。选点突破，以点带面，以面带篇，以篇带章。例如，对人教版九年级上册第三单元《故乡》《孤独之旅》《我的叔叔于勒》三篇小说的处理，不能都抓住人物、情节、环境进行千篇一律的讲解。《故乡》可以重点抓人物描写，从外貌、语言、动作、神态等角度重点分析闰土和杨二嫂的变化，并探寻其性格变化的原因。《孤独之旅》则可以重点抓背景环境的描写，以此映射人物的心理特征。鸭群是孤独的杜小康的生活伙伴，他只能从鸭子身上得到心灵的安慰，在风雨中见证着他成长的艰辛和喜悦；芦苇荡"如绿色的浪潮直涌到天边"无边无际，给人以极大的心理压力，让杜小康害怕胆怯。当杜小康习惯了孤独的生活，"再面对浩浩荡荡的芦苇"就不再恐慌了，恐惧只是心理的折射；芦苇荡的暴风雨是极其可怕的，"雷声如万辆战车从天边滚动过来"，暴风雨冲垮了鸭栏，惊散了鸭群，杜小康表现出了成人的坚强与勇敢，在暴风雨中搏斗，暴风雨给了他一个成长的机会和舞台。《我的叔叔于勒》则可以重点抓住小说的情节这一要素进行教学，小说以菲利普夫妇对于勒的态度为主线，以于勒的命运为副线来安排情节，表现了小人物之间"富在天涯盼相聚，穷至眼前不认亲"的微妙关系。指导学生在梳理主要情节的基础上分析不同人物的情感变化。这样三篇课文各有侧重，抓住其侧重点进行有效教学，可以使学生在一个单元中得到相关知识点的全面训练。

教无定法，学无定法，说的就是看待问题、解决问题有多种方法和角度。"长文短教"不是语文教学唯一的选择，以上的思路更非放之四海而皆准。长文短教是一项系统工程，绝不是简单地把一篇课文的教学由原来的两课时压缩为一课时，而是需要我们

---

① 余映潮：《阅读教学艺术 50 讲》，陕西师范大学出版社，2005 年，第 42 页。

在充分把握新课程理念的基础上认真推敲文本、分析文意、精设目标、开展活动。"现代教育要求教师尊重儿童的精神自由,尊重他们的多元理解,珍惜儿童的个性化的价值体验,唤醒学生的自主意识、自主精神,给儿童自由的发展空间。也就是说,教师除了关注知识的传承以外,要更加珍视儿童的思维发展和创造精神,智慧探求和人生情趣。"[①]因此,长文短教的过程,其实就是教师解读文本、巧设目标、开发资源,在个性化教学中引导学生进行创造性学习的过程。

---

① 车丽娜:《教师文化的嬗变与建设》,中国社会科学出版社,2015 年,第 167 页。

小学英语单元整体教学的实验研究

——以译林版四年级上册 Unit 5 Our new home 为例

吴如月 *

摘　要：自此轮课程改革开始以来,小学英语的教学理念、教材的编排结构等均发生了较大的改变,随着课程改革的深入与发展,探析与之匹配的教学方法成为英语教学的一个重要话题。"单元整体教学"作为一种全新的英语教学方法,能够更好地适应小学英语新教材的教学。但目前对于小学英语单元整体教学的研究主要在现状、问题及英语单元整体教学对策等方面,对小学英语单元整体教学实践进行研究是一个有待探析的议题。本研究针对译林版小学英语教材分析单元整体教学的相关问题,具体以常州市武进区××小学四年级的 90 名学生为对象,以译林版四年级上册 Unit 5 Our new home 为例进行教学实验,探讨开展单元整体教学实施效果。

关键词：小学英语；单元整体教学；实验及实施效果

20 世纪 80 年代,西方教育理论界兴起了整体教育思潮(holistic education)。凯·古德曼(K· Goodman)提出了"整体语言教学"的概念。① 整体语言教学是一套关于语言学习、教学和课程内容的教育理论,它强调以儿童为本位进行语言教学,特别是突出教学过程中教学内容的整体性、教学过程的系统性、教学方法的科学性和教学目标的循序渐进性。

国内对于单元整体教学的研究是从 20 世纪 90 年代开始的。首先在语文学科中展开实践,直到 21 世纪初才开始在英语教学领域中展开探索和实践。何长青也从常规教学流程的角度分析英语单元整体教学的实施流程②:备课,灵活的整合教材资源和其他资源;实施,尊重学生的主体性;评价,多元化评价反馈。《义务教育英语课程标准(2011 年版)》对于教材的使用提出了明确的建议:作为教学一线的英语教师应该结合实际教学的需求和学生的接受能力,对教材进行灵活的、创造性地使用。也就是说小学英语教师不应该一成不变地根据教材进行教学,而是应该对教材内容进行重新组合,顺序编排,灵活地运用教学方法,对教材做好充分的研读之后,结合实际情况进行适当的取舍和统筹安排。③ 以上英语课程改革的理念与要求,需要小学英语教师对小学英语课程与教学进行设计、开发与实践,"单元整体教学"的研究和实践是其中的有效途径之一。

---

* 吴如月,江苏省常州市武进区湟里中心小学,教师。

① K· Goodma. Discourse and Context in Language Teaching. *A Guide for Language Teachers*, 2000:12.

② 何长青:《整体性教学在初中英语阅读教学中的应用》,《新课程》(上), 2011 年第 2 期。

③ 中华人民共和国教育部

一、单元整体教学的内涵分析

（一）整体式教学

整体教育的思潮强调在教学过程中坚持"以人为本"，突出"科学性""创造性"和"人文性"的和谐统一。2011 年教育部颁发的《义务教育新课程标准》提出要加强对学生情感态度、文化意识和学习策略等方面的关注，突出学生的创造性、文化交际能力和文化理解能力，正是体现了整体式教学的核心思想。

整体式教学在语言教学中要求：（1）将听说读写等各个方面的内容和技能作为一个系统的有机整体，突出语言教学的交际性，提升语言学习者的交际能力；（2）着重强调完整性，必须把英语教学的各要素联合起来；（3）要求每一位学生参与课堂教学，关注每一位学生的发展，因材施教，提高教学的整体质量。

（二）单元主题式教学

单元主题式教学也就是围绕一个单元的共同主题而展开的一系列教学活动。单元主题式教学的内容主要有：（1）核心是主题，围绕单元的主题进行；（2）强调让学习者接触真实的语言材料；（3）注重学生接触的教学材料的有意义性和实践性，保持教学材料与学生将来的职业发展和个人兴趣相符合；（4）让学习者掌握学习新信息和技能，并运用已经掌握的知识进行新信息和新知识的学习与评价；（5）强调单元的整体性和综合性，注重将整个单元作为整体和全局来进行教学，注重各部分的内在联系性。

（三）单元整体教学

结合小学英语教学的内容，我们可以将单元整体教学进行如下定义：以《英语课程标准》中小学英语教学的目标和任务要求为核心，综合运用相关理论分析学习内容，在对教学内容系统、深入和准确的理解和把握的基础上，以学习者的需求为出发点，一线教学围绕具体的小学英语学习单元展开英语教材整体单元教学。根据学习接受能力和教学规律从易到难地安排单元的教学内容，安排整体教学过程，优选教学方法，设计单元整体主题活动作业和评价反馈教学活动，促进教学不断优化和改进的系统性、整体性和科学性的过程。

二、单元整体教学的实验设计

（一）实验背景分析

当前，小学英语单元整体教学存在的问题主要体现为：重词句教学，轻文本整体理解；重教学形式，轻板块功能体现；重过程设计，轻反馈评价跟进；重课时设计，轻单元整体推进。

（二）实验对象

研究以常州市武进区××小学四年级笔者所带的两个班的 90 名学生为对象。班级的划分是根据系统自动进行人员分配和安排的，各班的学生成绩和学习水平不存在显著差异，具体如表 1 所示：

表1 实验对象基本情况分析

男女人数	A班			B班		
	男生人数	女生人数		男生人数	女生人数	
	26	19		23	22	
男女占比	57.78%	42.22%		51.11%	48.89%	
测试项目	口试	听力	笔试	口试	听力	笔试
实验前最高分	99	97	96	99	97	97
实验前最低分	68	71	64	67	72	62
实验前平均分	98.99	95.94	93.5	98.88	95.46	93.2

A班实施单元整体教学,B班则以教材安排的课时进行不整合的教学,在实施之后进行单元测试,以考试和考核的方式评价实施效果,得出实验结论。

(三)实验过程设计

实验研究选择的单元是:四年级上册 Unit 5 Our New Home。确定单元目标实际上也就是通过对本单元的学习,确定学生需要掌握的知识和技能,并且分析本单元在教材中的地位。而后进行板块优化组合,确定分课时的目标要求,进行课堂教学整合。

未展开实验之前,先针对前面已学第三单元分别从口试、听力和笔试三个方面对两个班进行评分,通过统计分析发现,在未开展单元整体教学之前两个班各方面的综合评分都相差不多(见表1)。

实施单元整体教学过程中,在教学方法方面,A实验班采用单元整体教学法。B对照班则只根据以往的教学模式开展课堂教学活动。将两个班三个课时的教学过程全程录像,而后对三个课时课堂中教师和学生的表现进行评分。在教师的维度方面,参照加里·鲍里奇《有效教学方法》中对教师的七个评价维度,包括班级管理、课堂氛围、任务导向、学生参与、教学方法、学生成就、知识结构进行评价。而对学生的课堂表现评价则根据学生课堂的表现素质确定评价指标,分别为认真、积极、自信、善于与他人合作、思维的条理性、思维的创造性六个维度,

对教师和学生的各方面内容评价总分为10分,分数从低到高表示其课堂表现的各维度依次提升。请五个专家分别观看视频,对教师和学生的表现进行打分,对比实验班和对照班每一个课时的得分情况,并且对比综合得分情况和平均分情况。

为了掌握单元整体教学的情况,以实现科学的评价,测试教师采取口语测试和考试(听力、笔试)相结合的方法进行评价反馈。口语测试:请其他班级的教师对实验班和对照班两个班的学生进行随机抽样。由测试的教师给出评价分数并进行对比。在考试方面,则根据本单元的教学内容和难点设计了单元测试卷。其中,听力总分为40分,每道大题10分。笔试总分80分。统计考试得分情况进行对比分析。

三、单元整体教学的实施效果分析

(一)小学英语单元整体教学设计

1. 实验案例一:Story Time 的语篇教学

在本课时中,教师围绕教学目标展开教学,引导学生循序渐进地进行文本的感知,

由浅入深地获取信息,掌握单词和基本句型。首先,在阅读前的环节中,围绕文本的主题,借助歌曲引入,营造良好的课堂氛围,整体导引教学内容。在这个环节中,由于是单元的初始环节,需要将新单词和句型放入文本教学中来进行。具体教学时,在笔者设计的阅读环节的语篇中,将 table、bedroom、sofa、living room 几个单词纳入到文本阅读中进行感知,有选择地渗透对新单词的学习。暂未用到的词汇放到后面的几个课时中。其次,在阅读中环节,引导学生通过观察文本中插图进行故事的预测,通过观看文本相关视频回答问题,再通过听录音等任务来感知文本,理解文本。此外通过问题:Su Yang 的帽子在厨房的狗嘴里,为了取回帽子,Su Yang 该怎么说呢? 让学生在教师提出的基本语言框架下,学会应用本课时的新单词和重点句型。最后,让学生通过多种形式和不同层次的任务活动,对文本的学习目标进行迁移运用,如模仿朗读、情景再现和角色表演等。

2. 实验案例二:Fun Time 的教学

第二课时的重点板块是 Fun Time,也就是对第一课时知识点和重难点的深入和运用环节。在第二课时的教学中,适时呈现语言支架,引导学生在情景中运用语言,生活经验与课内语言相结合,才能使语言真正内化。上课伊始,复习 Story Time,通过不同形式的活动整体回顾故事内容,并结合上一课时的单词,让学生练习句型"Where is/are … ?",自然导入本课新授内容。Sound Time 教学强化语音训练,让学生体会到字母在不同单词中的发音,并迁移到新单词的认读之中。学唱完 Song Time 板块的歌曲后,教师指导学生以比赛的形式用已学单词替换歌曲中的部分单词,这样既学会了歌曲,又进行了语言操练。Fun Time 教学结合了 Story Time 下方的单词进行词句操练,音、形、义结合,单词集中呈现、分步学习,词句训练趣味性更强。为了增加学习趣味教师设计了一只卡通狗,将几个板块有机串联;再通过开展最好记忆、最准发音、最美声音和最佳设计四个游戏活动,对三个新授板块进行有效导入,使得目标语言操练扎实有效,学生句型运用娴熟自如。

3. 实验案例三:综合板块教学的实施

综合板块是巩固和发展学生语言知识和语言技能的重要课型。在本课时的教学中,教师引入动画片《熊出没》中的三个卡通形象,串联起各个板块。在复习环节设计熊兄弟抢了光头强家里的物品,并猜测物品摆放位置的活动,让学生复习本单元词汇与句型,为后续教学环节中的语言运用做好铺垫。在 Checkout Time 板块中,教师自编的听力材料中用句型"We have … in our home."介绍抢来的物品,并迁移到学生对自己家的介绍中,让学生在情景中运用所学语言。Cartoon Time 板块的教学以泛读为主,让学生保持积极的心态和旺盛的精力参与教学活动,通过阅读、理解、欣赏和表演等方式感悟故事中的幽默点、趣味性。最后教师利用 Ticking Time 板块对本单元所学知识进行检测,尽快了解学生的学习情况,并及时向他们提供反馈。在处理 Ticking Time 板块时,可以将学生自评、同伴互评和教师评价相结合,让评价贯穿于整个单元的学习,并通过不同形式的评价促进学生的发展。

（二）小学英语单元整体教学实施的效果

1. 课堂教学表现的效果

专家通过对实验班和对照班两个班的教师和学生的课堂表现情况进行打分,实验班的教师和学生得分明显都高于对照班的得分。具体如表2和表3所示:

表2 教师视频观察专家评分(三位专家的平均评分)

项目	实验班 A 班			对照班 B 班		
	课时一	课时二	课时三	课时一	课时二	课时三
班级管理	8.9	8.6	8.5	8.7	8.4	8.5
课堂氛围	9.3	9.2	9.0	8.5	9.1	8.7
任务导向	8.8	8.8	8.6	8.6	8.4	8.6
学生参与	8.9	8.8	8.7	8.8	8.7	8.6
教学方法	8.7	8.6	8.7	8.6	8.4	8.5
学生成就	8.8	8.6	8.7	8.6	8.4	8.6
知识结构	8.7	8.9	9.2	8.5	8.8	9.0

根据表2专家视频观察对教师课堂情况的评分的平均分发现,开展单元整体教学实验的 A 班各个维度的平均分都高于没有进行单元整体教学的 B 对照班表3。也就是说,开展单元整体教学,教师能够更好地进行班级管理,营造良好的课堂氛围,任务导向科学,更能够激发学生的兴趣,促使学生积极地参与课堂教学,并且教学方法也更加优化,能够实现更好的教学效果。

表3 学生课堂表现视频观察专家评分(三位专家平均评分)

项目	实验班 A 班			对照班 B 班		
	课时一	课时二	课时三	课时一	课时二	课时三
认真	7.9	8.5	8.0	8.7	8.4	8.5
积极	9.6	9.2	9.5	8.9	9.1	8.7
自信	8.9	8.7	8.5	8.6	8.4	8.5
善于与他人合作	9.2	8.8	9.0	8.9	8.7	8.9
思维的条理性	9.3	9.2	9.0	8.7	8.9	9.0
思维的创新性	8.4	8.5	8.7	7.9	8.2	8.3

根据表3呈现出的数据,可以看出,实验班 A 班在认真维度方面不如对照班 B 班,而在自信、善于与他人合作、思维的条理性和思维的创新性各方面都显著高于对照班 B 班的平均得分。这就表明,小学单元整体教学相对于传统的、按照教材步骤讲授的模式更能激发学生的学习兴趣,学生更加主动地、积极地融入课堂氛围中,表现得也更加自信,并且积极与他人合作,思维更具条理性和创新性。

2. 学生学习的效果

对学生的学习情况评价主要包括课堂表现、考试成绩两个部分。采用单元整体教学模式的实验班 A 班教师的课堂表现综合得分为 185 分,学生的课堂表现综合得分为 180.6 分,而对照班 B 班的教师课堂表现综合得分为 158.9 分,学生的课堂表现综合得分为 155.3 分。两相比较,实验班 A 班教师和学生的课堂表现综合得分都比对照班 B 班得分更高。这也就表明,单元整体教学有助于更好地营造课堂氛围,调动学生的积极性和主动性,促进创造性思维的培养,提升英语教学效果。

（1）口语测试和考试评价分析

通过实验对比发现,实验班 A 班的学生在口试、听力和笔试三个方面的成绩及英语运用能力等方面都有一定的提升。成绩相对于对照班更加突出。结合在展开实验之前对照班和实验班的考试得分情况进行对比分析:实验前,实验班 A 班口试 98.99 分、听力 95.94 分、笔试 93.5 分,对照班 B 班口试 98.88 分、听力 95.46 分、笔试 93.2 分。无论是在口试、听力还是笔试方面,实验班 A 班和对照班 B 班并无显著差异。也就是说,学生的学习能力、学习水平、成绩情况等方面不存在太大差距。因此,实施单元整体教学实验之后进行口试、听力、笔试三个方面的考评并且两相展开比较是可行的。实验后,实验班 A 班口试 99.94 分、听力 95.97 分、笔试 95.57 分,对照班 B 班口试 97.32 分、听力 94.35 分、笔试 94.1 分。在开展单元整体教学实验之后,实验班 A 班的口试成绩比对照班 B 班的成绩高出 2.62 分,而听力和笔试成绩也分别高出 1.62 分和 2.47 分,差异显著。这就表明,开展单元整体教学有助于提升学生的成绩,实现更好的教学效果。

（2）差异分析

为了进一步分析实施单元整体教学与不实施单元整体教学对于小学英语教学效果是否存在差异,笔者还设计了简易测试表进行差异性分析,探讨实施单元整体教学和未实施单元整体教学是否影响小学英语教学效果。

实施问卷调查的对象也是常州市武进区××小学四年级两个班的 90 名学生。问卷调查分别从笔试、听力和口试三个部分进行,问卷回收率 100%,有效率 100%。然后将数据整理和录入,采用 Spss13.0 进行数据处理,结果如表 4 所示:

表 4　单元整体教学实施对小学英语教学效果的差异

测试维度	实施单元整体教学与否	M ± SD	t
口试	实施单元整体教学	42.2 ± 2.74	0.440 *
	未实施单元整体教学	40.5 ± 3.29	
笔试	实施单元整体教学	42.3 ± 4.27	1.870 **
	未实施单元整体教学	41.2 ± 4.63	
听力	实施单元整体教学	44.3 ± 1.85	1.195 *
	未实施单元整体教学	39.5 ± 1.55	

从表 4 可以看出,实施单元整体教学与不实施单元整体教学在小学英语教学的口

试和听力教学效果上存在显著差异,差异水平为 0.05。而在听力方面,实施单元整体教学与未实施单元整体教学则存在极其显著的差异,差异水平为 0.01。检验表明,实施单元整体教学与不实施单元整体教学在小学英语教学的口语、笔试和听力教学效果上都存在显著差异,这就表明开展单元整体教学有助于提升学生的成绩,实现更好的教学效果。

总之,单元整体教学要求坚持"以人为本"的原则,坚持以学生为主体展开教学,立足于培养学生的学习能力,创设情景调动学生的积极性和主动性,使其参与到教学活动中,在教学活动中及时反馈教学信息,以便教师能够迅速掌握和跟踪学生的学习动态,及时调整教学方法和手段。在学生主动参与教学活动的过程中,将语篇和情景完整地呈现在学生面前,并且通过不断的巩固复习语言知识,全面提升学生英语的听说读写等方面的英语技能。在这个过程中,学生又围绕单元主题任务、自主体验和小组合作学习语言等,提升合作学习的能力,促使学生从实践中去发现问题和解决问题。因此,单元整体教学有助于激发学生学习的积极性和主动性,也能够有效地巩固课堂的语言学习效果。

单元整体教学提高了课堂效率,学生学得更容易,老师教得更轻松。单元整体教学设计将话题、语法、词汇及句型等知识进行有效的整合,加强了英语应用能力和技能的训练,分解难点,突破重点,突出了英语学习的实践性和实用性,能够真正促进学生的语言能力发展。

山区小学英语生活化主题式教学的实践探索

张丽娜　孙吉成 *

　　摘　要：目前,我国偏远山区的学校在教学方面面临诸多困境,尤其是英语教学方面的问题尤为突出。近年来,位于山东省济南市南部山区西营镇的下降甘小学在英语教学方面进行了大胆改革,探索出符合山区特色的英语生活化主题式教学模式,极大地激发了学生学习的积极性,提高了教学的效率和质量,为山区学校教学模式的改革和发展提供了新的思路和方向。

　　关键词：主题教学;生活化;课程整合;英语;山区小学

　　在农村小学开设英语课,符合当今社会对人才发展的需求,更是教育公平的体现。根据2001年教育部《关于积极推进小学开设英语课程的指导意见》,从2002年起,全国乡镇所在地小学陆续开设英语课程,并颁布了《小学英语课程教学基本要求(试行)》。经过十几年探索发展,农村小学英语课堂教学取得了可喜的转变,然而在偏远山区学校,特别是一些不完全小学,英语课程教学的开展过程中仍然面临着诸多困难,亟须教育工作者付出精力,深入研究。

　　近年来,位于山东省济南市南部山区的下降甘小学,在遵循国家教育方针的基础上,运用课程整合的思维方式,以"主题"为抓手,本着贴近学生实际生活的原则,在英语教学方面进行了大胆尝试,探索出了英语生活化主题式教学的新模式。

一、"英语生活化主题式教学"模式的缘起

　　为了调查山区农村小学英语教学中存在的问题,本研究走访了西营镇的多所小学,通过访谈的形式进行实地考察,了解了当地农村英语教学的基本现状,发现目前英语教学中主要存在如下几个方面的问题：

(一)英语教材远离农村儿童的实际生活

　　当今英语教材版本极大丰富,更新更为频繁,内容多体现城市生活,情境设置与城市生活联系更为紧密。固然,农村学生可以透过教材看到乡村以外更广阔的世界,但由于实际条件的限制,教科书上描绘的场景与农村生活相去甚远,极易造成农村学生认知上的落差。

(二)英语教学资源匮乏,校领导重视程度不够

　　当前,农村小学基础设施逐渐完善,但是英语学习需要的配套设施仍然短缺,特别是偏远山区的小学,多数经费严重不足,大部分村小没有多媒体教室、语音室,有些学校更是除了一台录音机之外什么教学设备都没有,教师还要自己动手制作课件,难以保证基本教学,在很大程度上限制了教学质量的提高。此外,虽然国家教育方针明文规定英

　　* 张丽娜,山东师范大学教师教育学院硕士研究生,研究方向为课程与教学论;孙吉成,济南市历城区西营镇下降甘小学校长。

语作为一门重要课程走进小学课堂,但在具体实施过程中并未引起学校领导的重视,许多学校领导仍然把其作为"副科"对待。

美国著名应用语言学家斯蒂芬·克拉申曾说:"语言环境对语言学习起到最重要的作用。"① 广大农村虽然在教学设备、师资力量上和城市存在差距,但是农村拥有各种各样学生们熟悉的动植物,还有孩子们日日可见的青山绿水,这些都可以作为农村小学英语课堂教学内容的补充。农村英语教学可以充分利用当地环境和条件,这样既有利于调动学生学习的积极性,又能够帮助学生拓展英语在生活中的应用。

二、英语"生活化主题式教学"的基本流程和特点

下降甘小学是一所建制不全的微型小学,全校只有一至四年级,每个年级只有一个班,最多的班级有19人,最少的班级只有6人,学生来源都是当地村民的子女,其中不乏许多留守儿童。全校的任课教师包括校长在内只有4名,基于山区教育的实际情况,下降甘小学以"生活化主题式教学"为载体,尝试进行英语学科内整合,经过不断实践与探索,取得了显著成效。

(一)"生活化主题式教学"模式的基本流程

下降甘小学选用的是人教版英语教材,教材本身便按照主题编排。"生活化主题式教学"是在彻底理解教材的基础上,对现有教材单元进行整合和优化,提炼主题,用生活化理念重构英语课堂,超越"以知识逻辑为教学线索与以知识内容为教学目标"的教学单元设计的局限性,将教学内容与生活中的学生易于接受、富有趣味性的生活场景相结合,让学生在生活中获得英语学习体验,提高学习兴趣。具体流程参见图1。

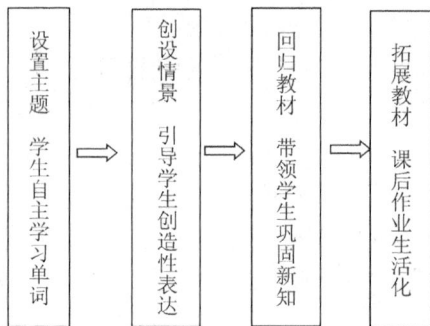

设置主题 学生自主学习单词 ⇒ 创设情景 引导学生创造性表达 ⇒ 回归教材 带领学生巩固新知 ⇒ 拓展教材 课后作业生活化

图1 "生活化主题式教学"模式的主要流程

1. 设置主题,学生自主学习单词

教学开始之前,教师和学生一起浏览教材,精心确立"主题",借鉴翻转课堂的组织形式,将单词学习的任务翻转到课下,让学生自主学习。学生遇到不认识的生词就动手查字典,遇到不理解的问题可以翻阅教辅资料,还可以向老师和同学请教。通过此方式,大部分学习问题可由学生在课前自主解决。

---

① 林立:《第二语言习得研究》,世界图书出版社,1998年,第88-89页。

2. 创设情景，引导学生创造性表达

教师从学生的生活经验出发，为学生创设生动活泼的场景，在生活场景中嵌入学习内容，把日常生活中熟悉的事物和对应的英语知识相联系。例如，在学习"Fruit"这一主题时，教师提前让学生从家中带来自己喜欢的水果，如果家中没有就动手画，教师把课堂创设成水果摊让学生扮演"售货员"的角色，使用重点句式 Do you like … ？Yes, I do. / NO, I don't. 来进行对话。教师根据学生的表述进行针对性的指导，规范学生发音，鼓励学生使用个性化词语，例如有些学生在描述水果时想到了"酸的""脆的"等词语，教师会及时提供帮助。

3. 回归教材，带领学生巩固新知

在这一环节中，教师带领学生回归教材。通过上一环节的情境活动，学生们已经掌握了本主题的词汇和重点句型，因此，教师不需要再花费有限的课上时间带领学生逐句学习，而是采用有针对性的检查和练习，排查知识死角。

4. 拓展教材，课后作业生活化

课后作业不再是机械的操练，教师利用作业这一环节，扩展学生的学习内容，引导学生学以致用。例如，在学了"Fruit"这一主题后，教师让学生给常见的水果制作"名片"，标记上颜色、大小、口味等。教师还可以让学生作为小记者去家里询问长辈，了解他们喜欢吃什么水果。这样一方面巩固了所学句式，另一方面也调动了学生的学习积极性。

（二）"生活化主题式教学"的特点

"生活化主题式教学"是对教学内容的学科内整合，倡导由传统的"教教材"转向"用教材教"，在教学中注入生活因子，将教学中的知识点和生活中的场景紧密结合，以情境化、生活化的教学方式极大地调动起学生的学习兴趣，让学生不仅熟练掌握课本知识，还能将所学知识运用到实际生活中。其主要特点有：

1. 学生的主体性

在"生活化主题式教学"模式中，从单元主题的提出、教学计划的制定、学习策略的指导以及教学活动的开展，各个层面都渗透着"学生主体性"的思想，真正做到了把课堂还给学生。

正如联合国教科文组织曾在《学会生存——教育世界的今天和明天》中提到："教育应该较少地致力于传递和储存知识，而应该更努力寻求获得知识的方法（学会如何学习）。"①教师不再把现成的知识"咀嚼"后"喂"给学生，而是通过翻转课堂的形式，将新词汇的学习由课上翻转到课下，锻炼了学生的自主学习能力。课上教师让学生通过演讲、介绍等形式阐述对主题的理解，对话题进行讨论。班级里还开展小组竞赛，并参考陶行知先生的"小先生制"，小组成员互教互学，学生不但有自学的任务，还肩负着教别人的任务，这就要求学生们互相配合，共同探究。

---

① 联合国教科文组织国际教育发展委员会：《学会生存——教育世界的今天和明天》，教育科学出版社，1996年，第12页。

2．课堂的情境性

在下降甘小学的英语课堂上，知识不是零散的，而是以"主题"为线索，使知识成为有机整体，教学内容一定要联系学生的生活实际，教师会根据主题创设教学情景，最大限度地调动学生的积极性。例如，在教师讲授"Shopping"主题时，请学生自带物品并标价，将教室打造成商店的样子，请学生们分别扮演销售员和顾客来进行对话练习。学生不再被要求规规矩矩地端坐在座位上，而是可以"活"起来，真正参与到活动中。这与新课程所倡导的"课堂教学应还原真实的社会与情景，引导学生在情景中认知，在生活中体验"是一致的。①

3．知识的实用性

为了调动起学生的学习兴趣，使英语学习变得有趣、有用，教师把课堂延伸到学生熟悉的菜地、果园，结合农村环境特点进行教学，把学生生活中随处可见的动物、蔬菜、植物作为教学内容的补充。学生很容易掌握这些充满农村生活气息的词汇，这在很大程度上调动起学生学习兴趣，学生在潜移默化中完成了新知识的习得。

为了拉近学生和教材的距离，拓宽学生的英语使用环境，开阔学生的视野，教师会在课间，利用学校现有的多媒体设备播放关于圣诞节、愚人节、万圣节等西方文化的视频，介绍相关的背景知识，让学生领略到乡村以外更广阔的天空，从而更好地理解和使用英语。

三、"生活化主题式教学"模式的成效

杜威说："教育即生活。"陶行知说："生活即教育。"美国教育家华特指出："生活的世界就是教育的世界，生活的范围就是课程的范围。""生活化主题式教学"模式，关注学生主体，为学生打造生活化的情景，把获取知识的学习过程与生活中的活动联系起来，充分体现了学与做的结合，知与行的统一。其意义具体表现在以下几个方面。

（一）激发了学生英语学习的乐趣

"生活化主题式教学"要求教师放权，使学生从传统的教师独霸的课堂中解放出来，放飞心智，开发潜力。新模式不仅能激发学生的学习兴趣，更重要的是能帮助学生拓宽英语使用的环境，让英语真正走进学生的生活，知识的获得不再单纯依靠教师强制性的灌输，而是由学生自主学习，学生制作单词卡片，通过音、形结合，形象生动地掌握单词，摆脱了原来死记硬背的学习方式。开展生活化主题式教学活动后，学生学习英语的劲头大大提高。为了在课堂活动中有出色的表现，学生们都精心准备、认真预习，从而提高了自主学习的能力。

（二）提高了课堂教学效益

课堂教学是连接教与学的重要桥梁。整合好课堂教学，把握师生互动的节奏，能有效地提高英语教学的效率。② "生活化主题式教学"模式对教材进行了整合，通过"设置主题——创设场景——回归教材——扩展训练"四个环节来组织教学，并根据学生的实际掌握情况进行灵活调整，基本实现了课堂教学最优化。

---

① 陈琳，王蔷，程晓堂：《英语课程标准解读（实验稿）》，北京师范大学出版社，2002 年。
② 孙勇：《尝试整合，实现英语课堂教学最优化》，《中国教育学刊》，2009 年增刊。

由于"生活化主题式教学"中单词的学习任务翻转到了课下，课堂上单词、句式、对话的训练又融为一体，因此提高了教学效率，使课堂上有限的时间得到了高效利用，激发了学生的学习热情，生成了学习活力，释放了学习潜能，使学生在较少的时间内能够掌握知识技能。通过这一教学模式，学生的学习效率大大提高，每个单元可以节约两个课时，余下的时间教师可以带领学生练习音标，规范发音，观看英语动画短片，这些活动都很受学生欢迎。

（三）加强了师生间的交流与合作

"生活化主题式教学"大大拉近了师生之间的距离。在情景对话中，教师鼓励学生尝试使用个性化语言，充当学生的"活字典"，及时告知学生感兴趣却不会表达的单词，让生词不再成为学生表达的障碍。在课堂上经常可以看到学生兴冲冲地向教师请教，师生之间真正产生了交流和互动。在这一过程中，学生的英语表达能力得以提升，词汇量大大增加，同时又锻炼了胆量。

四、"生活化主题式教学"的问题及启示

下降甘小学自开始启用"生活化主题式教学"模式之后，经过几年的探索，不断修订和完善，生活化主题式教学已经在实践中取得很大成效。当然，在推行的过程中也遇到了不少问题，对当今英语教育教学改革亦有很多启示。具体主要表现在以下几个方面：

（一）教师身份要体现多样性

为了适应新教学模式，教师要不断更新知识、转变观念，树立责任意识，增强教学的"方法"意识，琢磨和思考教学方法的有效性，不断反思，总结经验，注重提高课堂教学效率。

（二）教学任务的设定要体现层次性

学习任务的数量、难易都要充分考虑学生的基础和差异，并要具有可选择性，使学生能够结合自己的实际水平，自定速度、自选方法调控自己的学习进程。①

（三）教学评价要体现多元性

在教学中，教师要积极实施发展性评价，注重成功激励，应珍视学生每一次小小的进步，满足不同层次学生们的心理需求，理解和包容学生在学习初期所犯的错误，为学生的成长成才创造一个和谐自在的学习环境。

---

① 王艳玲，熊梅：《个性化教学单元设计的实践探索》，《课程·教材·教法》，2014年第1期。

英语嵌入式课程整合研究

孙吉成　王　飞*

摘　要：英语嵌入式课程整合是针对目前英语课程整合中存在的过于注重学科间课程整合，忽视学科内知识的系统性，以及学科知识与儿童和社会的相关性的弊端而提出的。它具有内容整合化、情境生活化、时间灵活化和系统最优化等特点，通过师生协同、创设情景、回归教材和拓展延伸等环节实现英语课程的整合和优化，为英语课程整合提供了一种具有指导性和操作性的课程整合模式。

关键词：英语；嵌入式课程整合；生活化

英语课程整合是我国面向 21 世纪英语教育教学改革的新视点，它给我们的课堂教学带来了活力，有助于克服英语教学内容琐碎化和枯燥化的弊端。但是，在英语课程整合实践过程中也出现了一些问题。比如，目前的英语课程整合实践过于依赖技术的运用，教师往往将主要的精力用于找寻一些只是起装饰作用的多媒体元素上，这些看似花哨的元素虽然可以短暂地吸引学生的注意力，却对学生理解和掌握课程内容用处不大；还有一些教师则着力于将美术、音乐等作为手段或工具辅助英语教学，在英语教学过程中开展了各种活动，看似活跃了课堂气氛，实则却挤占了英语课程内容学习的时间。英语嵌入式课程整合对克服目前英语课程整合过于注重整合的外在形式、较少关注课程内容本身的调整与整合的弊端具有较好的作用，它以英语单元内课程整合为基础，逐渐实现英语学科内的整合。在此过程中，充分尊重并发挥社会和生活发展的实际，将学生所熟悉的生活纳入英语课程教学过程中，实现内容与生活和社会的衔接，不仅使学生掌握和扩展了书本知识，还使学生在真实、有趣的情境中快乐地学习英语，促进了学生身心的健康发展。

一、英语嵌入式课程整合的特点

（一）内容整合化

学校教育最重要的功能和价值之一是继承人类积累的知识、技能、智慧等，并在继承的基础上有所创新，而知识、技能、智慧的重要载体是教科书。因此，教科书在人类文化的继承和创新过程中起着举足轻重的作用。但是，随着人类知识的激增，有限的学校教学时间与日益增长的文化知识之间的矛盾日益凸显，为此教科书越来越注重将知识进行融合，每个单元以主题的形式设置内容。目前的英语教材每个单元都有较为统一的主题，以同一主题来统摄几篇文章或不同功能板块，在同一个主题下会设置阅读、写作、练习及扩展内容等不同组块，这为实施课程整合提供了基础和前提。英语嵌入式课程整合充分抓住这一优势，以单元内容的相关性为基础，在对同一主题下的几篇文章进

* 孙吉成，山东济南人，山东省济南市历城区西营镇下降甘小学校长，主要从事英语课程与教学研究；王飞，河北保定人，山东师范大学教师教育学院讲师，博士，主要从事课程与教学论研究。

行认真研读和分析的基础上，以本单元的主题为线索和依据将其整合，在实现内容系统性和综合化的基础上，还可以节省课堂教学时间，便于教师扩展教学内容，为实现课程内容与生活的衔接奠定基础。

英语嵌入式课程整合在以同一个主题将同一单元的不同文章进行整合的同时，也将不同文章的相同之处组成模块进行整合，以加深对同一模块的深入理解和认识。根据《英语课程标准》，语言技能包括听、说、读、写技能及这四种技能的运用。语言学家将听和说界定为口语，读和写划分为书面语，并认为口语是书面语的有声形式，书面语是口头语言的文字记录。大量的研究证明二者的相互配合和综合运用比单独地学习听说或读写更有效果。① 英语嵌入式课程整合充分实现了听、说、读、写等不同模块的整体学习，对全面提升学生的英语学习能力，实现英语课程标准要求的听、说、读、写能力的全面提高及综合运用具有非常明显的效果。

（二）情境生活化

建构主义认为知识是学习者在一定情境下借助他人的帮助，利用必要的学习材料，主动进行意义建构的过程。在知识的学习过程中，情境的设置尤为重要，它为学习者进行意义建构奠定了基础。这提示我们在教学过程中应该根据教学目标、学生身心发展特征及教学内容，设置有利于学生进行意义建构的情境。进入新世纪以来，英语教材已经发生了很多变化，逐渐纳入了一些与学生生活和社会实际相关的内容。尽管如此，由于我国幅员辽阔，不同地区的差异性较大，如果完全按照书本内容进行英语教学，势必会存在脱离儿童生活和实际的问题，这不仅会阻碍和限制儿童对内容的理解和掌握，也无法引起儿童的兴趣，易于使学习成为苦役。

英语嵌入式课程整合是在尊重现有教材内容的基础上，将教材中虚拟的教学情境转化为学生熟悉的、与学生生活相关的真实情景，以点燃学生的学习热情。课本仅仅是给我们提供一种范例，只是一种知识的组织形式。我们可以根据学生的特点，创设多种真实的、开放性的、可操作的、学生愿意积极参与的任务。在任务中，学生根据自己的需求，自由地选择词汇，或表达自己的喜好，或介绍自己的情况，或阐述自己的观点；根据主题自由地，或提问，或讨论，或质疑。比如：教师在讲授人教版英语三年级下册第五单元"Do you like pears？"时，可以先用学生熟悉的水果替换教材中的水果，增加学生的亲切感；教师在讲授人教版英语四年级下册第六单元"shopping"时，将教室布置成集市或商店的样子，由学生扮演售货员和顾客，通过实现由学生准备的各种标有价格的生活物品来掌握教材规定及扩展的单词和句型。通过将学生所熟悉的生活融入教学中来，将课堂教学还原为真实的社会与情景，引导学生在情景中认知、在生活中体验，这在实现教材内容整合的同时，也实现了内容与儿童、生活与社会的整合。

（三）时间灵活化

虽然教材在设计时已经充分考虑了知识之间的联系性和本阶段学生的身心发展水平，并据此设置了每课时教学内容的容量，这为教师科学、合理地进行教学奠定了基础，但是任何具体的教学活动都是发生于真实的教学情境中的，在真实的教学情境中，学生

---

① 黄远振：《新课程英语教与学》，福建教育出版社，2003年，第119页。

学习和掌握知识的速度不仅仅受到其身心发展水平影响,而且受多重因素共同作用。因此,如果严格按照教科书中所规定的教学时间进行教学,可能导致时间的浪费或者无法深化对本班学生来说具有较大难度的知识。因此,在每堂课的教学时间相对固定的情况下,我们可以根据学生对知识的掌握水平尝试对内容进行调整,给那些对学生而言有较大难度的知识以更多的时间,并在讲授这些内容时为学生提供更多练习机会。例如,人教版三年级下册第五单元 A 部分第一课时的对话教学,其教学重点在于让学生掌握"Do you like something?"这个句型。但是因为英语中的一般疑问句句型和中文中有较大差异,学生较难掌握,因此可以根据本班学生的具体掌握情况灵活调整教学时间,并为学生提供更多的锻炼机会。如教科书中可以替换的单词仅有 pears 和 oranges,教师在授课时可以根据学生的兴趣和生活所见提供 cherries, watermelons 等替换单词,这样不仅增加了学生掌握和巩固英语一般疑问句的用法,还增加了学生学习的乐趣。

不过,仅仅通过调整有限的英语课堂教学时间以实现英语教学效果的最大化是不现实的。为此,英语嵌入式课程整合借鉴翻转课堂的组织形式,一是将单词学习的任务由课上翻转到课下。二是创设多样化的自然教学情景,让学生在演讲、讨论、质疑、批判等活动中,综合性地使用语言,既注重了语言的交际功能,又训练基本的语言技能,还能满足学生个性化的表达需求。三是课本由新知识的载体变为巩固复习的材料,从而将教学内容进行了单元间整合。

(四) 系统最优化

整合意味着成为一个整体,指把原来具有内在联系而被人为分割的内容重新融合为一个整体。这种联系是自然真实的,而非人为的,牵强附会的联系不仅不会产生真正的整合,也不利于各部分的发展。[①] 因此,英语课程整合不应该是将其他学科的内容或信息技术等手段简单叠加于或应用于英语教学的过程,而应是在充分考虑学科内容相关性的基础上,将相近内容进行充分融通的过程。英语嵌入式课程整合充分吸收了系统论的有关理念,强调要实现英语课程整合须从整个系统的高度出发,将英语知识体系、学生、教师、环境等视为一个完整、统一的整体,而不是将它们割裂开来,更不是简单叠加或组合,应该从系统最优化的角度出发,本着最有利于学生获得英语知识、提升英语素养的目的全面设计和实施英语课程整合。

英语嵌入式课程整合从单元内课程整合出发,以单元目标为指引,在同一个主题下将不同部分和知识点进行整合,同时注意将生活中相近的内容纳入单元学习中,实现学科内容与生活的融合。在将上述内容进行整合的过程中,英语嵌入式课程整合一直围绕单元主题将内容进行融通,充分考虑各部分内容之间的相关性和一致性,从实现单元目标的高度将各因素统整起来,并且在此过程中充分考虑环境的设置、学生的身心发展特征以及教师的教学等因素,以实现系统的最优化。

---

① 王飞:《信息技术与课程整合的理念与策略》,《教学月刊·中学版(教学管理)》,2015 年第 9 期。

二、英语嵌入式课程整合的基本做法

（一）师生协同，整合内容

新课程改革要求提升学生学习的积极性和主动性，在课程制定和实施的各个阶段尽量将学生的观点纳入其中，使学生成为学习的主人，而不是被动的接受者。嵌入式课程整合充分尊重新课程改革的理念，将学生纳入课程制定和实施的各个环节中来。以往学习目标主要是由教师根据课程目标制定，在此过程中学生的话语是缺失的。嵌入式课程整合则鼓励学生在课下浏览单元内容，自己总结出单元的主题，并根据自己的兴趣选择扩展的内容，在课上由教师和学生共同协商最终确定单元的学习形式和扩展的内容等。以人教版三年级第五单元为例，单元主题是认识和讨论水果，学生预习教材后，根据自身兴趣、爱好及对单元主题的认识，选择和扩展学习内容，然后在单元学习之前，由师生通过民主协商的方式共同确定学习的内容和方式。

（二）创设情景，鼓励表达

教师从学生的生活经验出发，为学生创设生动活泼的场景，在生活场景中嵌入学习内容，把日常生活中熟悉的事物和对应的英语知识相联系。例如，在学习"Fruit"这一主题时，教师提前让学生从家中带来自己喜欢的水果，如果家中没有就动手画，把课堂创设成水果摊的情景，教师让学生扮演"售货员"的角色，使用重点句式 Do you like … ？Yes, I do. /NO, I don't. 来进行对话，教师根据学生的表述进行针对性地指导，规范学生发音，鼓励学生使用个性化词语。例如，有些学生在描述水果时想到了"酸的""脆的"等词语，教师会及时提供帮助，学习内容变成了动态生成的过程，学生在愉悦的氛围中潜移默化地掌握了知识，丰富了词汇量。

（三）回归教材，系统巩固

教材是教师教和学生学的主要凭借，是学生获得系统知识、发展智力、提升和完善整体素质的重要工具和依托，是课程标准理念的具体化，是教师教和学生学的主要载体，是实现课程目标的重要资源。[①] 从本质上说，教材是人类文化精华的积淀，是促进学生全面发展的重要手段。在密切联系学生生活对教学内容进行生活化和心理化的基础上回归教材，通过师生共同研读，有助于系统化地巩固教材，提升学生知识掌握的系统性。在这一环节中，教师带领学生回归教材，通过上一环节的情境活动，学生们已经掌握了本主题的词汇和重点句型。因此，教师不需要再花费有限的课上时间带领学生逐句学习，而是采用有针对性的检查和练习，排查知识死角。余下的时间教师可以带领学生练习听力，进行书写训练，培养学生听、说、读、写协调发展。

（四）拓展延伸，回归生活

虽然书本知识使生活经验得以深刻理解，是知识创新的前提，但是前提不等于现实。书本知识只有与生活经验相结合才有现实的书本知识，才有对生活经验的充分建构和理解，也才有现实的创新知识。[②] 课后作业是书本知识的重要延伸，是巩固所学知识、加深学生对知识理解和记忆的重要工具。若要实现学生对知识的完整而深刻的掌

---

① 蔡凤梅：《意义创生：研读教材的应然取向》，《教育评论》，2014 年第 8 期。
② 黄首晶：《从知识创新的视角看书本知识与生活经验的关系》，《教育研究与实验》，2012 年第 2 期。

握,则需要课后作业与生活经验的紧密联系,唯有如此,才能在实现知识巩固的基础上,使学生更深入地认识知识的现实意义和价值。因此,教师应该充分运用布置作业这一环节,扩展学生的学习内容,引导学生学以致用。例如,在学了"Fruit"这一主题后,让学生给常见的水果制作"名片",标记上颜色、大小、口味等;还可以让学生作为小记者去家里询问长辈,了解他们喜欢吃什么水果,一方面巩固了句式,另一方面调动了学生的学习积极性。

三、英语嵌入式课程整合的注意事项

(一)注意课程生活化的限度

早在一百年前,杜威就明确提出了教材的本质。他指出,教材本质上是社会生活的系统化和条理化。我们平时学校中所使用的教材大都是成人的教材,它是社会生活的浓缩,但由于舍弃了生活化的情境而与学生的生活脱离较远。学校教学要以成人的教材为依据,因为这是人类文化的浓缩和结晶,但是必须对其进行处理,使之贴近学生的生活,即教材的心理化或生活化,使之成为学生的教材。杜威特别强调指出,成人的教材是学生教材的可能性,而不是学生的教材的现状。成人的教材直接成为专家和教师活动的一部分,而不是成为初学者和学生的生活的一部分。不牢记由于教师和学生的不同观念所产生的教材的区别,乃是在使用课本和许多其他先前存在的知识的表现形式时所造成的大多数错误的根源。① 课程整合一个非常重要的目的就是恢复教材的生活性,使之接近学生的生活。但是需要特别注意的是,教材作为人类文化的结晶,有其自身的逻辑性和系统性,在将其生活化的过程中,需要注意其生活化的限度,其限度是要保证学生教材的知识体系是完整的,而不是割裂的。

(二)将学生的主体性贯彻到课程整合的各个环节

学生主体性的充分、全面发挥是新课程理念的重要组成部分,也是促使学生成为学习过程的积极参与者的前提和基础。因此,在进行课程整合过程中应全面提升学生的参与度,不仅在教学过程中要充分调动学生的积极性和主动性,而且在课程整合主题的确定及整合材料的选择过程中要充分纳入学生的观点,使之成为整合的主人,而不是被动的卷入者。此外,在课程整合过程中要关注学生的差异,保证不同层次和兴趣爱好的学生都能参与到课程整合过程中,并提供尽量丰富的活动和资源,以促进学生个性化、多样化的发展需求。在课堂教学设计中,可以将学习内容划分成若干个学习任务,将学习任务作为承载学习内容的载体。学习任务的数量、难易都要充分考虑学生的基础和差异,并要具有可选择性,使学生能够结合自己的实际水平,自定速度、自选方法,调控自己的学习进程。

(三)课程整合需要多方面的支持和配合

课程整合是一个系统工程,它涉及学校管理、教学、评价等各个环节。因此,课程整合的实施需要多方面力量的全面支持和配合。这其中除了物质资源的配备外,最重要的就是完善或改变评价机制,在教师对学生的评价中引入发展性评价,注重对学生发展的激励和促进,发挥评价的诊断性功能,珍视学生的每一次小小的进步,满足不同层次

---

① [美]约翰·杜威:《民主主义与教育》,王承绪译,人民教育出版社,1990年,第199页。

学生的心理需求,理解和包容学生在学习初期所犯的错误,为学生的成长成才创造一个和谐自在的学习环境。同时,在学校对教师的考核中,也应该加大发展性评价的力度,改变以往唯分数论的评价取向,为教师进行课程整合提供支持。此外,教师的培养和培训也是课程整合取得成效的重要基础,应在教师的培养和培训中纳入课程整合等新理念,为教师课程整合提供理论基础。

"问题导学法"在初中英语课堂中的应用

尹庆英 *

摘　要：问题设计是英语课堂教学的重要环节之一，也是实施素质教育的一个重要渠道。在英语课堂教学中，如何激发并保持学生的学习兴趣是一个值得研究的问题。在这种情况下，研究者提出趣味性问题导入、发散性问题导入、创造性问题导入和比较性问题导入法，并探讨了它们在初中英语课堂教学中的具体应用。"问题导学法"教学模式不仅体现了教师的主导地位，发挥了学生的主体作用，而且培养了学生自主学习和自主探究的能力。

关键词：问题导学法；初中英语课堂；应用

作为一名在一线工作了十几年的英语教师，笔者在教学中一直有一个困惑：我们的教学到底要教给学生什么？是单词、句子和语法，还是在教学过程中不断地渗透学习方法，使学生能够在毕业之后甚至工作之后拥有不断学习的能力？ 在日常的教学过程中，笔者发现学生浓厚的学习兴趣在日复一日的机械背诵中消磨殆尽。如何让学生在机械记忆之余掌握不断自主学习的能力，并最大程度地保有他们的学习热情便成了笔者关注的问题。在这个过程中起关键作用的便是问题的提出。因为有层次的思考需要有层次的问题。在课堂上，除了简单的 when，what，who 这种问题之外，how 和 why 这类问题其实更容易引发学生的思考。传统教学中，许多教师把语言现象作为一种符号系统直截了当地告诉学生，而不是通过问题设计让学生自己去思考、归纳、总结和掌握。由于忽视问题设计的作用，学生缺乏积极思考和主动参与的动力，只是被动接受，教学效率低。新课程标准出台后，英语课堂教学的问题设计环节得到充分重视。我们在多年的研究和实践中探索出一种更加有效的课堂教学方法——问题导学法。问题导学法又称"设问教学法"，也称"问题情景教学法"。它起源于美国教育学家杜威的"从做中学"的解决问题的思维方法，使之形成理论并做出新发展的是美国心理学家布鲁纳。后者在《发现的行为》一文中指出，"发现不限于寻求人类尚未知晓的事物，确切地说，它包括用自己的头脑亲自获得知识的一切方法"。② 本研究旨在探讨初中英语课堂中常用的几种问题导学法，目的在于使学生在学习过程中，通过不断地思考和质疑，发展创造力，最大限度地保护学生的求知欲。

问题导学法在具体实践中可以有如下几种具体方法：趣味性问题导入、开放性问题导入、创造性问题导入和比较性问题导入。

一、趣味性问题导入

趣味性问题导入是指教师在进行课堂导入时设计的问题要激起学生强烈的学习兴趣，趣味性要强。英语教学过程本来就是一个寓教于乐的交际活动过程，目前使用的新

---

* 尹庆英，山东省青岛第三十三中学，英语教师，文学学士。

② 茹光华，沈铮：《"问题导学法"教学模式的理论与实践》，《教育探索》，2001 年第 10 期。

教材的编排也力图体现这一特点。课改前,在英语教学实践中,问题的设计往往过于呆板或单调,学生感到乏味,这不利于学生发散性思维的发展。兴趣是学生学习的原动力,把知识的传授巧妙地融于问题和解答中,能起到事半功倍的效果。所以,教师应该针对教材的特点,精心设计问题,充分考虑各个教学环节,把知识性和趣味性融为一体,充分激发学生学习英语的兴趣。

如七年级上册 Unit 6 "Do you like bananas?"的第一课时,这是一节新授课。笔者先让学生听一首关于食物的英语歌曲,接着设计了一个"记忆力大挑战"的游戏。在屏幕上展现不同数量的水果、食物、饮料,给学生一分钟的时间记忆,然后分别用 how many 和 how much 句式提问,让学生能正确运用可数名词和不可数名词回答。学生们非常喜欢这种记忆游戏,所以都能够踊跃加入到游戏中来,整个课堂生动、活泼、紧张、有趣。

再比如,七年级下册 Unit5 "Why do you like pandas?"由于学生在小学的时候已经接触过很多关于动物的单词和形容词,为了解学生到底对有关动物的单词掌握到了什么程度,教师设计了一个 brainstorming 的游戏,把学生分为若干组,进行小组 PK。要求在一分钟的时间里说出他们所知道的关于动物的单词。孩子们非常踊跃,几乎班里的每一个孩子都能说出至少一个不同的关于动物的单词,课堂气氛热烈,学生也很活跃。

二、发散性问题导入

发散性问题导入指的是不能依赖于回忆某一个实践和知识,而需要整理、整合大量的已学知识,对一个问题要从多角度、多侧面、多方向去思考,从侧面提出多种假设方案,想象和设计自己的解答方法。设计的问题应该是开放性的问题,而不是封闭性的问题。[①] 如八年级上册 Unit10 "I'm going to be a basketball player."一课时主要讲的是各种职业,在学习完新单词之后,教师就提出了这样几个问题:

1. What is his life like if he becomes a basketball player?

2. If you're the boss of a company, what kind of programmer do you want to have?

3. If you become a basketball player and make a lot of money, what will you do with the money?

4. Design a poster for an airline company that is looking for pilots.

教师提出的问题是:如果他成了一名篮球运动员的话,他的生活会变成怎样? 如果你是一家公司的老板,你想要找什么样的电脑程序员? 如果你变成一名篮球运动员而且赚了很多钱,你要怎样使用这些钱? 帮助航空公司设计一份招收飞行员的海报。这样的问题,可以不断激发学生的表达兴趣,因为这是开放性的问题,学生没有现成的答案可参考,所以必须自己组织语言进行表达。

再比如,七年级上册 Unit11 "What time do you go to school?"的第三课时 3a,阅读短文,将图画与相应的时钟匹配。上这节课时,教师先让学生看图,然后提出了如下几个问题:

1. Why does Scott get up so late in the morning?

2. Can you think of some jobs that work at 7:00 pm?

---

① 张丽:《浅谈数学提问发散性问题》,《沙棘:科教纵横》,2010 年第 5 期。

3. Do you want a job that works at night?

4. What do you think Scott's life like?

在这节课上,教师提出的问题是:为什么 Scott 早上起床那么晚?你能想出哪些工作是在晚上 7 点上班的?你想要找一份这样的工作吗?你认为他的生活是什么样子的?这就不是简单的看图问题了,而是要通过图片想象一下这个人的生活,并且联系实际,学生自己想找一份这样的工作吗?为什么?

这些提问避免了简单的是非问题,让学生对课文的理解更加深入,同时也训练了学生的发散思维。发散思维又称辐射思维、多向思维或求异思维,是指从一个目标或思维出发,沿不同的方向,顺应各种角度,提出各种假设,寻找各种途径,解决具体问题的思维方法。它具有流畅性、变通性、独创性,可使人有目的、有条理、有步骤、有次序地开阔思路,不断突破,从多方面达到开拓创新的目的。正如著名的心理学家吉尔福特指出的:"人的创造力主要依靠发散思维,它是创造思维的主要部分。"①

三、创造性问题导入

创造性问题导入指的是以问题解决过程为基础,强调问题解决者在选择或执行解决方案之前,运用发散思维尽可能提出多样的解决方案,由此提升问题解决者的创造力及问题解决能力。② 创造性问题可以发展学生的创造性思维,创造性思维是一种具有开创意义的思维活动,即开拓人类认识新领域、开创人类认识新成果的思维活动。创造性思维是以感知、记忆、思考、联想、理解等能力为基础,以综合性、探索性和求新性为特征的高级心理活动,需要人们付出艰苦的脑力劳动。③

如七年级上册 Unit3 "Is this your pencil?" 的第二课时,本单元学习主题是文具,在讲铅笔的时候,教师用了如下问题来引导学生进行创造性的思考:

首先,展示一支钢笔和一支铅笔,然后问:

1. There are two things, which is a pencil?

2. What are the different parts of a pencil?

3. How do we make the best pencil possible?

4. How can we make a colored pencil?

在这节课上,第一和第二个问题是简单地根据铅笔和钢笔的特点进行观察并区分,到了第三和第四个问题就需要学生发挥想象力,思考如何制作一只最棒的铅笔和一支彩色铅笔。又如,在讲授七年级下册 Unit5 "Why do you like pandas?" 的第一课时时,为了让学生对熊猫有更深刻的了解,教师先展示一只熊猫和一只熊,然后提了如下几个问题:

1. There are two animals, which is a panda?

2. What are the differences between a panda and a bear?

3. Can a panda fly? How can a panda fly?

---

① 卡尔吉特:《人类智力的性质》,商务印书馆,1967 年。

② 袁维新:《国外创造性问题解决模型研究》,《外国教育研究》,2010 年第 7 期。

③ 边涛、吴玉红:《创造性思维》,中国财富出版社,2005 年,第 290 页。

4. Can a panda swim? How can a panda swim?

在这节课上,第一和第二个问题是先让学生观察熊猫和熊,然后判断哪只是熊猫,根据判断说出两者之间的差异;到了第三和第四个问题,熊猫会飞吗? 怎么样飞? 会游泳吗? 怎么样才能会游泳? 这就从简单的判断变成了深入的思考,学生对这些问题就会各抒己见。学生会说给熊猫安个翅膀,加条尾巴,穿个脚蹼,教它学游泳之类的答案,整节课学生兴致会很高,表达也会很充分。

四、比较性问题导入

比较性问题导入指的是让学生比较不同的物品,找出这些物品之间的差异和共同点。如新目标七年级上册 Unit6 "Do you like bananas?" 的第一课时讲授的是各种各样的水果,因为学生在小学的时候已经接触过苹果、桔子等关于水果的单词,所以在上课时教师采用了这样的问题导入:

展示一个苹果和一个桔子,然后问:

1. Which is an apple?

2. What are the characters of an apple?

3. What are the differences between an apple and an orange?

4. What things are they in common?

通过比较找出两个或几个物体之间的差异,可考察学生的观察力和口语表达能力,因为是他们常见的东西,所以表达起来比较轻松。如比较苹果和橘子,先判断哪个是苹果,进一步思考苹果的特征是什么,它和橘子的区别及共同点。

再比如,在新目标七年级上册 Unit9 "My favorite subject is science." 的第一课时中,本单元主要讲的是各门学科,在学习了关于各门学科的单词之后,教师又问了如下几个问题来进行下一个话题的导入:

1. What's your favorite subject?

2. What things are English and math in common?

3. What are the differences between English and math?

4. How can a teacher make his subject interesting?

在这节课上,话题是"你最喜欢的学科",然后提问学生数学和英语的共同点是什么? 区别又在哪里? 老师如何使他的课变得生动有趣? 数学和英语是两类学科,但是学生也找出了很少的共同点和差异。例如,每天都有数学和英语课,数学老师和英语老师多是女老师,数学属于理科、英语属于文科,等等。由于问题是站在学生的立场上,所以学生在回答第四个问题的时候也给了任课教师不少启示,帮助老师们了解学生最喜欢的上课方式。整节课学生畅所欲言,参与率很高。

本文以趣味性问题导入、发散性问题导入、创造性问题导入和比较性问题导入为例,探讨了问题导学法在初中英语课堂中的应用。实践证明,应用"问题导学法"进行教学,对培养学生的自主学习能力的效果较为显著。然而,由于长期受应试教育和传统教学模式的影响,多数学生已形成了英语学习以应试为主要目的、课堂教学以教师为中心等传统观念。因此,要提高学生的学习兴趣,教师在课堂上必须要根据教材精心设计问题的导入,激发学生学习英语的兴趣和欲望。

中美高中物理教材的差异比较

——以"自由落体运动"一节为例

李雪莹 *

摘　要：教材是教师教学和学生学习的有效依据，充分解读、比较不同版本教材，有助于提高教材编写的质量，从而优化教与学。本文从中美物理教材（中：人教版必修一；美：《物理：原理与问题（上册）》）中"自由落体运动"一节内容为例，深入比较两版教材的编排设置，为我国新课标物理教材的进一步完善提供建议。

关键词：人教版教材；美版教材；差异

各种版本教材在课程编排结构、内容选择、组织方式和显现形式等方面都存在着差异性，正确地理解和比较这些差异性，既有助于提升教师对知识的理解，强化自身能力，又能帮助教师更好地处理知识点以教授学生，增强学生对知识的理解学习能力。[1] 所以，研究各种版本教材的差异性，对新形势下教材建设具有重要的现实意义。笔者以人教版、美版中学物理教材中"自由落体运动"一节为例，来比较中、美不同版本高中物理教材的差异。对人教版、美版高中物理教材中"自由落体运动"这节内容的差异的比较，可以从以下三个方面进行分析。

一、章节中课程编排的差异

人教版教材在第一章和第二章中编排了加速度及匀加速直线运动内容后，将自由落体运动作为匀变速直线运动的一个特例编排在最后，紧接着用了一节的内容讲解伽利略对自由落体运动的研究，叙述了其研究的来龙去脉，突出描述物理概念和研究方法的脉络，揭示物理学观念、方法和内容发生、发展的原因及规律性，达到了培养学生的创新精神、启发学生的创新思维、渗透给学生创新方法的效果。

保罗·朗之万说："在科学教学中加入历史的观点是有百利而无一弊的。"在物理教学中，物理学史理应成为一种珍贵的教学资源。但近年来，我国的教育由于受应试教育观念的影响，加之物理教材本身的因素，物理教师很难把物理学中丰富多彩的物理学史内容传达给学生，因而学生对物理基本概念、规律的由来知之甚少。在学生看来物理知识是深奥难懂的，因而越来越觉得物理知识乏味难学，甚至越来越缺乏学习的热情。这与物理学在科技与社会发展中越来越重要的地位是不相适应的。科学知识不是静态知识点的集合，而是充满探索的历史画卷。物理学史在教学中必将为物理教学注入新的活力。还"历史"真相于学生，让学生与科学家一同探索自然的历史，有利于激发学生学习物理、攀登科学高峰的热情，能够使学生更好地领悟物理知识，体会到历史发展和人类进步的关系，以及科学技术是如何推动人类发展的。

---

* 李雪莹，山东师范大学研究生，主要研究课程与教学论（物理）方向。

[1] 周长春：《比较各种版本教材差异有效凸显物理问题本质》，《课程教学研究》，2012 年第 10 期。

美版教材同样将自由落体运动作为匀变速直线运动的一个特例而编排在最后,但不同的是,紧接着又以一个重力加速度实验作为一节内容来编排。可以看出美版教材对此实验的重视程度。这种安排,不但巩固了前面关于匀加速实验的研究方法和处理实验结果的方法,而且对于重力加速度和测量不同地理位置的重力加速度的问题进行更进一步的实验探究。这样既对刚学过的知识加以巩固提高,又很好地帮助学生将学到的物理知识与生活实际相联系。

实验探究对物理研究而言至关重要。虽然人教版教材与美版教材都很重视实验探究。但是,两种版本的教材在实验探究方面还是有明显的不同的。我国教材中的实验在激发学生的学习兴趣与学习欲望,使学生亲历科学探究过程的同时,更注重通过实验探究学习新的知识,而美国实验在设计时更注重培养学生通过实验引出相关的一系列问题,以及通过实验使学生利用已学到的物理知识解决问题,认识生活的研究过程。《物理课程标准》明确指出:"高中物理课程应促进学生自主学习,让学生积极参与、乐于探究、勇于实验、勤于思考。通过多样化的教学方式,帮助学生学习物理知识与技能,培养其科学探究能力,使其逐步形成科学态度与科学精神。"对照《物理课程标准》,我国教材在达到课程标准的期望上,仍有很长的路要走。

美版教材对实验的引入是值得借鉴的,我国教材在今后的改编中应尽量避免直接说明学生应该从物理实验中学习哪些知识,而应更多提出需要解决哪些问题,在解决问题的过程中,让学生潜移默化地了解与物理现象相关的知识,增强学生的主体性。所以,我们不仅要增加实验的数量,实验的质量也是不容忽视的。

二、相同节内容知识点讲述方式的差异

(一)引出"自由落体"概念的方式不同

在引出"自由落体"概念时,人教版教材通过同时释放石块和剪断挂在线上的重物的实验,来说明不同重量的物体自由下落的特性。进而演示牛顿管实验引出"自由落体运动"的定义。牛顿管演示实验生动形象,且与自由落体运动不受空气阻力的特点相吻合,还原了自由落体运动的真实发生情景。而且金属片、小羽毛等这些物体的选择对比鲜明,有说服力,能够更加准确阐释即将要讲出的自由落体的概念,使学生对于自由落体运动理解得更加透彻清晰,解决了大部分学生之前固有的前概念问题——同时释放的几个物体,重的物体总是下落得最快。

但把牛顿管实验编排在教材里有一定的不足和缺陷:该实验没有充分考虑到实际情况,可操作性不强。因为大多数学校没有像牛顿管这样的实验仪器,即使有这种仪器,教师也可能因为操作不便而放弃演示此实验。所以这个实验大多是演示不了的,教师只能通过播放视频或者口头叙述向学生解释。那么,把它放在教科书里就会显得突兀,设立该实验仅仅丰富了教科书,而不能真正让学生更好地理解知识。编者的出发点是好的,但现实的应用效果不能尽如其意。这就为教材的编写提出了一个具有现实性的建议,实验应在合理的基础上,应具有较强的操作性,应贴近学生生活。

美版教材则是由一系列可操作的小实验来引入,实验中把平铺纸和用其揉成的纸团一起竖直下落,引出"重的物体下落是否快"的疑问,进而层层递进,引发学生思考,追问出本节关键问题:光滑的纸片与紧密的物体如鹅卵石相比,下落状态是否相同?

为什么？美版教材为了研究便利忽略了空气阻力,研究最简单的情况,从而引出"自由落体运动"的定义。演示实验突出了主要的研究问题,忽略次要问题,帮助学生理解自由落体运动,且便于操作,感兴趣的学生可以自己操作,有利于加深对自由落体运动的理解。美版教材不仅是学生学习的教科书,也是教师备课的参考书,一些名师上课进行新课引入时,会演示此实验来增强学习本节的趣味性。

但是,此实验还是有不尽完美的地方。空气阻力是无法忽略的,演示该实验只能人为地要求学生考虑最简单的情况,让学生想象没有空气阻力时物体的下落状态即是自由落体运动状态,不利于学生对知识点的透彻理解,会造成一部分学生的困惑,从而对后面进一步学习知识产生障碍。

人教版与美版教材两种引入方式各有利弊。作为教师,不能仅研究一本固定教材,而应该对各种版本的教材都有所了解和研究,这样才能在讲授知识时取长补短、吸收精华,力求以最好的设计呈现给学生,同时也能在不断借鉴学习中提升自身能力,完善自我知识水平。

(二)引出"重力加速度 g"的方式不同

人教版教材进行了一个自由落体运动的小实验,让重物竖直下落,由打点计时器打出纸带的点迹,从而求出自由落体运动的加速度,得出重力加速度的概念。在此之前,学生已经学习了加速度的概念,教材这样设计便于学生理解 g,知道它就是自由落体运动的加速度,并且方向竖直向下。随后列出表格,进一步揭示 g 随地理位置的变化而变化,在不同的地理位置 g 是不同的。

美版教材则简单介绍了伽利略的实验及结论,总结出重力加速度的概念。从而进一步认识到忽略空气阻力,同一地点 g 是相同的。并从数学的角度对重力加速度的正负方向选取做了解释说明,虽然 g 的方向竖直向下,但是在分析自由落体运动时要由参考系方向的选取来确定 g 的正负。此外,还深度扩展了对竖直上抛运动的理解,扩充了这一问题的广度与深度,且在数学问题的处理上也更加细致,符合中学生的认知规律,与学生的学习接受能力更好地契合。

就这个部分而言,如果学生学习人教版教材,做练习题时仍会遇到竖直上抛的相关问题和重力加速度正负变化的问题,但教材里却没有归纳阐述,所以给教师的发挥空间很大。教学经验丰富的教师能很好地灵活安排是否在做题前就加以讲解,但是新手教师就不一定能很好把握了。可见,教材简化并不意味着教材和教学的简单化。

(三)对自由落体运动的进一步理解

人教版教材直接总结匀加速直线运动的公式对自由落体运动同样适用,没有加以举例应用,这样不利于学生对知识点的深入理解,并且不能很好地知道学生对本节知识的掌握程度,得不到应用知识点及公式的反馈。

美版教材则是通过生活中常见的自由下落游乐车的情境,给出具体数据,让学生解决问题来加深匀加速运动公式对于自由落体运动同样适用的理解,力图为学生提供系统的帮助,以及大量解决问题的机会,并通过将教学内容与实际问题相结合的策略促进学生学习。教材恰到好处地将概念的叙述与问题的解决紧密地联系在一起。

落实到具体问题更能加深对公式适用的理解。所以,为了能更好地适应学生学习认知,我们的教材还应该不断完善,保持已有的优势,吸收国外的可取之处,不断完善教材编写思想,调整编写结构,使教材更符合学生的学习要求。

三、课后练习及学习感受的差异

人教版教材的课后练习中有关于空气阻力问题的进一步阐释和理解,设置情境丰富,题干长,对情境描述的文字多,同时练习题涉及知识点的迁移,如声的传播等。题量小,体现了为学生减负的思想。但是在现实的授课中,老师会给学生大量订各种练习册。所以学生真的减负了吗? 值得我们思考。

美版教材的课后练习情境简单明了、叙述清晰,大多是对公式的加深理解与应用,涉及公式的变形和竖直上抛运动的练习。题后强调建立坐标系的正负,以免解决实际问题时有疏漏,编写细致入微。不仅重视物理知识的理解,同时也强调数学工具的应用。

就教材的习题量而言,美版比人教版的题量大,但是从实际情况看,还是中国学生的习题任务更重一些。因为我们教材上的习题少,所以五花八门的对应练习册顺势而生。所以,我国教材上的习题设置应该引起足够的重视,真正达到为学生减负的目的,而不仅仅停留在表面上。

比较之下,我国教材注重物理知识的内在逻辑结构,而美国教材则侧重于学习者的认知规律。两版教材都是在力图适应本国学生的学习习惯和认知习惯,以及编者对于学习者的期望下编著的,两版教材各有千秋。当今社会,教育家都在强调科学教育——"科学教育不应该传授给孩子支离破碎、脱离生活的抽象理论和事实,而是应当慎重选择一些重要的科学概念,用恰当、生动的方法,帮助孩子们建立一个完整的对世界的理解"。① 我国教材还有很大的进步空间,有待于继续完善加强,以更加适应学生的学习发展和认知规律。

---

① ［美］温·哈伦:《科学教育的原则和大概念》,韦钰译,科学普及出版社,2011 年,序言。

"动享"化学：动起来，让生命更精彩

綦俊杰[*]

摘　要：在课程教学改革背景下，我们通过巧妙闯关、兴趣促动、热心鼓励、授法传道、创新行动等方法，使学生"想"动、"心"动、"敢"动、"会"动、"善"动，通过师生共同参与、挖掘和拓展，充分发挥教师的引导作用，激发学生的兴趣，促进学生的自主学习。

关键词：动享课堂；兴趣；创新

青岛二十七中地处城乡接合部，90%的学生属于外来务工子女，有许多家庭并不富裕，父母平日里为生计奔波，几乎无暇关注孩子的发展，部分学生学习习惯差，自信心不足……为解决这些问题，青岛二十七中积极推进课堂教学改革，提出了"动享教育"的研究课题。在这一框架下，笔者积极进行"动享课堂"教学改革，在课堂内外让学生充分动手、动脑、动口，大胆创新，在自主学习、合作探究、自由绽放的过程中，让学生想动、心动、敢动、会动、善动，真正成为课堂上快乐的享受者。

一、巧妙闯关，让学生"想"动

课前闯关，让每个学生的心动起来，奇迹就会诞生。

（一）化整为零，竞赛激趣

初中化学的知识点细碎繁杂，需要理解记忆的内容也多之又多，学生很容易一学就会，转身就忘。为了解决这一问题，笔者从课前闯关检测入手，让学生想学、想动。基础是根基。课前闯关就是落实基础，把基础知识保存在学生的记忆里。初三第一学期之初，让每位同学准备一份过关记录卡（如一份带活页的空白纸张等），以备学生课前闯关之用。每次课前制作好有关上次课所讲重点内容的课件，让学生认真查看和回忆，但不许做笔记。上课铃响后，立即进行闯关检测。检测完毕后，或同桌之间相互审阅，或由教师课下批阅。在这种教学模式中，学生为了得到肯定，会在课下认真复习，理解和巩固知识。虽然闯关检测只有短短几分钟的时间，但是却能使学生课前温习先前所学内容，为即将学习的知识奠定基础。同时，通过热身能够使学生迅速进入课堂学习的角色中，不仅课堂45分钟的效果凸现出来，也培养了学生有效利用时间、做好课前准备的习惯。

（二）评价激活，成功促趣

对课前闯关紧追不舍，实施让步管理，即实施给学生修正错误机会的评价。

1. 二次评价，促使成功

在课前闯关题批阅过程中，不放弃任何一名学生，鼓励那些没有得到 A 的同学进行二次闯关，修改正确后，同样可获得 A。这样让那些学习处于中游，甚至下游的学生

*　綦俊杰，山东省青岛第二十七中学教师。

也看到了希望。

2. 团队助推，人人成功

为了更好地帮助"学困生"，我们还成立了化学闯关小组，每组推选一名成绩优异、责任心强的学生作为组长。闯关小组以组长的名字命名，给学困生当小老师，兵教兵，小组合作，共同提高。

3. 累计评价，享受成功

将每次闯关检测的结果及时反馈给每位同学，每周进行一次总结奖励，分为四个奖项：优胜闯关小组、优胜个人、优秀学习组长、及时改错个人。此外，还评出周明星、月明星和学期明星。每次评奖完毕后，都进行隆重而热烈的颁奖仪式，并让获奖者分享自己成功的经验。这样不仅极大地调动了学生学习化学的积极性和兴趣，还增强了他们的成就感和荣誉感。

课前闯关，小组互助等学习方式不仅激活了优秀学生的学习热情，更重要的是让学困生尝到了学习的乐趣，他们的成绩得到了明显的提高。我校已经连续五年将成绩为D的学生比例控制在2%以内，并且2012—2014年连续三年化学成绩为D的学生人数均为0，获得A和B的学生所占比例在李沧区排名第一位。

二、兴趣促动，让学生"心"动

苏霍姆林斯基说："所有智力方面的工作都要依赖于兴趣。"[1]因此，如何增强课堂教学的趣味性，如何激发学生的学习兴趣，使学生主动地学习，成为笔者不断探索的重要课题。

（一）魔术巧用，演绎神奇

拥有兴趣才能撬开智慧之门。在教学中，笔者努力挖掘化学之趣，让学生心动，促成学习的成功。如喷雾显字：事先用洁净的玻璃棒蘸取酚酞试液在滤纸上写上"化学"两字，晾干后，在教室变魔术，用喷壶喷上无色溶液，显示出红色的"化学"两字。神奇的现象，把学生的注意力吸引到化学的迷宫中，使他们迷上了化学。有的学生还自创化学小魔术——隔空点火，以及"酸小姐""碱先生"闯迷宫等化学小游戏，与其他同学们分享，这些由化学产生的魔力极大地激发了学生学习化学的兴趣和探究欲望。

（二）平常生活，引入探究

善于运用生活常识激发学生的学习兴趣。如在学习《酸及性质》时，提前准备好柠檬、山楂等，让学生尝到"酸"的味道；指导学生自制酸碱指示剂，带到化学实验室进行实验；在讲"酸碱中和反应"前，以一个生活小窍门引入："松花蛋是用熟石灰、纯碱等原料加工而成的，在食用时常有涩味，可用一种常用的调味品除去，大家知道是什么吗？"学生纷纷兴奋地猜测，真切地感受到学习来源于生活。

另外，通过将精彩的故事、电影、谜语、歌曲、典故、图片、诗歌及课前闯关中出现的问题导入新课，使学生"心动"，从而怀着无限的期待和渴望投入化学学习中去。

三、细雨微风，让学生"敢"动

用爱和微笑作为心灵的催化剂，让学生"敢动"。初三学生刚刚接触化学，对化学

---

① 张仁贤，刘炳伟：《特级教师的30节优雅课堂》，世界知识出版社，2014年，第51页。

是陌生的,对化学教师也是陌生的。此时,学生都是从"零"开始,站在同一起跑线上,心中都有一种渴望,渴望学好,渴望得到老师和同学的认可。因此,教师要抓住这一契机,精心设计好每一堂课,让学生从第一次见面就喜欢上老师,进而再喜欢上化学这门学科。为了和学生拉近距离每次笔者都面带微笑地进入学生的活动范围,用喜爱的眼神扫视班级一圈,关注到每一位学生,让他们没有陌生感。其次,笔者事先记住学生的名字,开学第一节课就能直呼其名,让他们感受到惊喜。另外,营造温暖的课堂气氛,使学生"敢"动。通过上述措施可以建立平等的师生关系,减轻学生的心理负担,使他们在轻松愉快中学习。

四、授法传道,让学生"会"动

(一)方法开路,自能前行

方法是通往成功的桥梁。教师不仅要注重学生"学会"了多少,更要注重学生是否"会学"。只有学会了科学的方法,学生才会真正动起来,才会对纷繁复杂、千变万化的化学现象进行科学的观察、分析和总结。如在讲酸碱的性质时,引导学生理解物质的结构决定性质,性质决定用途的核心化学理念,把学习的方法教给学生。这样的锻炼多了,学生就会掌握学习化学的方法,并应用到学习和实践中去。

(二)巧用质疑,走向深刻

学则须疑。在教学中,笔者经常鼓励学生质疑发问,允许各抒己见,在商讨中解决有争论性的问题,并及时表扬他们敢于提出不同意见的勇气和积极参与讨论的精神。亲其师而信其道。课堂上笔者始终面带微笑,让笑容温暖着每一位学生,使学生始终感受到平等的对待、关注和关爱。真诚的爱和关心转化为激发学生努力学习、奋发向上的原动力,使师生关系更加融洽。这样,学生就会在平等、和谐的气氛中最大限度地发挥自己的潜能。

(三)问题导学,助推成功

"动享"化学,真正体现了学生是课堂主体的理念,学生在课堂上通过"自学""互学""展学"三个环节,有助于展示自我、完善自我、肯定自我。教师应根据课程内容和学生自主学习过程中提出的疑问,总结出一些有探究价值的问题,形成课堂问题集锦,让学生在合作学习中予以解决。教师也应适时进行思路点拨和学习方法的引导,让学生快乐地聆听,快乐地参与,快乐地分享。这样,学生学习的主动性、学习欲望和实验探究能力会明显增强,团队精神也得到了很好的培养。

五、创新行动,让学生"善"动

化学实验直观、鲜明、生动,可直接激发学生的好奇心,激活创新思维。我们所有的化学课几乎都是在实验室进行的。学生通过自主探究,创造力得到很大提高。

(一)改进实验,促动创新

开放化学实验室后,我们成立了化学实验兴趣小组,组长由动手能力强的同学担任。鼓励学生将书本上的实验加以改进,允许他们利用课余时间随时进实验室解决疑难问题。

(二)增加实验,品尝成功

在平时的化学教学中,应根据中学生的心理特点,鼓励学生多做实验,甚至把教材中没有明确进行实验要求的内容也设计成实验。这样以实验为先导，创设问题，使学生处在兴奋状态，高效率地接受信息，在实验中获得了乐趣，感受了喜悦。

（三）留住精彩，收获感动

在实验课上，我用"拍立得"抓拍学生做实验的精彩瞬间，作为礼物送给学生，也抓拍典型的错误操作或与预想不一样的现象作为教学资源，让学生分析探究。毫无疑问，这里萌动着兴奋和满足的心理体验。学生的那种惊喜、成功感和兴奋劲是无法用语言来形容的。

（四）服务生活，收获幸福

针对学生生活经验少、动手能力弱等特点，我们开展了一系列丰富多彩的活动，如结合生活开展了"舌尖上的化学""指尖上的化学"等调查活动，把生活与化学紧密联系起来，让学生感受到化学来源于生活，又服务于生活。通过多种多样的课外活动将学习引向课堂之外，让思维不停止、学习不间断、兴趣不减退，极大地提高了课堂教学效果。

让学生动起来，让生命更精彩，是我们永恒的追求。"动享课堂"激发了学生的"创客"意识，使得学生在化学课上想动，敢动，会动，善动。"动享"化学为学生开拓了崭新的学习路径，激发了课堂活动热情，提高了课堂教学效果。

语文教学策略漫谈（笔谈）

摘　要：语文素养的提升对中小学生未来的阅读、写作和表达能力都是非常重要的，本部分的5篇关于语文教学策略的论文在语言表达、阅读教学、作文写作、作品欣赏等方面提供了一些实践中有效的教学策略，具有一定的借鉴意义。

关键词：言语增量；情境创设；作文写作；古诗用典

关注陌生现象　实现言语增量

徐　丽*

吕叔湘先生曾说过："语文的使用是一种技能，一种习惯，只有通过正确的模仿和反复的实践才能养成。"笔者认为应立足文本，关注陌生现象——第一次出现在学生语文学习生涯中的言语现象，如蕴含秘妙的标点符号、别具一格的遣词造句、标新立异的谋篇布局、与众不同的文体样式等。如果合理安排言语实践，让学生通过模仿和反复实践，以加深这第一印象，对语言表达能力的提高有不可忽略的作用。

一、关注陌生的标点，增强语言表达的思辨性

新课标在"阅读"方面对第一、二、三学段分别提出"认识课文中出现的常用标点符号。在阅读中，体会句号、问号、感叹号所表达的不同语气""在理解语句的过程中，体会句号与逗号的不同用法，了解冒号、引号的一般用法""在理解课文的过程中，体会顿号与逗号、分号与句号的不同用法"等要求，在"习作"方面提出了"能根据表达需要，使用常用的标点符号"。单独列出有关"标点符号"的要求，可见其重要性。标点用得好，才能文从字顺、精准无误地表述自己的想法。从某种意义上说，小小的标点符号可以看出一个人的语言基本功。

在平时教学中，笔者注重引导学生发现那些第一次接触到的标点符号或标点符号的特殊用法，让学生在认知、理解、运用的过程中，对这类标点符号留下一个美好而深刻的印象，并产生运用的渴望。

如《争论的故事》这篇课文就有不容忽视的特殊标点。课内交流时，有的学生问"……"是什么符号。于是，笔者把这个问题抛给全班学生，引领他们联系上下文阅读，然后组织讨论，让他们自己发现"……"表示文中省略了的其他同学发言时的整段的话。再启发学生由"……"展开想象，补写省略的话。学生自由练笔，纷纷写出自己的读后感想。有的说："机不可失，时不再来，早点把大雁射下来不就没事了吗？"有的说："做语言的巨人，行动的矮子，只会错失良机。"有的说："做什么事情宜早不宜迟。"学生入乎其内，又出乎其外，在思辨中明白了故事的寓意。

---

* 徐丽，江苏省扬州市邗江区实验小学，高级教师。

其实，像这样"陌生"的标点在语言创作中经常会"被生产"，如果老师能以自己的一双慧眼有所发现，则对学生实现言语增量大有裨益。

二、关注陌生的词语，增强语言表达的准确性

词语是进行言语实践的重要材料。学生有了生活感悟，若没有准确生动的词语，就会有词不达意的苦恼。因此，在阅读教学中要帮助学生积累词语。而在一些课堂上，教师把大量时间花在词语的理解上，学生学到的只是"消极词语"（或者叫"惰性词语"），只能理解而不会运用。如果教师抓住文本中陌生的词语，让学生经历"认识领会——实践运用——反思总结"的过程，这样就能够促进"消极词语"向"积极词语"（或者叫"活性词语"）的转化，学生的"积极词语"增加了，语言储备的能量也大大增强了。

如《剪枝的学问》中描写作者心理变化的"满怀好奇、一脸疑惑、将信将疑、又惊又喜"，大多是学生初次接触的词语。抓住这一言语现象，可以有效地培养学生学词语、用词语的意识。当学生结合文本揣摩到作者心理变化的原因之后，笔者引导他们尝试着运用这些词语写一写自己的生活体验。其中一篇写道：

> 著名儿童文学作家郝月梅阿姨到我们学校来讲学，同学们满怀好奇地走进报告厅。郝阿姨说她今天带来了奖品，谁与她互动就可以得到奖品，我半信半疑。当她问我们平常写作文有什么困难时，我把手举得高高的。幸运的是话筒对准了我，我一脸疑惑地说："郝阿姨，请问怎样才能把作文写得与众不同？"听了这个问题，郝阿姨热情地送给我一本崭新的笔记本，让我又惊又喜。接下来，我听得格外认真。

所谓陌生词语，其实是一些对世界描述更加精准的词语，学生掌握的陌生词语越多，就越能准确地表达世界和自己的精神，这些陌生词语变成熟悉的词语之后，又会促使学生认识更多的陌生词语，这样学生对世界的认识会越来越清晰，语言表达的信心也会越来越足。

三、关注陌生的布局，增强语言表达的整体性

"教材无非是个例子"（叶圣陶语），但与其他例子不重复才能称为例子，所以教师必须挖掘每个例子中陌生的言语现象，引导学生把注意力放到体察、领悟"例子"的个性特征上，以"例子"为桥梁实施迁移和变通，走上语言发展的康庄大道。

比如，三年级学生初学写作往往不知道该如何表达，咬破笔头却迟迟难以下笔，原因是他们不知道该怎样构思文章，尤其是怎样开头。"好的开始是成功的一半"，如果给他一根拐杖扶持一下，他就会顺利渡过难关。

如《赶海》这篇课文，按照"总分总"的结构来叙述，条理清晰，特别是首尾呼应的写法是学生第一次接触，是实践读写结合的好例子。学完课文后，笔者引导学生仿照文中结构来写大课间体育活动，许多学生把文中引用的歌词"小时候，妈妈对我讲，大海就是我故乡……"改成了大课间活动时所听到的歌曲，巧妙地运用了首尾呼应的写法，表达出对大课间体育活动的喜爱之情。有学生以"'春天在哪里呀，春天在哪里，春天在那青翠的山林里……'每当我唱起这支歌，便想起愉快的大课间活动"作开头，用"转眼间，半个小时过去了，大课间活动的音乐停了。我一边往教室里走，一边哼起了我最爱唱的歌：'春天在哪里呀，春天在哪里，春天在那青翠的山林里……'"作结尾。掌握了

"首尾呼应"这种写法之后,笔者发现在写其他作文时,学生也不知不觉地运用起来了。模仿例文的结构,解决了"言之无序"的问题,培养了学生谋篇布局的能力。

文章的布局往往是作者生命的构筑,而每一个生命都是不一样的,因此,我们要让学生发现看起来差不多的布局"其实"的不同,让学生多多体验和揣摩,最终学会"构筑"自己的生命和语言。

四、关注陌生的文体,增强语言表达的适切性

所谓文体,是指由写作的表达功能、语言风格和结构组织等诸方面特点形成的类型特征的集合。小学语文教材中的主要文体有记叙文、说明文、诗歌、童话、寓言、神话、文言文等。不同的文体决定着语文教学目标的确立、内容的遴选和策略的选择。一般来说,故事(寓言、神话)类文本重在复述和创编;诗歌(古诗、儿歌)类文本重在朗读、背诵;记叙类文本要理清"四要素",感知人物形象,品悟细节描写;说明类文本要学会体验说明方法的精准。

《恐龙》是苏教版教材中出现的第一篇典型的说明文。说明文有其自身独特的规律,尤其是语言特点和说明方法与其他文体截然不同。紧扣文本自身的规律,才能破解说明文言语智慧的密码,走进说明文阅读的快车道。教学中笔者并没有直接将课文介绍的内容作为教学的重点,也没有按常规逐段教学,而是引导学生关注课文是怎样介绍不同类型的恐龙的。

课文第二自然段是说明类语言材料的典范,运用打比方、列数字、作比较等说明方法介绍了恐龙的种类和形态。学生对雷龙、梁龙、剑龙、三角龙等都非常感兴趣,于是笔者组织学生用复述的形式来介绍自己最喜欢的一种恐龙,并在生生互动中比较原文的句子与自己的句子有什么不同,从而使学生明白打比方、列数字、作比较等说明方法的形象、准确、生动。再跳出文本,指导他们模仿课文语言介绍自己在课外所了解的某一种恐龙。有位学生活学活用,介绍得非常精彩:"异特龙是一种肉食性恐龙。身体大概有我们的教室这么长。它们的头颅骨超级大,嘴里有 70 颗牙齿,每颗牙齿像匕首一样锋利,而且向后弯曲,可以迅速撕开猎物的肉。它们前肢小,后肢强壮,尾巴又长又重,可以保持身体的平衡。"

不同的文体,其实就是语言产生的不同环境,作者在谋篇布局、素材选择、言语斟酌上都存在着不同的思考。针对文体特征进行教学,有助于学生深刻把握某一类文本的内在规律,让学生发现即使同一类文本中也有细微的变化,从而促进学生由掌握一篇到掌握一类,有效增强了语言表达的适切性。"熟悉的地方没有风景。"关注第一次出现的陌生的言语现象,可以让学生对语文学习始终保持新鲜感,逐步增强对语言的感知能力、鉴别能力、应用能力,久而久之,由自发走向自觉,由偶然为之走向有意为之,从而实现言语增量。当然,关注陌生现象,需要对语文教材从整体上把握,需要从宏观上建构语文课程,再来确定每一篇课文适宜的教学内容,这样才能避免重复用力,避免高耗低效,让学生的语文能力得以螺旋式上升,形成厚实的语文素养。

阅读教学中的情境创设

王　霞*

小学语文教材中的每一篇课文,都有自己特定的情境基调,或粗犷,或奔放,或柔美,或低沉,这其实就是作者心中的境的外现。课文中的一个情境就是一个整体,其中有作者情感的表达、思想的传递,或者是需要说明的道理。这一切都蕴含在具体的字里行间,并通过一定的表现形式展现在学生面前。学生探究语言文字的表达方式,领会作者的思想感情,生发自己的独特感受,需要教师充分挖掘教材的语言训练点,有效地创设情境。

一、入境——图片展示开场

成功的情境创设,会使课堂教学的气氛与课文的情感基调一致。此时的课堂,教师和学生都融在一个整体当中,形成一个多向折射的心理场。而学生的情感是丰富而细腻的,如一个巨大的宝藏,需要教师去激发,去挖掘。在这样一个心理场中,教师的情感投入直接影响学生的情绪,在师生共同进入特定情境的过程中,思想上的交流与情感上的沟通会使学生的学习变成一种自在愉快的活动,学生的认知活动将会达到最佳的效果。

案例 1:苏教国标版五年级下册 25 课《灰椋鸟》

师:同学们,鸟是人类的朋友,是大自然的宠儿。许多文人墨客都喜欢把鸟儿写进他们的作品。你瞧,(多媒体课件出示各种色彩鲜艳且美丽的鸟的图片和相应的诗句,随着教师的娓娓讲述,依次展示在学生面前)诗人王维曾在《鸟鸣涧》中写道:"月出惊山鸟,时鸣春涧中";杜甫又曾感叹:"感时花溅泪,恨别鸟惊心";柳宗元的"千山鸟飞绝,万径人踪灭",为我们描绘了一幅经典的江雪图(出现诗句的时候,学生轻声跟读)。诗人笔下的它们是美丽的,似乎这些优美的诗句为它们独有,那么灰椋鸟呢?(多媒体课件出示灰椋鸟)作者说,尖尖的嘴,灰灰的背,远远望去黑乎乎的,有什么好看的呢?(停顿)可是一次电视录像,一次实地考察,彻底改变了作者对灰椋鸟的看法,究竟是什么引起作者这么大的变化?让我们透过课文中的语言文字和作者一起走近灰椋鸟,用眼去看,用耳去听,用心去想。

夸美纽斯在《大教学论》中强调:应该用一切可能的方式把孩子们的求知与求学的欲望激发起来。[①] 新课标中的"语文课程应培育学生热爱祖国语文的思想感情",其实就是学生学习兴趣的激发与培养。语文课堂是学生的课堂,情境的创设初衷就是将儿童从机械重复的学习状况中解救出来,以促进儿童全面发展为根本目标。

---

* 王霞,扬州市邗江区实验学校,高级教师。

① ［捷］夸美纽斯:《大教学论》,傅任敢译,教育科学出版社,1999 年,第 92 页。

二、升境——妙用补白想象

想象是创新的源泉,想象孕育着创造的嫩芽。而小学生的创造潜能更是需要教师一次次地在培养他们的想象力中加以开发。想象力应该是孩子拥有的巨大财富。而语文课堂更是应该珍惜孩子身上的这份财富,努力地为他们开启想象的大门,让他们插上想象的翅膀。想象不是凭空去想,需要借助在头脑中储存的一些表象,有了这些表象,还要通过教师的启发,产生需要的推动。因而,教师的课堂语言、教学设计显得尤为重要。学生的思维在外力的推动下,就会迸发出智慧的火花。

案例2:苏教国标版五年级下册第11课《司马迁发愤写〈史记〉》

师:这是怎样的13年啊! 课文中的寥寥片语给我们留下了许多想象的空间。你看到了一个怎样的场景,一幅怎样的画面呢?(多媒体课件出示)

当寒风刺骨,滴水成冰的冬日,司马迁……

当夏天烈日炎炎,酷热难当,司马迁……

当司马迁偶感风寒,卧床不起,……

当夜深人静,困意袭来……

(教师充分引导学生发挥想象,练习说话,并适时进行评价)。

师:假如有人问你,《史记》是什么? 你能结合课文内容自豪地告诉他吗?
(多媒体课件出示:《史记》是_____。)

生1:《史记》是司马迁用生命写成的。

生2:《史记》是司马迁的生命。

师:这一部"究天人之际,通古今之变,成一家之言"的鸿篇巨制,被现代文学家鲁迅赞誉为:"史家之绝唱,无韵之离骚。"然而,这部辉煌巨著的背后付出了多少艰辛,多少痛苦,多少磨难。这些词语可以帮你回忆《史记》写作的艰辛历程。(多媒体课件出示词语:牢记 研读 整理 飞来横祸 酷刑 悲愤交加 血溅墙头 了此残生 克制 忍辱负重 发愤写作 辉煌巨著 前无古人 毕生心血)

现在的语文教材中很多课文都留有补白,教师精心的设计可将这些补白充分利用,较好地培养学生的想象力。案例中对司马迁13年来写《史记》遭遇的艰难困苦,以及他如何克服进行了充分的想象,动人的描述无不让人涌起对司马迁人格的敬佩,学生脑中出现的一幅幅司马迁写《史记》的图画,成了13年的缩影,这比教师空洞说教来得力量大、感染力强,人物的形象顿时立于眼前,难以忘记。新课标中指出,"阅读教学的重点是培养学生具有感受、理解、欣赏和评价的能力"。学生通过自己的想象,理解了课文中生动的形象,体会了作者的思想感情。情境创设十分强调想象的作用。当然,启发想象必须是恰如其分的、合情合理的,而且是凭借教材进行的,学生在理解中发展想象,又通过想象进一步理解课文。

三、乐境——动感游戏激趣

情境教育理论的创始人李吉林老师在《情境教育三部曲》中的序曲中写道:情境教育,就是给孩子添翼,用情感扇动想象的翅膀,让孩子的思维飞起来,让孩子的心儿飞起来,快乐地飞向美的、智慧的、无限光明的童话般的王国。儿童是我心灵的寄托,"一切为了儿童"是我教育理念的核心。正是"为了儿童",我成了一个执着的探索者、不倦的学习者、多情的诗人。① 李吉林老师自称"我,长大了的儿童"。"心中有学生,一切为了学生的发展",这不仅是情境教育的宗旨,也是实施新课标的关键。新课标明确指出学生是学习的主人,教师是学习活动的组织者和引导者。儿童是教育的主体,是课堂的主人。用游戏创设情境进行教学,充分尊重了学生的主体地位。

案例:苏教国标版四年级下册第 17 课《生命的壮歌》

教师为课前检查预习情况特别设计了两个别开生面的小游戏:

1. 猜词游戏

师:请同学们看黑板,猜猜老师画的这幅画,可以用书中的什么词语来形容?

生:悬崖。

师:对了,如果你此时站在悬崖边,你会有什么样的感觉?

生:我会很害怕,可能腿都抖了。

生:我肯定不敢朝悬崖下面望。

师:不要说站在悬崖边,或是朝下望,就是远远地看着它都叫人心惊胆寒。

师:好好看老师脚上的动作,猜猜是文中的哪个词?（老师猛地将脚抬高,又重重落下）

生:是"蹬"。

师:谁再为我们表演一下这个"蹬"?

生:（表演时,脚踩了一下地。）

师:这不是"蹬",是"踩"。再来一次。

生:鼓足气力,将脚和腿向脚底的方向用力。

师:你现在向我们展示了这个动作。

2. 听辨真假

教师口述数条与课文相关的信息,学生抢答"真的"或"假的"。

（1）《生命桥》描写的是一群羚羊的故事。（真的）

（2）《蚁国英雄》说的是一只蚂蚁的故事。（假的）

（3）《生命的壮歌》歌颂的都是动物们舍己为人的故事。（真的）

游戏本身就是一种具有动感的情境,所谓师生互动、生生互动,在此之中达到了一种和谐。而其中通过游戏学到的知识,是学生自主学习、合作学习、探究学习的成果。两段游戏情境的创设,以学生为本,深化教学内容,突破教学难点,寓教于乐。

四、延境——诗意语言渲染

我们构建的是大语文教学观,即将课堂延伸到课外,增强学生学语文、用语文的意识,多方面提高学生的语文能力。语文教材给我们提供的是一个个鲜活的范例,聪明的教师会很好地利用手中的教材,更好地培养学生广泛的阅读兴趣,扩大阅读面,增加阅读量。

---

① 李吉林:《李吉林文集:情境教学实验与研究》(卷一),人民教育出版社,2007 年,第 101 页。

案例:苏教国标版五年级下册第17课《月光启蒙》

师:然而,岁月无声,时间的车轮碾碎了母亲的青春。我的个子高了,母亲的脊背却弯了;我长大了,母亲却老了;生活好了,母亲却感受不到了。(听配乐朗读《往事如歌——月光母亲》)

师:(声情并茂地)现在的母亲不知我从哪里来,不知我来干什么,甚至不知我是谁。可曾经——(出示书上原文:母亲忙完了一天的活计……)现在的母亲不再谈她的往事,不再谈我的童年。可曾经——(出示:她用甜甜的嗓音……)现在的母亲满头白发,深深的皱纹刻在她的额上。可曾经——(出示:母亲沉浸在如水的月色里……)(播放歌谣)

师:此时,我在文学方面已经有所建树,成了诗人、作家,忆及夏夜月光下,母亲对我的启蒙。涌上心头的,是我对母亲什么样的感情呢?

生:一种感激,一种怀念。

师:诗人徐志摩曾经说:是康桥让我睁开了眼睛。而我则心怀感激地说:是母亲为我开启了文学的大门。感谢母亲,用那一双——,感谢母亲,让明月星光——,感谢母亲,在月光下——(播放《故乡的原风景》)

师:作家孙友田以淳朴优美,感情真挚的笔触回忆了童年时,在夏夜月光下,母亲唱民歌、童谣和讲神话故事、说谜语的情景。岁月如尘,往事如烟。微风吹乱了母亲的满头白发,她在月夜里为我吟唱的民歌童谣,却依然鲜活在我的记忆里。母亲失去了记忆,而我心中却永远珍藏着那一轮明月!

师:人常说,幼小时在母亲怀里,长大了在母亲心里,离家后在母亲梦里。我们无论走到天涯还是海角,都走不出慈母那关切的视线。在你成长历程中,母亲给了你哪些帮助?此时,你想对自己的母亲说些什么?

在教师抑或深情、抑或高昂的描述中,学生所得到的信息远远超过课本教材所给予的,所增补的资料不但让学生更好地理解了人物形象,更重要的是这对于培养学生广泛的阅读兴趣是非常有益的。这样的情境创设使学生的情感得到了升华。

高年级学生作文的自由表达策略

长期以来,由于受应试教育的影响,在小学高年级作文教学过程中,学生不注重从生活实际选取材料,不愿用自己的语言表露自己的思想,抒发自己的感情;而一些教师在作文教学过程中往往过分相信所谓的写作技巧,把传授写作技巧作为作文教学的主要内容,虽然教师教了又教,学生写了又写,师生均为此付出大量心血,但收效甚微,学生难写、怕写,教师难教、怕教。针对以上作文教学的误区及现状,结合新课程改革,笔者认为作文教学要以人为本,回归真实的生活,引导学生用自由之笔,抒发真挚之情,表

达自由思想。

一、深入生活,积累素材,描写真实的事情

(一)观察生活,勤写日记

生活是创作的唯一源泉。离开生活,写作就成了无源之水、无本之木,小学生作文也是如此。美国教育家华特·B.科勒斯涅克说:"语文学习的外延与生活的外延相等。"从小学生的作文实践来看,他们感到最大的困难之一是无话可写,最常见的毛病是内容空洞,写不具体。造成这种现象的原因很多,其中很重要的一点就是学生缺乏观察力,不善于观察生活中的小事。其实,小学生的学校生活、家庭生活和社会生活也是丰富多彩的,如果他们细心观察,那么在写作中就有取之不尽、用之不竭的素材。因此,引导学生坚持写日记是深入观察和积累材料的最好方式,也是练笔的最佳途径。由于日记的内容很广,可写自己的所见所闻所感,这样就给了学生一个自由表达的空间。巴金说:"写作就是无技巧的再现生活。"鼓励孩子写身边真实的事情,孩子才会有话可说。

(二)参加实践,获得体验

"纸上得来终觉浅,绝知此事要躬行。"教育家叶圣陶强调:"要解放学生的双手、时间、空间,创造条件让他们有机会去实践活动。"学生只有在自己动手、动脑中,才会获得内心真实的感受。要有计划地设计游戏、编导小品、组织春游、参加公益劳动、参观名人故居、走访养殖大户……这些活动丰富了学生生活,增长见识,提高认识能力,因而在写作过程中就言之有物,语言也比较生动活泼,具有一定的生活气息。为了丰富学生的社会生活,增加生活阅历,这一学年学校组织了四次社会实践活动,我们班也组织了两次游戏活动,以下是节选的片段。

> 片段:开始了,老师把嘴靠在梁卓宇的耳边悄悄地说了一句话,梁卓宇眉飞色舞地靠近丁乙的耳边轻轻地说,正说着,丁乙突然"扑哧"笑了起来,也许那是一句非常好玩的话,丁乙眯着月牙似的眼睛,咧着嘴,笑得乐开了花,以至于她把话传给下一位同学时已是面红耳赤。传完话后,丁乙开始哈哈大笑,为了自己的形象,她还用手捂着嘴乐,马尾辫甩来甩去,笑得前仰后合,还不停地跺脚,都不知道自己叫什么了。(王珂《传着传着变了话》)

真实的写作是作文教学改革的根本出路,作文要展示个性化和创造才能的本身就是实践活动,而不同的活动就构成了不同的生活经历。如果学生能在不受压抑的情况下去写真实的经历,描绘自己的生活,那么每个学生都能自由表达。

二、着眼课堂,引领感悟,抒发真挚的情感

感人心者,莫先乎情。情感是文章的灵魂,一篇好的文章,往往渗透着作者真挚的情感。学生在作文时,要吐真言,抒真情,真正做到像作家巴金所说的"把心交给读者",才会打动读者,引起读者的共鸣。

(一)品味语言,拨动琴弦

在课堂教学中,我们要充分挖掘语文教材的情感资源,引导学生与文本和作者进行心灵的对话,让学生在情感的共鸣中,受到熏陶,情感得到升华。《月光启蒙》这篇课文的作者孙友田对母亲充满了感激和怀念之情,他将这份情深深地融入了母亲为他唱民歌、民谣、讲神话故事的情节中。教学中，先带领学生反复吟诵民歌、民谣，当学生深深陶醉其中时，母亲对孩子的那份真挚的、朴素的情感便会在孩子们的心田自然流淌。《清平乐·村居》短小清新，简洁易懂，是辛弃疾难得的婉约小词。教学时不能停留在字面的理解，要引导学生了解辛弃疾的生平，词人一生饱受战乱，对田园生活充满了向往，愿普天下的百姓都能醉于村居是词人最浓烈的情感。阅读这样的文字，沐浴这样的课堂，学生的情感就会越来越丰富。

（二）自由挥洒，流露真情

宋代谢枋得指出："凡学文，初要胆大，终要小心……初学熟之，开广其胸襟，发舒其志气，必能放言高论，笔端不窘束矣。"这话启示我们指导学生作文，必须让学生尽情去想、放胆去写，畅所欲言。框框越多，在写的过程中，学生的思维就越容易被教师定的要求或标准束缚，甚至不敢越雷池半步，导致心灵不能自由放飞，情感也就不能自然流露。因此，我们必须根据学生的智能基础，灵活机动，努力创设一个学生可以袒露心灵世界的空间。在这方面，笔者鼓励学生大胆表达自己的思想，拓展自己的想象和思维空间。比如，在学完了《神奇的克隆》后，趁着学生意犹未尽，笔者引导学生写了篇叫作《我被克隆了》的作文，写作当中很多学生想象丰富，文思如泉，学生的想象力得到了全面展现。

三、潜心阅读，记录心得，表达自由的思想

大文学家杜甫曾深有体会地说："读书破万卷，下笔如有神。"阅读能力的培养和训练是作文成功的最近通道。实践告诉我们，大量阅读古今中外文学名著，不仅可以逐步丰富我们的词汇、语言、写作素材，使我们领会和掌握一些基本的写作规律，更能让我们汲取到深刻的思想。

（一）读书交流，拓宽视野

为了培养学生的阅读兴趣，拓宽学生的视野，学校和班级开展了多种形式的读书活动，教师根据学生的特点推荐适宜的课外书，激发阅读兴趣，提高学生阅读热情。教师把每天坚持阅读课外书作为一项作业布置给学生，要求家长督促落实、检查签字，使阅读成为每个学生的习惯。在教师实际的阅读指导中，要求学生养成"三定"的习惯：一定书。即阅读的书一旦选定，一定坚持读完，千万不可养成浅尝辄止，半途而废。二定时。针对学生的学习生活情况，让学生自主选择一定量的读书时间，并长期坚持。三定量。根据自己的实际阅读水平，制定一个阅读计划，阅读适合自己的书籍并在一定的时间内保证一定的阅读量。

（二）学写心得，聚沙成塔

学生在阅读时做笔记，写心得体会，能加深对内容的理解，从而形成自己独到的思想。笔者所在班学生在阅读《吴姐姐讲历史故事》时，笔者要求他们每天花 5 分钟的时间写写当天阅读的体会，可以是一句话，也可以是一段话，只要是自己的想法就可以。长此以往，学生打开记录本，就会发现他们的思想原来也可以这么博大。有了思想，学生作文才有深度。

如果把写作比作一棵大树，那么阅读就是大树的根，自由写作就是枝叶，树没有枝叶不行，没有树根更不行，热爱生活与读书的程度有多深，习作就可能有多大程度的自由。

品读《草房子》中"纯美的孤独"

——兼思考初中生作文写作

缪春蓉 *

《草房子》是曹文轩成长系列小说中最负盛名的一部,这几年已经被各地陆陆续续地增加进中考必读书目中。笔者在师生共读作品的基础上,试图从读写结合的角度,探究曹文轩独特的文章写法,以期能够端正初中生作文写作的态度,提升学生对美的感知和追求。

一、写作姿态:白描、凝视

如同莫言写高密东北乡,沈从文写湘西凤凰,马尔克斯写马贡多一样,曹文轩虚构了一个叫"油麻地"的古典田园地带。但是,曹文轩没有莫言的浪漫激情式的渲染,不似沈从文般的绮丽、隽永,更无马尔克斯式的魔幻荒诞。曹文轩的独特之处在于用白描的手法,用凝视的姿态去绘景描人。笔者以为,这是一种写作方式的古典回归。

(一)白描的手法

《草房子》在绘景描人上,大多采用中国水墨画式的白描勾勒,以简省的文字,不加陪衬和烘托,其本质特征是写实。曹文轩正是用这种写实的手法为读者铺叙出一个兴味盎然的小说世界。首先,《草房子》的白描体现在对自然环境的工笔勾勒上,如当蒋一轮老师与白雀姑娘错过时,作者借桑桑的眼睛看到蒋一轮置身于一片春天的田野上,那里"太阳暖融融的,满地的紫云英,正蓬蓬勃勃地生长,在大地上堆起厚厚的绒绒的绿色"。如此明媚自在的春色,作者只用白描手法勾勒,语言淡雅,具有清水芙蓉的自然风致,丝毫未将故事中人物错失的悲剧情感倾注到对自然环境的描摹上。其次,作品的白描手法还体现在对"油麻地"平和、冲淡的人情、人性美的勾勒上。在一派田园风光背后,作家笔下真实的"油麻地"生活恰恰是贫瘠、单调的。然而,正是这种凡俗状态中展现出来的实景才更能咀嚼出平凡人的狭隘、苦恼、坚守、旷达。曹文轩正是用这种白描写实的手法,雅致如水墨画式的语言去描绘"油麻地"千姿百态的生活。这里景色不解人情,人与厄运抗争,却又总是被命运捉弄。使人读之虽有忧郁之感,却无悲伤之情。

反观当下中学生的作文,似乎很大一部分已经非常"不屑于"白描手法的简单勾勒,叙事、写景中常常浓墨重彩着意铺陈,似乎那样才能体现自己的写作功力。然而,正如曹文轩所说:"素描、写真才是写作教学的基本操作,基本素质。"①

(二)凝视的姿态

在第四届"全国中小学生创新作文大赛"上,曹文轩提出写好创新作文的首要箴言是"凝视"。"如果你不凝视,你什么也看不见,这个世界对你来说等于零。要认真观察

---

* 缪春蓉,镇江实验学校魅力之城分校,硕士学位,中学一级教师。

① 潘新和,郑秉成:《曹文轩语文教育观浅议》,《中学语文教学》,2009年第10期。

生活,注意身边的细节,这样才能写出好文章。"①伍尔夫凝视墙上的斑点,于是世界经典名著《墙上的斑点》诞生了,曹文轩也是在《草房子》中用凝视构建了田园中人们情感交流的方式。

曹文轩的纯美小说语言具有诗性的美。他说:"让一个人在他的童年时代就惠受优美语言的雨露,使他从小就养成一种高雅的情调。"然而,《草房子》中却频繁出现"好看""耐看"这样的口语化的词汇,看似与作家古典语言风格不相称,然而笔者以为,细细品来,意味深长。"凝视"是安静地看。《草房子》中的风光是一幅幅没有喧嚣的、静默的画面。这幅画面里,没有语言,没有动作,只是轻微的一点神态。这一点神态给予人的却是暖阳般的感觉。温幼菊在小屋内熬着她和桑桑的药,"温幼菊坐一头,桑桑坐一头。未喝之前十几分钟,他们就各自坐好,守着自己的那一碗药,等它们凉下来好喝"。凝视如此简单的动作,却能产生一种"仪式感"的静穆的力量。曹文轩用"凝视"找回了视觉的意义。当下的传媒时代,给人带来了巨大的视觉冲击,却带走了凝视的静观与沉思。所以,学生的习作中虽有大量的"可见"之物,却无法传达心灵深处的情思。

二、写作风格:古典、明丽

当中国当代文坛许多作家乐此不疲地追逐形式和技巧,夸张地演示炫耀人性的丑陋、卑微的时候,以曹文轩为代表的中国传统古典派作家头戴"香草美人"的花冠,在文坛艰难跋涉却不退却,不让步。他说:"审美是经典的重要指标,感化与浸染能力,也是经典的重要指标。"②

(一)古典的文风

《草房子》整部作品中,曹文轩不管是在谋篇布局,还是在语言锤炼、人物塑造上,都着力捕捉一种雅致的情调感,这显然是对中国古典艺术品位的一种延续。

作品的谋篇布局流露出古诗词般的韵味和美感,以桑桑为一线串珠式的人物,如秃鹤、纸月、白雀、艾地、红门、细马。最后一章以居室名命名:药寮,除了体现该章节的主要内容之外,还渲染了一种素雅、柔和的气氛,给人"未成曲调先有情"之感。且在每一个跌宕起伏的故事后面都会有一个悠扬、圆美的结尾。作品的古典风格还体现在其用干净而优美的文字塑造纯洁的人物形象上。在《因水而生》中,曹文轩说他的作品有一种"洁癖",他是不肯将肮脏的意象、肮脏的辞藻、肮脏之境界带进作品的。作品如诗如画的意境也能体现其古典风格。如桑桑为找纸月,来到了林子深处的浸月寺,寺庙"四角翘起",有风铃的清音,还有一位儒僧弹拨三弦的声音,从儒僧深邃的眼眸里流露出来的慈祥,当然还有一段深藏的凄凉又绝美的爱情故事。这番情与景仿佛是一副令人沉醉的古画。在一个喧嚣的时代,曹文轩用纯净优雅的笔墨为我们带来一份古典的温馨。然而,在各种网络词汇的巨大攻势之下,中学生从口头语到书面语,似乎都难以找到那份安静的古典的气质,基于此,读《草房子》,读曹文轩,呼吁古典语言文字的回归实则是每一个中学教师的心声。

---

① 李学武:《田园里的古典守望——解读〈红瓦〉〈草房子〉〈根鸟〉》,《名作欣赏》,2003 年第 7 期。

② 路舒程:《在孤独中完善美丽人格——访〈孤独之旅〉作者曹文轩》,《语文教学与研究》,2006 年第 30 期。

（二）明丽的色泽

在景物描写上，与其说曹文轩是一名作家，倒不如说他是一名画家，而且是水彩画家。他说："我渐渐对那万变无休的自然景色，对色彩的奇妙效果发生了兴趣，甚至成为癖好。"①《草房子》中，曹文轩用儿童的视角，细腻干净的语言，展现出一派浓郁的乡土风光。

在曹文轩的小说世界里，色彩鲜艳欲滴，红、白、黄、绿、青、蓝、黑轮番登台，绚丽夺目，并且运用强烈的色彩对比和搭配来表达情感，营造气氛，也是其独特之处。如："那时，玉米正吐着红艳艳的或绿晶晶的穗子""满地的紫云英，正蓬蓬勃勃地生长，在大地上堆起厚厚的绒绒的绿色""火山的最底部是黑色，再往上似乎就是凝固了的鲜红，再往上就是火红，最顶端就是红绸一样在空中飞舞的火舌"。笔者以为，曹文轩不甚喜爱一些都市时尚感十足的混合色，倒是尤其钟爱较为纯粹的原始色彩，并且就如同水彩画一样。在他的作品中，干净的水随处可见，浓烈而纯粹的原始色彩加之水的调和，会显得更加丰盈饱满。读者在他描绘的绚烂而富有柔韵的画面中如痴如醉。

曹文轩用独特的色彩旋律奏响了一曲华美的田园牧歌，呈现出现实世界的奇颜丽色。如果说，作者眼中的色彩皆是心中的色彩，曹文轩的心灵注定是华美丰盈的。然而，当"抓住感官，描写景物"成为苏教版七年级语文写作训练的一次重要训练任务时，学生完成得很牵强：文笔拘束，不自由。笔者以为，问题可能正如曹文轩老师批评的那样："写作教学'没有生活'观"。② 明艳的色彩存在于我们的眼中，但更存在于我们的心中，当色彩斑斓的寻常生活无法纳入作文中，那么又从何谈起斑斓而明丽的色彩。

三、写作主题：忧郁、成长

曹文轩的小说世界有着一个真实、美丽的永恒主题——成长。温馨简单的童年生活，纯净自然的青春世界，却也伴随着成长蜕变中自我寻找的迷茫和撕心裂肺的疼痛。但是这种疼痛又因古典唯美的语言和曹文轩悲悯情怀的注入，而显示出一种独特的忧郁的纯美。

（一）明媚的忧伤

不管是在现实生活中还是在小说世界里，看似顺理成章、水到渠成的成长，实际上都是一个个苦难且忧伤的过程。在曹文轩的小说世界中，我们总能感到一种扑面而来的伤感。

《草房子》中的人物命运都不是一帆风顺的，都是顺逆相生，并且以逆为主的。命运在小说中昭示着一种超自然力的强大力量。陆鹤因为秃顶而被排除在文艺汇演之外，从而感受到离群的孤独，自尊心也受到了打击。纸月无法改变的出身；秦大奶奶为了守护艾地而做的西西弗斯般的无效无望的努力。桑桑为蒋一轮和云雀姐姐传递书信，仅因为一次偷看而丢失书信，从而让彼此产生误会，一段良缘因此中断，从此蒋一轮、云雀、桑桑都陷入了迷惘中。杜小康因为家境一落千丈而去芦苇荡放鸭子时，不得不去直面自己心灵的境地，直面心灵的孤独。然而，曹文轩书写苦难却没有宣泄，更没

① 刘清涛：《论曹文轩小说语言描写的特点》，《长春工业大学学报（社会科学版）》，2010年第4期。
② 潘新和，郑秉成：《曹文轩语文教育观浅议》，《中学语文教学》，2009年第10期。

有那种剑拔弩张的悲剧性冲突，如同他的古典文风一样：含蓄、蕴藉、敦厚。在面对命运的强大力量时，小说中人物向我们展示了一种比命运更加强大的力量，如同一道明媚的阳光，能够穿透生活，照亮忧伤。

当代学生的成长同样伴随着一阵阵明媚的忧伤。"生离死别、游驻聚散、厄运、困境、孤独"仍然是初中生作文的主题。但是笔者以为，学生在书写困境时，悲伤有余，含蓄不足，这就少了一份明媚的感动，如何将明媚、含蓄融入书写困境中去，来扩大书写青春忧伤的张力，是《草房子》留给我们的思考。

（二）孤独的成长

程度恰当的孤独是儿童成长道路上必然会体验到的一种正常且健康的心态，它甚至是人格成熟的一个标志。"孤独便是人生厄运的一种，而孤独又是人成长过程中的一个重要因素，没有孤独人生就失去了深度和质量。孤独可以给人以空间，让人更好地思索这个世界以及人与人、人与世界、人与自身之间的关系，深刻审视自己的内心世界，从而不断完善自我，最终在孤独中完善美丽人格。"[1]

《草房子》中有处身边缘、被群体疏离的孤独。如从江南来到油麻地的细马，大语言不通，不能被同学和老师接受，邱二妈也不喜欢他，但他却用他异于常人的韧性、精明、耐心支撑起了一个家。作品中还有置身于绝境中的孤独。如"红门"里走出来的杜小康在遭受了生命中的一次巨大的变故后，被迫和父亲背井离乡，来到了荒无人烟的芦苇荡，寂寞、孤独时刻折磨着他。可是就在一次暴风雨的夜晚，他告别了孤傲和脆弱，学会了坚定、勇敢地接受命运的挑战，最终成为"油麻地日后最有出息的孩子"。作品中最深沉的孤独，笔者以为是与死亡相关的孤独。桑桑被误诊为绝症，使他有了一次关于死亡的独特的生命体验，在这段经历中"他想哭一哭，但心中似乎又没有什么伤感的东西"。因为他时刻深刻体验着亲朋好友的温情，尤其是一向最严格的父亲最温柔的陪伴。

"成长"是人类生命长河中一个永恒的主题，曹文轩用最温婉的调子，命途多舛的人物，美丽、令人心动的故事来书写成长中的美与痛。其实，"成长"依旧是当代中学生写作的一个主要的题材。学生们通过书写成长来反思青春。然而，如果一味地去倾诉孤单，夸大孤独体验，就难以从忧伤的青春中找到一抹明媚的阳光。所以，笔者以为，如何将孤独与突破孤独融入成长类作文写作中，也是提升初中生成长类作文写作的一大突破口。

曹文轩曾对中小学的作文教学产生过深深的忧虑："纯真不再，温馨不再，美感不再，崇高不再，庄重不再，雅致不再，真诚不再，阳光也不再，剩下的就只有一片阴霾与心灰意懒……"[2] 他提倡把写作看成一件严肃的事。读《草房子》，我们不仅能够读出其中的严肃，更能感受到白描的真挚，凝视的诚恳，明丽下的那份古典韵味，以及儿童超越孤独的成长。阅读作品，反思眼下初中生作文写作，忧郁之余，还有一份希望和感动。

---

① 路舒程：《在孤独中完善美丽人格——访〈孤独之旅〉作者曹文轩》，《语文教学与研究》，2006 第 30 期。
② 潘新和，郑秉成：《曹文轩语文教育观浅议》，《中学语文教学》，2009 年第 30 期。

用典，让诗词在简约中丰满

——苏轼《念奴娇》与辛弃疾《永遇乐》用典之比较

孙晓明*

怀古诗词是古典诗词的一个重要类别，主要以历史事件、历史人物、历史陈迹为题材，借登高望远、咏叹史实、怀念古迹来达到感慨兴衰、寄托哀思、托古讽今等目的。这类诗词多用典故，手法委婉。

一、"用典"是怀古诗词重要的艺术手法

诗词中的"典"，既可使诗歌语言精练，又可增加内容的丰富性，增加表达的生动性和含蓄性，可收到言简意丰、余韵益然、耐人寻味的效果，能增强作品的表现力和感染力。因此，分析怀古诗词的"用典"，是鉴赏诗歌内涵的重要抓手。

两词涉及的历史事件、历史人物。《永遇乐》运用孙权、刘裕、宋文帝、佛狸、廉颇等五个典故，而《念奴娇》着意运用了周瑜的典故。那么，作者为什么会想到这些历史典故？

古人登高望远抒怀。结合两首词的题名，可以大致了解，两位词人分别站在赤壁和京口北固亭，自然会联想到与之相关的典故。赤壁之战，人物众多，孙权、刘备、曹操、诸葛亮、周瑜、黄盖等群英荟萃，为什么苏轼只突出一个周瑜？辛弃疾站在京口北固亭为何想到的是孙权、刘裕、拓跋焘，而不是其他的人或事？

其实，选用怎样的历史典故，作者不仅要考虑"此地"，还要考虑"此时"，以及"此时此地此我"。为方便起见，我们先分析辛弃疾的词作《永遇乐·京口北固亭怀古》。

先看"此时此地"。当时韩侂胄执政，正积极筹划北伐，赋闲已久的辛弃疾于前一年被起用为浙东安抚使。这年春初，又受命担任镇江知府，戍守江防要地、抗金前线京口。历史上，三国时，孙权曾在京口建都，成功击溃北方曹操的军队；南朝宋武帝刘裕曾在京口起事，大举北伐，恢复中原并建立政权；北魏太武帝拓跋焘曾追击宋文帝刘义隆到京口瓜步山，并在山上建立行宫。这些历史故事都与京口（镇江）直接有关，而且都关涉南方北方之间的战争。辛弃疾来到京口北固亭，登高眺望，自然会联想到这些古人古事。

再看"此时此地"的"此我"。此时，辛弃疾64岁，率众南归已经43年，被投降派一再排挤而被迫退居江西乡间也有十多年，但他从未放弃收复失地的愿望。然而，韩侂胄北伐的真正目的只是为了巩固个人的地位，企图通过对金用兵建立大功。他虽然起用了主战的辛弃疾，却又对辛弃疾充分备战、用人得当十分疑忌。辛弃疾恢复大业一展才略的愿望，极有可能再次落空。

此时此地的作者心中怀着杀敌报国的理想，但是壮志难酬、岁月蹉跎而老大无成，内心交织着慷慨悲愤的复杂感情。站在北固亭上，他便自然地想起了曾以京口为基地，

---

* 孙晓明，扬州市新华中学，中学高级教师，语文教研组组长。

开疆拓土,成就霸业的孙权、刘裕。现如今韩侂胄的草率冒进,又怎能让他不想起当年宋文帝草率出师北伐,最后落得仓皇北顾的结局? 而眼前老百姓在佛狸祠下喧闹的景象,更让辛弃疾忧心忡忡,倘使再不收复失地,老百姓也许甘于沦为亡国奴了。

孙权、刘裕的典故侧重于"人"——曾在京口建功立业的历史人物;而宋文帝、佛狸、廉颇的典故侧重于"事"——与北伐抗金的需要和愿望及事与愿违有关的历史事件。而这几个典故都与作者此时的思想情感和志向直接有关。正因为如此,内心无限沉痛而又悲慨的词人,立足京口想到了以上五个典故。

所以,结合作者的身世背景、创作作品时的时代背景,运用"知人论世"的方法,可以更好地帮助我们解读作者为什么会选择这些典故,而这对于鉴赏怀古诗词,尤其重要。

辛词用典丰富,而苏轼为何在《念奴娇·赤壁怀古》中单独选择了周瑜的典故呢?

元丰二年(1079 年),经历了人生最惨烈的政治风波——乌台诗案的苏轼被贬黄州,这场"文字狱"对苏轼的仕途是一次巨大的打击。幸运的是,苏轼最终从中解脱出来,将自己的精神世界更多的寄托于佛法禅意、青山秀水之中,故而也就在更大意义上成就了东坡式"自在洒脱、空灵超然"。然而,我们往往只看到释道哲学对苏轼的影响,却忽略了苏轼本身所具有的忠义奋发的儒家修养。苏轼 20 岁就考中进士第二名,他给朝廷上了很多篇策论,提了很多建议,表现出远大的抱负和理想。即使在贬官之时,他也还一心想为朝廷效力,关心百姓疾苦。如贬杭州通判时,写《上文侍中论催盐书》,把两浙一带盐民疾苦反映给朝廷;被派密州时,写《上宰相韩绛书》,建议朝廷赶快赈灾,减免租税;改官徐州,亲自率领吏民筑堤防水,使徐州城未被水淹。

苏轼被贬黄州时,有朋友写信表示同情,并为他感到悲哀。他回信说,我们学道的人应"道理贯于心肝,忠义填于骨髓"。"人生七十古来稀",这样一个忠义奋发、有着远大的抱负和理想的苏轼,而今快 50 岁了,大半辈子过去了,他完成了什么事业呢? 因此,他选择年轻有为的周瑜(24 岁就成了东吴名将)的典故,用赤壁时年少得志的周瑜来与被贬黄州、人生失意的自我相映照,也契合"此时此地此我"。

二、用典之于抒情主人公的刻画作用

(一)《念奴娇·赤壁怀古》刻画周瑜形象的作用

据历史记载,建安三年东吴孙策亲自迎请 24 岁的周瑜,授予他"建威中郎将"的职衔,并同他一同攻取皖城。周瑜相貌英俊,才华过人,精通音律,大家都以"周郎"呼之。他还娶了东吴美女小乔,这小乔正是孙策夫人大乔的妹妹,此时的周瑜是何等春风得意。作为将帅,周瑜精通兵法,指挥了一场经典的以少胜多的"赤壁之战",而且赢得从容娴雅,"谈笑间",一场生死之战就尘埃落定了。

周瑜的英才盖世、风流潇洒,在苏轼的笔下浓缩为"遥想公瑾当年,小乔初嫁了,雄姿英发。羽扇纶巾,谈笑间,樯橹灰飞烟灭"极为简练的 28 个字。而这 28 字也成了刻画周瑜的经典之句。它将周瑜年少得志、儒雅潇洒、指挥若定、从容破敌的形象,塑造得完美之至。那么,周瑜形象与词人自我形象的塑造又有何内在联系呢?

结合"知人论世",揣摩苏轼的用意,显然是借周瑜的形象反衬自己遭受政治挫折后的失意形象:以周瑜的年少风流、英俊潇洒,反衬自己年近半百,韶华已逝;以周瑜的年少得志,名垂青史,反衬自己功业无成,壮志难酬。

(二) 辛弃疾的《永遇乐·京口北固亭怀古》刻画形象的作用

"想当年,金戈铁马,气吞万里如虎",写得极有气势,形象地表现了宋武帝刘裕当年出兵灭南燕、后秦,收复洛阳、长安以及淮北大片土地时吞灭强敌的气势。刘裕率领兵强马壮的北伐军驰骋中原,气宇轩昂、英勇威武的形象正是辛弃疾心目中英雄形象的写照。如果辛弃疾也能够实现收复中原的理想,想必也一定是"金戈铁马,气吞万里如虎"。

"凭谁问,廉颇老矣,尚能饭否",这个典故展现了廉颇虽老思用的场面,廉颇作为一代名将老当益壮,勇武不减当年的忠贞形象跃然纸上,这何尝不是辛弃疾南归43年,60岁花甲却依然保有为国效力的一腔热血,忠心依旧的英雄形象的写照?

在《永遇乐·京口北固亭怀古》的五个典故中,这两个典故是最能体现辛弃疾形象的。由此,我们可以认识到,两首词都是借助典故来含蓄地刻画抒情主人公的形象。

三、透过作者所怀古事(用典)了解其情怀

(一)《永遇乐·京口北固亭怀古》用典最多,每个典故是否都蕴含了作者的情感呢?

"千古江山,英雄无觅孙仲谋处,舞榭歌台,风流总被雨打风吹去。"曹操曾经感慨"生子当如孙仲谋",孙权仅凭借江东之地,曾多次击败北方强敌曹操的军队,保卫了国家;而如今"千古江山",偌大的南宋朝廷,却找不到一个孙权这样的英雄,这南宋朝廷多么腐败无能! 苟且偷安! 这个典故包含着对英雄及其功勋业绩的歌颂和追慕,对"时无英雄"的无限感慨,对南宋朝廷腐败无能和苟且偷安的谴责。

"想当年,金戈铁马,气吞万里如虎。"刘裕为了恢复中原,大举北伐,两次从京口起兵,生擒燕王、秦王,成就了北伐大业。如今英雄的功业已然不再,只剩下寻常巷陌,落日余晖。这个典故比孙权的故事更进一层,有了主动出击的意味。表达对南宋朝廷腐败无能和苟且偷安的谴责,对自己报国无门、壮志难酬的无限悲慨。

"元嘉草草,封狼居胥,赢得仓皇北顾。"这个典故中套着典故,元嘉二十七年,宋文帝刘义隆(刘裕的儿子)草率出师北伐,想要建立像霍去病封狼居胥山那样的功绩,却落得向北回望,仓皇败还。这样的教训是沉痛而深刻的。我们似乎听到辛弃疾语重心长地告诫:要慎重啊! 备战一定要认真充分呀! 你看,元嘉北伐,由于草草从事,原是"封狼居胥"的壮举,只落得"仓皇北顾"的结局。我们看到的是词人对南宋当朝的满腔忧虑!

"可堪回首,佛狸祠下,一片神鸦社鼓!"这里的"可堪回首"是"岂堪回首""不堪回首"。江北各地沦陷已久,不迅速谋求恢复的话,民众将会安于异族的统治,而忘记自己是宋室的臣民了。眼前老百姓在佛狸祠下喧喧嚷嚷的迎神赛会的热闹景象,实在是让人不忍目睹。这其中包含了辛弃疾的几多忧虑,几多痛心!

"凭谁问:廉颇老矣,尚能饭否?"廉颇虽然老了,尚且还被赵王记起,赵王还派使者前去询问,自己比廉颇还不如意,率众南归已经43年,处处受人排挤、压制。一个"凭"字,让人倍感凄凉。在这个典故中,我们完全能读出辛弃疾满腔的怨愤之情。

因情用典,以典蕴情,切合词人表情达意的需要,这是辛词用典最主要的特点。

（二）《赤壁怀古》中的周瑜

"多情应笑我,早生华发"中,"多情"有两种理解。叶嘉莹教授认为"多情"指的是周瑜,我们书下的注解指的是"苏轼自己"。"多情"究竟指谁,是仁者见仁,智者见智的问题,但有一点可以肯定的是,这里情感的生发还是来源于周瑜的典故,由前面的感伤与怅惘,产生了"人生如梦,一尊还酹江月"的感悟。虽然"多情"指向不明确,但并不影响我们对"早生华发"的认知。这是苏轼在对周瑜形象的追慕之后,与自己遭受政治挫折后的自我形象的比照,所生华发的感伤与怅惘,这是苏轼政治理想落空、壮志未酬的悲哀。

总之,两首词均以特定的典故内容来表情达意,将用典与主人公形象和词人的情感巧妙地结合,精炼含蓄,充分体现了词"宜修宜眇"的特点。

四、《念奴娇》与《永遇乐》两词用典手法的异同

（一）两词皆用典,但有写人与叙事之别

《念奴娇·赤壁怀古》着重写人。浓墨重彩尽染东吴周瑜。周瑜的音容笑貌、神情风采生动传神地被表现出来。而《永遇乐·京口北固亭怀古》虽写人,但辛词并不倾向于人物的音容笑貌、神情风采,而是侧重于史实的叙述。

（二）两词都将典故与景物相结合,但有集中与分散之别

《念奴娇·赤壁怀古》上阕集中写景,大笔如椽,浓墨似泼。起笔"大江东去,浪淘尽,千古风流人物",营造了一个极为辽阔悠远的时空背景,将气象非凡的长江和自古以来的无数英雄豪杰都概括进来了。"乱石穿空,惊涛拍岸,卷起千堆雪",寥寥数笔便勾勒出赤壁恢宏壮丽的景色,把读者带进一个奔马轰雷、惊心动魄的奇险境界,为下文周瑜的出场造足了声势。景为雄壮之景,人为奇伟之人,背景、主体相得益彰,境界全出。

《永遇乐·京口北固亭怀古》几乎难寻一处纯粹的景物描写,而在叙述中穿插有条不紊的史实。词人不浓墨重染,仅作淡笔勾勒。开篇伊始,景物大至江山,小则"舞榭歌台",所有景物,一概白描,浅墨淡抹,不着点缀,不事藻饰,只在辞章中间用"斜阳草树"稍作点缀;如此纯客观轻描淡写,用意不在景致如何,意在暗示:时过境迁,物是人非,当年的大智大勇者宛如江水东去不再复还。

综上所述,两词的用典,同中有异,异中有同,如两枝各秀,各具特色,俱领风骚。因此,如果我们从用典角度解读两首词作,能够鉴赏两位豪放派词人的用典异同,管中窥豹,更能聚焦式地感受两首经典之作的艺术魅力。

小学课堂教学问题与对策(笔谈)

摘　要：课堂并非一个传递知识、控制纪律、维持秩序的简单场所,而是一个复杂的社会小环境。如何使这个小环境成为一个良性的教育环境,如何更好地促进小学生的成长和发展,如何做一名优秀的、有能力的小学教师,这需要每个小学教师不断地去学习、实践和反思。本部分中的几篇笔谈或许可以给小学教师们一些启示。

关键词：课堂问题;教学评价;情感教育;自我发展

小学数学学困生的转化策略

戴金菊 *

随着素质教育改革的深入和新课程改革的实施,人们越来越重视学生的全面发展,学习上感到困难的学生(简称"学困生")就更受到人们的关注,他们作为学校一个特殊的群体,同样应得到全面发展。但是,在实际教学中,这些孩子要么被忽视,要么被各学科教师"过分关注",他们学习的兴趣和信心正逐步丧失。那么,该如何在教学活动中帮助这些学生,使他们脱"困"呢?

一、起点——从已知到未知

笔者认为,教师首先应放下身段,走下"神圣"的讲坛,从每个孩子的视角出发,从孩子的学习原点开始。以"解方程"教学为例,不少教师都有这样的感受,教师对解方程的步骤分析得足够透彻,学生对解法中的注意点也能够理解,可是在独立作业时,"学困生"们总会出现问题,要么是等式左右两边缺数字,要么就是格式不正确。在初次教学时,笔者也感到纳闷,学生对等式的性质明明已经掌握了,怎么还会出现如此"稀奇古怪"的问题呢? 经过与学生的交流、反思,发现有些问题出在教师自己身上。首先,学生的已有知识基础是计算及简单地用字母表示数,但将这二者结合的"解方程"却是一个全新的知识,教师在新授过程中高估了学生知识迁移的能力。其次,学生记住了等式的性质,却并不是所有学生都有运用等式的性质解方程的意识,也就是说,对于学习"等式的性质"这一知识的用途不明确。而这些,教师是极其容易忽略的,往往认为这样的内容太简单了,学生应该一听就懂。事实上,那些"学困生"不是一下子就能明白的,他们需要老师耐心而体贴入微的帮扶。在这个过程中教师要掌握学困生的知识基础水平和同化新知识的条件。比如,在学习解方程式的过程中,教师尽量按循序渐进的方式,一步一步向前推进,避免出现较大跨度,以免"学困生"难以接受。下面以师生共同解方程的过程为例加以说明。

师:同学们,大家一起看屏幕,解方程的方法与我们之前的计算大不相同,

* 戴金菊,扬州大学教育科学学院附属杨庙小学,一级教师。

你们发现了吗？

生1：我发现等号都写在式子的中间。

生2：不是像以前那样在右边写等号了。

师：知道为什么把等号写在中间吗？

生：因为我们是利用等式的性质来解方程的，方程的两边同时减去一个数，所得到的依然是等式。

师：说得很好，解方程的每一步，都是一个等式。

这个环节的教学，最特别之处便是教师寻找到了学生知识的原点，通过集体的观察和讨论帮助所有学生真正理解了方程的解法，从而为"学困生"们搭建了学习的阶梯，使他们能顺着阶梯逐步跟上大家的节奏，掌握所学知识。奥苏伯尔指出，"影响学习唯一的、最重要的因素是学生已经知道了什么"；皮亚杰也认为，"学习者已有发展水平是学习的决定因素"。也就是说，我们要根据原有知识进行教学。这里，学生原有的知识就是学生的起点。很明显，不是每个孩子的起点都是一致的，了解这些，对于学生的发展很关键，这也是每个教师应该努力做到的。

二、行程——从体验走向思考

荷兰数学家弗兰登塔尔曾明确指出：儿童学习数学唯一正确的方法就是实行"再创造"。而要做到这点，最重要的是要让孩子学会独立思考，充分发挥其潜能。可以这样说，独立思考是课堂学习的主体，是课堂生命力最重要的呈现方式，也是自主发展的重要前提。

小学生以形象思维为主，缺乏抽象思考的能力。部分学生往往是由于课堂上缺乏独立思考，久而久之"等待老师和班级优秀生'解惑'"的习惯就此养成，从而导致学习能力逐步下降。因此，教师有必要在课堂上创设与教学内容联系紧密而具体的生活情境，让所有学生在熟知的情境中体验生活，感知数学，为解决数学问题奠定良好的基础。比如，有的教师通过创设具有生活气息的问题情境引导学生独立思考；有的教师则利用各种具有启发性的语言、图形的刺激激起学生"我能思考""我会解决"的欲望，树立他们的学习信心。

然而，对于存在学习困难的这部分孩子来说，想要他们主动地独立思考不是那么容易的事情。教师需要做的，不仅是燃起他们独立学习的火苗，还要为他们搭好走向成功的"架子"。学生有了学习的欲望后，教师就要趁热打铁。再以教学"长方形面积的计算"为例，"你觉得长方形的面积会和什么有关？""如果和它的长和宽有关，又有着怎样的关系？"先独立思考、猜想，再通过组织活动使学生在活动中边思考，边发现、验证自己的猜想。在活动过程中，教师应多与学困生们交流：你想到了什么？能验证给老师看吗？如果学生回答正确了，教师应予以表扬，如果有错，教师帮忙寻找出错误所在并及时纠正。在全班交流时不仅要听到优秀生们完整表达，也要给"学困生"展示的空间，使他们觉得自己也是有能力解决问题的。《学记》要求教师在课堂教学中要"善问"，笔者认为，其要旨就在于不能在学生力所不能时还强行向孩子灌输，从而造成学生独立思考能力的损坏。而刚才的设计恰恰在学生能与不能之间铺设了一架桥梁，引领他们通过动手与思考到达成功的彼岸。教师若能长此以往，时刻引导学生养成独立思考的习惯,那么带领"学困生"们走出困境这一目标就不是遥不可及的了。

三、终点——从成功走向幸福

新课程突出了培养目标的全面性,笔者认为,姑且不谈数学三维目标的实现,"学生对已有知识能否灵活运用"倒是值得探讨的话题。要知道,并不是所有孩子都能恰当地解决好实际问题。例如,学生掌握了长方形的周长计算公式,可遇到计算平行四边形或者三角形的周长时就会手足无措,这就说明学生还处于套用公式阶段,同时也意味着他们并没有真正理解公式的由来。这是一种思维的惰性,而这种惰性来源于课堂本身,原因在于教师过于注重完成课堂任务而忽视了学生的动手探究,从而主观上造就了"学困生"。事实上,学生独立思考、主动动手探究得到的结论会更加深刻地印在他们脑海中,那种通过自己努力获得知识的成功和喜悦之情是任何教育方法所无法替代的。尤其是学困生,教师更应该给他们创造成功的机会,使他们不但能体验成功的喜悦,更能树立学好数学的信心。

如在教学"除数是分数"的实际问题时,难点是:要求1小时读了多少页,要先求出1小时读的页数再乘以4。一位教师是这样做的:

师:(出示一根20厘米长的绳子)你能想办法了解绳子的长度吗?

生:可以用尺量。

师:(出示60米长的绳子)用手中的尺一次量出绳长,你能想到好办法吗?

生:(动手拿出绳子操作、思考)可以把绳子对折再对折,先量出绳子的1/4长度,然后再乘以4,就可以算出绳子的长度。

这一教学过程中,学生通过独立思考、动手操作发现了一根长绳与对折后绳子的关系,并运用这一知识解决了新知识中的难点。虽然这样的方法不一定是所有学生都能想到的,但有了这样一个解决问题的经历,孩子们在今后解决问题之路上会更有信心。

很多教师认为能否很好地完成教学任务是评价一节课成功与否的主要因素,因而都把"当堂清"当作教学的终极目标。可是对于全班所有学生,尤其是"学困生"而言,要实现"当堂清"并不是那么容易的事情。教师需要在课堂练习与课堂作业中,对"学困生"予以更多关注,及时反馈,不让任何一个"学困生"存在侥幸心理——我可以不写,我可以等其他同学的答案,不订正也没关系。要确保基础练习逐题过关,要尽量保证学困生离教师更近些,对于独立的练习,教师要不时检查,了解情况。对于课堂作业,教师可安排逐题批阅,可按小题,也可按大题批阅,以便及时发现问题,及时纠正。实践证明,密切关注和及时纠正有利于学生学业的提升。

课堂的结束并不意味着学习的结束。笔者认为,我们应当在课后为孩子适当延伸练习,目的是为学生尤其是"学困生"补差"加油"。教师应该让孩子清晰地知道"他们有什么任务,而且要能够不折不扣地完成任务",这对于数学学习特别重要。在这个阶段,教师应该充当最好的陪伴者,要关注学生对每一个细节的理解程度。

改进小学教学评价方式

李孝圣 *

高考是指挥棒,千丝万缕一条线,尽管各级教育机构出台了各种"减负令",但都治标不治本,所以"减负"也不过是治疗应试教育的一方"止痛剂",它仍然阻止不了高考给学生和家长带来的压力,学生们之所以不敢懈怠,是因为他们知道最后这一关他们必须要面对。既然我们无法面对"减负"来减轻学生的学习压力,实现素质教育,何不因势利导,发挥试卷的杠杆作用,把新课标的内涵、理念及目标通过试卷反映出来,彻底变革学生的学习方式,通过一份符合真正意义上的素质教育试卷来诠释素质教育。

一、改革考查方法,以考引学

我国的学生在学习阶段用"书山题海"来形容毫不为过,虽然各种"禁令"接二连三地颁布,但"树欲静而风不止",只要高考这种应试方式不变,学生就永远苦海无边。谁都知道我国从小学到大学的考试方式都是"你问我答"的应试模式。这种模式的缺陷是显而易见的,学生答题时对知识内容有照本宣科、生搬硬套、死记硬背、随机选择等,缺陷掩盖了学生能动获取知识的过程。新课标要求学生的学习活动不能单纯地依赖模仿与记忆,强调动手实践、自主探索与合作交流也是学生学习的重要方式,但是如何去检验学生运用这些方式的学习效果呢?显然,过去那种"重结果轻过程"的应试试卷是检测不出来的,这是传统试卷的弊端之一。

然而可以肯定的是,检测偏重求知过程的结果比只重结果更为重要。所以,布鲁纳在讲述他的教学论核心思想时说:"所谓知识,是过程,不是结果。"在这些方面,西方发达国家的做法颇具借鉴意义。以学生做一道美国五年级数学习题为例,由此引出的师生不同应对策略可见一斑。

同一道计算题,中美教育在计算结果、技能目标、过程目标上并没有太大差别,而师生的应对策略却截然不同。同样为了培养"数感",美国学校在教学过程中强调重视解决问题的过程,而我们片面追求计算的速度和准确率,机械重复的练习。这样固然可以提高正确率,但与学生丧失的学习兴趣、耗费的时间精力相比,结果明显得不偿失,我们的学生付出了与回报不等价的辛苦。值不值得?试想一下,即使一个学生前十道题计算均正确,谁又能保证他第十一道题不错呢?有研究表明:如果学生的数学技能是在充分发展"数感"的过程中形成的,那么其技能就能运用自如;相反,如果我们只教给学生技能,那么他们掌握的只是程式化的或是机械式的技能,这样的技能是没有创造力和生命力的。

其实,我们也知道应该重视学生解决问题的过程,但这要求与实际运作相差甚远。在课堂上,付诸实施的体验与感知也只不过是师生们昙花一现的表演,大多是利用这个过程去寻求结果,却没有对学生的这个过程进行检测的题目,或者并不知道怎样去检

---

* 李孝圣,扬州大学教科院附属杨庙小学副校长,一级教师。

测。久而久之,师生们忽略了解决问题的过程,甚至在过去的几个年代觉得这个过程是多余的,因为它可以通过记忆、模仿去弥补。试卷的考核标准会影响师生以后要教什么,学什么,需要注意什么,两地教育对目标的解读差异决定了应对策略的不同。都要求把题目做对,侧重点有所不同,学生的学习方式则有了两重天的差别。我们和发达国家彼此都在批判地学习,对方这一类习题的考核标准应该是可以接受的,只有改变我们的考查方法,降低对结果的考核比重,转变题型,转移学习的重心,才能把学生引入真正的探究学习中来。

二、重建考查机制,以考促学

《基础教育课程改革纲要(试行)》提出:"转变学习方式是这场教学改革的核心任务"。如果我们仍然把理念的转变放之目标、口号阶段,仍然用"穿新鞋走老路"的方法检测学生;如果认为把百分制换成等级制,从研究教师的教法转而研究学生的学法,就进入了素质教育阶段,那再多的"禁令"也是一纸空文。

一种怪现象如今可能见怪不怪了,我国30年前小学生所考的"填空、判断、计算、解决问题",今天的学生仍然在考。课程改革经历若干次,难道同样的试卷能检测历次的目标、理念和技能?毋庸置疑,试卷的内容决定了学生学习的方向,试题的形式决定了学习的过程。可见,试卷"指挥棒"不但指挥了师、生的教、学方式,而且撬动了一个无形的应试经济现象。试想一下,如果把这指挥作用着力于促进学生学习方式的转变,使它在实现新课程改革的根本任务和具体目标中成为一道重要的环节,那它发挥的潜力将是无穷的。

我们可以通过重新设计作业要求,来调控学生的学习方式,使发现学习不再成为一种形式。笔者曾试着在长假期间给六年级学生只布置一道题:猫是一种怕冷的动物,请你用数学实验说明猫冬天睡觉时为什么要缩成一团?要求:可以请教家长,可以上网查资料,可以咨询专业人士。结果作业交上来,答案五花八门,形式各不相同。虽然以前没有做过类似的作业,但答案也有出类拔萃的,显然是受过高人指点。大意是这样的:用8个同样大小的小正方体演示,当摆成 $1 \times 1 \times 8$ 的长方体时,代表猫伸直了腰的形态,它的表面积是34;当摆成 $1 \times 2 \times 4$ 的长方体时,代表猫微缩的形态,它的表面积是28;当摆成 $2 \times 2 \times 2$ 的正方体时,代表猫蜷缩成一团,它的表面积是24,是最小的,因此散热的面积也越小,所以猫要缩成一团。这题的对错我们姑且不论,但这题的作业形式及学生对作业的情感态度较以往相比,有哪些利弊?为此,笔者调查了一部分学生、家长、同行,普遍感觉如下:

学生开心:减少了平时大量重复的计算及公式运用,增强了直观性,通过操作发现求表面积除了计算外还可以观察、数,同学、师长之间协作交流,提高了自主探索的积极性。同时,在上网求助过程中还发现了许多意想不到的收获,表示愿意接受这种作业形式。

家长担心:题型很好,亦能通过多种途径解决问题,激发学习兴趣,切实减轻了负担,但不是长久之计,即使这类题目做得再好,也是"屠龙技",因为期末检测甚至将来升学不会这样考。

教师期望:新的学习方式在注重基础知识的同时兼顾基本技能的形成,创新能力的培养,使学生走出"书山题海",使教师不再困顿于各种"禁令"之中,把学习变成人的主体性、能动性、独立性不断生成、张扬、发展、提升的过程。

这道题使我们摆脱了过去那种对公式的死记硬背和枯燥无味的计算模式,使学生在操作过程中发现问题,解决问题,通过模拟研究,发现同体积的长方体长、宽、高越接近,表面积越小。不拘泥一种方式求表面积,哪怕是数,重在8个小正方体的不同组合中体验探寻发现规律的过程。它既涵盖了特征、公式、计算等基础知识,又培养了学生比较、猜测、推理等思维品质,即使没有做对的学生也从中有所收益,至少知道了以何种途径解决类似问题。

"考什么,学什么。"从某种程度上说,政策操作有时候也变得相当简单。平时要求教师千方百计引导学生要自主、合作、探究学习,社会舆论要减负,可课堂开的是"自主学习"的花,考试要的是"被动接受"的果,学习方式与检测手段相抵牾,如何步调一致?教材中大量的应答练习题如何改造成可供学生自主研究的习题?试题如何体现为学生自主发现研究的结果?这是我们亟须思考解决的问题。

三、突出过程考查,以考促教

中国学生在奥林匹克学科竞赛中屡获金牌,而诺贝尔奖内地至今只有一人获猎。为什么同样是华人,旅居国外的华人却能登上世界学术的最高殿堂?他们的区别在哪?借用鲁迅的一句话:天才是可贵的,而培养天才的泥土更可贵。我相信这里的"泥土"应是一种氛围、方法或体制。且看下面一段普受赞赏的"分数化小数"的教学实录;以窥一斑:

用计算器把下列分数化成小数。

$$\frac{3}{10} \quad \frac{7}{9} \quad \frac{3}{17} \quad \frac{5}{8} \quad \frac{7}{8} \quad \frac{10}{3} \quad \frac{3}{4} \quad \frac{7}{20} \quad \frac{9}{8} \quad \frac{5}{18} \quad \frac{19}{20} \quad \frac{48}{20}$$

师:你发现这些分数化小数时会出现哪几种情况?(除尽、除不尽)

引导观察并猜测:一个分数能否化成有限小数,跟分数的什么部分有关?

A:和分子有关?指出$\frac{3}{10}$、$\frac{3}{17}$、$\frac{3}{4}$(或$\frac{7}{9}$、$\frac{7}{8}$、$\frac{7}{20}$)的分子相同,但是有的能转化成有限小数,有的不能转化成有限小数,证明与分子无关。

B:和分母有关?指出$\frac{5}{8}$、$\frac{7}{8}$、$\frac{9}{8}$(或$\frac{7}{20}$、$\frac{19}{20}$、$\frac{48}{20}$)的分母相同,虽然分子不同,但都能化成小数,证明与分母有关。

可能和分母有什么联系?让学生充分讨论,提出自己的猜想。(与分母是奇数、偶数、质数、合数、分解质因数的结果有关。)

最后通过验证得出结论。(一个最简分数的分母不含有2和5以外的质因数,就可以化成有限小数。)

这是一个典型的理念决定教法的案例。教师煞费苦心地罗列一些分数,巧妙地把学生引入了观察同分子、同分母分数的渠道,进而研究分母的特点得出了结论。在大家异口叫好的同时,笔者不禁感到困惑:罗列出这么一类具有鲜明特点的分数是"过程"还是"目的"?怎样引导学生知道要把分数按分子、分母归类?又是谁暗示把分母分解质因数呢？笔者认为，能把一些杂乱无章的分数有目的、有意识地进行归类研究，这正是发现学习中的核心部分——"培养学生发现问题能力"所要解决的重点，它应是一次次碰壁后出现的柳暗花明，也是本课解决问题的关键。但现在它却被老师包办，把这个"结果"当"过程"前置了，使它成了归纳结论的铺垫，而课后那些习题要求更是促使了"师生舍本取末直取"结论。那学生学到的是解决问题的方法还是那最后一句结论呢？孰轻孰重，不分自明。学生以后在陌生的领域会遇到各种各样的问题，谁来预设？学生又怎样独立解决？不是今天所有的知识都能解决以后所有的问题的。所以，梁启超倡导的"教员不是拿所得的结果教人，最要紧的是拿怎样得着结果的方法教人"，在今天仍是高瞻远瞩的先见之明。

"转变学习方式"是这场教学改革的核心任务。在新课程的理念下，我们教师角色已由传统的"解惑者"变为"引惑者"，把自己放于未知者的角度，引导学生去共同学习，已成为新的教学潮流。但仅有这一点还是不完整的课改体系，没有相应的检测手段检查学生的学习过程及方法，我们只有"以学论教"，才能做到"教为了不教"，切实减轻学生的学习负担。学习方式转变的实质是教育价值观、人才观和培养模式的变革，这对促进学生的发展具有战略性意义。

小学数学课堂教学中的情感教育

夏晓峰 *

新的《课程标准》以促进学生全面、持续、和谐的发展为出发点，把情感、态度和价值观的培养放到了和知识与技能、数学思考、解决问题同等重要的位置上。事实上，在数学教学中，要想取得良好的教学效果，发掘、培养学生的良好情感是必不可少的。

一、建立融洽师生关系，以情育情

情感具有感染性。教师的情感态度会影响全体学生。教师要注重以自己的情绪、态度诱发学生良好的情感。在日常的课堂教学中，教师要时刻注意情感的释放和启发，缩短师生情感上的距离，形成一种凝聚力，产生情感上的共鸣。

首先，应营造宽松、民主、和谐的课堂氛围。民主、宽松、和谐的课堂氛围是传达知识的无声媒介，是开启智慧的无形钥匙，是陶冶情操的潜在力量，是发展学生创造思维的保障，是学生敢于提出问题的基础。其次，应关爱每位学生的成长。所有的学生都期待鼓励和表扬，教师要善于观察，发现学生的闪光点，及时通过语言、动作、表情等方式表扬学生。课堂上教师对学生关注的话语，信任的点头，轻声的询问都是师爱情感的流露。特别是对于学习困难的学生，教师更应该创造条件，使他们有机会表现自己，使"学困生"在"表扬—努力—成功—自信—再努力—取得更大成功"的过程中形成学习上的良性循环，不断萌发上进的心理。

* 夏晓峰，扬州市邗江区美琪学校，高级教师。

二、激发学生热爱数学的情感

作为数学教师，我们要有责任感和自信心去培养学生热爱数学的情感。课堂上教师要尊重学生的选择和想象，尊重学生的个性和情感，真诚地欣赏学生尚显幼稚的创造，使学生感受到"学习数学有意思—想参与—积极参与—获得成功的喜悦"这样一个情感历程。

教师要用数学知识的内在魅力诱发学生热爱数学的情感，要充分展现数学符号和公式的抽象美、数学比例的协调美、数学语言的逻辑美、数学方法的技巧美、数学图形的对称美、数学习题的趣味性。课堂上，教师可结合教学内容用生动的、富有教育意义的现实材料和数学史料等，丰富学习资源，创设情境，让学生在学习活动中不断产生对数学的好奇心和求知欲，并由此将学生对数学学习的需要转化为内在的动机。实践告诉我们，结合教学内容，从生活、生产和科研实践中选择素材引入数学知识、数学问题，使学生深切感受数学与人类生活的密切联系、对社会发展的作用，不断激发、强化学生学好数学的心理需要，这些对培养正确的学习动机是极为有效的。

三、培养学生的探索欲望，享受成功的情感体验

兴趣是开启智慧的钥匙。学生的学习兴趣越浓，越有利于取得良好的学习效果。在教学中，教师创造机会让学生主动探索，积极思考交流，使学生自己的生活经验和学习基础得到不同程度的巩固、发展，并能在这个过程中感受到数学的魅力和学习的快乐。例如，在教学"分数的初步认识"时，笔者设计了这样的环节，用分数表示图意，并观察分数中的分子与分母各表示的是图中的哪一部分，从中能发现什么规律。通过独立思考、自主探究，学生发现分数中的分母其实表示的是把整体平均分成总份数，而分子则表示的是从整体中取了几份；当取的份数与总份数相同时，那就表明取了这个整体，可以用"1"来表示。

四、培养学生善于与他人合作的精神

现代小学生的自尊心、自我意识和自我中心意识等不断增强，而与人合作的欲望逐步淡化，遇到学习困难往往就会放弃，从而引起一系列的问题。《课程标准》提出："要倡导学生主动参与、乐于探究、勤于动手，培养搜集和处理信息的能力、获取新知识的能力、分析和解决问题的能力以及交流合作的能力。"所以，在教学过程中，要注重创设问题情景，培养学生善于与他人合作的精神，让学生在与同学的合作学习中体会到快乐。例如，在进行梯形面积公式的教学时，首先让学生自己思考，怎样转化成学过的图形，推导出面积公式；然后让他们通过动手实践、小组合作交流来完成公式推导；再让他们展示推导过程，通过展示把各种方法进行对比、分析，从而得到最优化的方法。在整个学习过程中，学生在与同学的不断交流和合作、互相帮助和支持中，感受同伴间的友谊和真诚，从而愿意与他人进行交往、合作，体会合作的重要性，从而培养了学生的合作精神。

五、发挥多元化评价的激励功能

教学评价是教学活动不可缺少的一个基本环节，它在教学过程中发挥着多方面作用。要改变传统的将纸笔测验作为唯一或主要的评价手段的现象，运用多种评价方法对学生进行评价。例如，表扬性课堂评价：课堂中的评价影响到学生继续学习的积极

性。评价得好,学生劲头十足,思维空间扩大,对下一知识充满信心;评价不得当,学生会失去信心,郁郁寡欢。积极评价是不吝啬表扬。对回答问题有进步或提出独到见解的学生,及时给予肯定,或竖竖大拇指,或全班击掌鼓励;学生回答不正确或不完善时,可以这样鼓励:"你思维很灵敏,再细心想一想,看能否说得更完整。""你真爱动脑筋,继续努力!"教师要避免直接否定的评价,也要批评同学间的嘲笑。心理学家告诉我们:"一个人只要体验一次成功的喜悦,便会激起无休止的追求意念和力量!"很好地对学生进行鼓励性评价,学生将会获得一种再接再厉的内趋力。因此,平时每次对于学生作业的批改,不能只用生冷的"√"或"×",而是要加上一定的激励性语言。有针对性地为不同层次的学生所做的作业写上批语,这样不仅能传递教师对学生学习的要求和指导意见,使学生及时获得反馈信息,而且有利于增进师生感情,强化学习动机,激发学习兴趣。

总之,学生的情感、态度、价值观的培养,是一个由知识与技能的学习过程所承载的启发、渗透和感染的过程。教师应不断转变观念,在数学教学中想方设法把情感洒满课堂,关注学生情感态度的发展,激发学生的学习热情,保护学生学习的积极性,增添他们学数学的乐趣,让每位学生都爱学数学;鼓励学生积极参与数学学习活动,让学生去亲自感受、体验、领悟数学学习内容。只有日复一日的点滴积累,汇滴成溪,才能实现升华。教师要把情感、态度、价值观的培养时刻装在头脑中,有意识地、自觉地贯穿于教学过程的各个环节之中,使其成为教学过程的灵魂;要时刻牢记课堂教学不仅要完成数学学科的知识目标,还要培养学生丰富的情感、积极的生活态度,关注学生的思想成长和价值观形成,既要教书,更要育人。

如何做一名学生心坎里的小学语文教师

刘晓艳 *

教师,这个身份本身就是或应该是一种教育,特别是小学阶段的教师,对小学生们的影响很大。"如何做好一名小学语文教师",这是需要小学教师不断反思、自问和践行的问题。对这个问题的不同回答体现了不同的教育观,展现出不同的教育实践形态,生成了不同的解决教育问题的路径和方法。"我将做一名怎样的小学语文教师?"如果我是一个视分如命的语文老师,那语文课一定是紧张的,因为我们要分分必争;如果我是一个看重各种荣誉的语文老师,那我的课堂有可能会被浮躁霸占;如果我是一个专制暴力的语文老师,那我的课堂纪律应该会很棒,但是用不了多久,我的语文课就将没有生机,死气沉沉。我不愿做这样的小学语文教师,我希望做一名理解学生、关心学生、激励学生、启发学生的小学语文教师。

一、与学生亦师亦友

在教学工作中,我深切地体会到学生就是我的一面镜子,我怎么对他,他必定怎样

* 刘晓艳,山东师范大学第二附属中学小学部,小学语文教师,硕士学位。

对我。6 岁的孩子有着惊人的洞察力，他们能读懂老师的表情，他们能猜测老师的心理，他们能根据老师的态度选择和你亲近或是疏远。现在的王俊是一个聪明可爱、胖嘟嘟的小男孩，他的小脸小手肉嘟嘟的，让人看了都想咬一口。可是我还记得入学的第一天，王俊小心翼翼地走进教室，他环顾四周，眼神里露出胆怯和不安，站在教室门口，一下就哭了，紧接着呕吐。后来从医务室回来，以为没事了，可是在接下来的课堂上，他除了趴在桌子上，什么都不做，如果我点到他的名字，他只有一个反应——哭。在和王妈妈沟通后，我了解了王俊的情况，原来他有过三次被关小黑屋的经历，正是那三段恐怖的经历让他丧失了对老师的信任。从那天起，我随时关注王俊的表现，一有机会就表扬他，课下到他座位旁和他聊天说话，多对他微笑，请他到我家做客，送他书。慢慢地，他对我消除了戒备，他已经不再是 9 月初的王俊了，今天的他活泼、可爱、有礼貌，相信明天的他会更棒。在这个世界上，唯有爱才可以让人牵肠挂肚，唯有爱才能解决一切棘手的问题。周一我又要见到我的 55 位孩子了，我要用真心、真爱去感化这些小精灵，用真心、真爱去呵护他们，教育他们。

二、小学教育无小事

此刻我坐在电脑前，回想着这一天发生的事情。发生了什么事情呢？细想好像也没有什么事情，真的没有什么事情吗？可是，我一天还挺忙碌的呀。惊天动地的大事确实没有，但是细小的琐碎的事情一件也不少。一个学期下来，几乎天天如此。这些细小琐碎的事情将伴随我一生，这些细小琐碎的事情就是我的工作，而我的工作不是小事，是天大的事情，所以我每天经历的这些细小琐碎的事一点也不小，一点也不碎。

这些所谓的细小琐碎的事情，关乎我的这群孩子们的成长与发展。上课坐端正，长大后才有可能不驼背；写字姿势摆端正，才可能有明亮的眼睛，才可能不会小小年纪就戴上大大的眼镜；见了老师主动打招呼，以后才能成为一个有礼貌的人；下课不在走廊乱跑，走路靠右边，长大了才可能成为遵守交通规则的好公民。我在做的不正是这样的事情吗？谁敢说这些事情小，看似小，其实很大。

一件事情接一件事情，一件事情擦一件事情，当我们还有我们的孩子们把每件事儿都精心做好后，我们亲爱的孩子们就在悄悄地成长了，他们将学会如何做人和做事，如何学习和生活。孩子们需要我们的耐心、信心和恒心。但是，我有时还是没有足够的耐心对待我的孩子们，今天我还没有告诉孩子们：你们下课主动打扫教室很好，但在打扫的时候一定要注意安全；我还没有表扬主动为我在走廊执勤的孩子；我还没有给我那个新来的孩子补课；我还没有让每个孩子把"g""k""h"记住、会组词；我还没有好好听一听同事的课；我还没有干很多的事情。今天就这样过完了，今天又结束了，明天接着来。在一件件的小事中，教师充盈了教育的含义，孩子们也跟着一点一滴地成长，他们终将成为参天大树。

三、提高语文教学质量

作为一名小学语文教师，首先，我以为语文教学首先要重阅读，读什么和怎样读将影响孩子未来的发展。开家长会时，我呼吁家长在家多陪孩子读书，在学校只要有机会我就和孩子们一起读。每周我都会给孩子们上一到两次阅读课，我和孩子们正在一起建设一门良好的阅读课程。其次，语文课堂应是充满激情的、轻松的、温馨的。我希望我的语文课堂首先是充满激情的,用我的激情点燃 55 名孩子心里那团小火苗,还怕什么课堂效率低下?我希望我的语文课是轻松和温馨的,之前一直在考虑充满激情的课堂怎么会轻松和温馨呢?现如今想通了,当孩子们的激情被点燃后,他们就会全身心地投入到语文的学习中。全身心投入地去做一件事情,是不会感觉到辛苦和劳累的,相反他们会觉得语文课有趣,自己轻轻松松就学会了、弄懂了。

怎样让我的语文课充满激情呢?首先,我告诉自己语文课上我的语言必须充满激情,让不同的语气语调从我的嘴里有序流淌。其次,我告诉自己我的表情必须是能够点燃孩子们的激情的,这种表情当然不是冷冷的酷酷的,而是面带微笑,偶尔还配上一点夸张的表情。想法是极好的,我也努力去做了,可是问题又来了:当我的课被那一两个调皮捣蛋的孩子打断后,我的微笑被愠怒和不满的表情取代,我的声音瞬间提高 8 个分贝,这时我的温馨的、轻松的课堂在哪里?所以,首先要修炼好自己,才可能创造一个温馨、轻松的课堂。

最后,作为一名小学语文教师,掌握广博的知识很重要。在语文专业知识方面,一要精,二要专。"这个偏旁的名称是什么?这个字的笔顺是怎样的?这个字到底是读轻声还是其他声调?这个字母占哪个格?"这些问题看似简单,却是很专业和严谨的语文知识,教师只有扎实掌握了小学语文乃至整个基础教育阶段语文中涉及的专业知识,才能将扎实的知识教给孩子们。除了专业知识,还需要广博的课外知识。教师的视野影响学生的发展,站在课堂上,我能感觉到自己距离理想中的"源头活水"还有很远的路要走。当讲到李白,能声情并茂地背诵几首李白的诗;讲到一句话,能马上告诉孩子这句话的出处;看到一个字,马上可以在头脑中搜索出相关的知识。那是怎一个"爽"字了得啊。其实,教师拥有广博的知识的作用又何止于此,只要教师能将它们恰当地运用到教学中,它们将会是提高教学质量、创建班本课程、培养学生学习兴趣、促进师生良好关系乃至于师生自我实现的强劲动力。

不要让探究浮于表面

贡 佳*

一次,我有幸在一所学校的"一日开放"活动中听了"长方体和正方体的认识"一课。

教学片段:

导入:(教师出示一些长方体实物)

师:你们认识这些物体吗?从外形上看这些物体都是什么形状?

生:都是长方体。

师:你能再举一些长方体的例子吗?(生举例)为什么它们都是长方体?长方体有什么特征呢?本节课我们就来共同研究。(板书:长方体和正方体

---

* 贡佳,扬州市邗江区美琪学校副校长,一级教师。

的认识）请同学们拿出事先准备的长方体,根据老师出示的自学提纲进行自主学习。

> （1）长方体有几个面？每个面都是什么形状的？相对的面有什么特点？
> （2）长方体有几条棱？这些棱有什么特点？
> （3）长方体有几个顶点？

　　学生操作学具进行自学,教师巡视指导,六七分钟后,教师组织反馈。（将自学提纲问题逐一落实）
　　……
　　整节课,结构十分完整,层次十分清晰,课堂氛围十分活跃。从表面上看,学生动手了,探究了,思考了,也合作了……但仔细分析我们不难发现,其中有多少学生自主探究的影子？该掌握的知识有多少是学生通过自主探究而获得的？这样的教学看似突出了学生自主探究的地位,其实仍是教师讲解的延续,是教师牵着学生的鼻子走的变式罢了。根本没有形成有效的探究经验,难以形成良好的学习品质。
　　回校后,按学校规定必须上一堂外出学习的汇报课,我决定再上这节课。
　　教学片段：
　　学生拿出事先准备好的土豆和刀子,教师引导学生切一刀得到一个面；切第二刀得到两个面、一条棱；切第三刀得到三个面、三条棱、一个顶点（板书：面　棱　顶点）；再切三刀得到一个长方体。
　　师：下面进行切长方体比赛,看谁切得又快又像。（学生切过后,展示切过的长方体）
　　师：（展示几个切得不像的）谁来说说这几个为什么不像长方体？（生答略）
　　师：看得出来,看似简单的长方体还蕴藏着很多的奥秘,你们想不想去研究它？这节课我们就共同探究长方体到底有哪些特征。（板书：长方体和正方体的认识）请大家拿出事先准备的长方体,从面、棱、顶点三个方面,用看一看、比一比、量一量等方法来研究。小组合作,比一比哪个小组总结出的特征多。
　　（学生按老师的提示开始小组合作,主动探究长方体的特征。）
　　……
　　在评课活动中,我将外出听课和评课情况向大家做了汇报。通过交流对比,大家普遍认为：借助于切土豆的游戏,让学生自然地认识到何谓面、棱和顶点,将学生自然地带进研究长方体的特征中,使学生的手、脑充分动起来,提高了学生的学习兴趣。在操作过程中,教师的有效引导使学生把握了研究的方向,明确了探索的方法。学生不仅探究出了教师预设的内容,有的学生还得出了"从一个角度看,最多同时看到三个面"的结论,甚至有的学生还尝试自己画了长方体的立体图形。整个学习探究过程,学生时而观察、时而思索、时而交流、时而操作，虽然有时感觉"乱糟糟"，但学生个个兴趣盎然，真正体会到了自主探究的乐趣。

通过听课并上同一节课，我深刻领悟到：在教学过程中，教师在学生自主探究过程中的引导既要"到位"，又不应"越位"，只有这样才能真正促进学生的发展。为了将学生的自主探究落到实处，我觉得应注重以下几点：

1. 创设情境，诱发自主探究的欲望

教师的课堂导入这一环节起着影响全局、辐射全课的作用。一堂课的开头就像一块无形的"磁铁"，虽然只有短短的两三分钟，但要达到吸引学生注意力、调动学生情绪、打动学生心灵的效果，必须从形成良好的课堂气氛切入口。教师简短的导入能为学生自学探究作铺垫，学生有了浓厚的兴趣，就会主动地进入自学探究过程。

2. 突出过程，提供自主探究的机会

学生有了参与意识后，教师应及时引导学生参与教学活动，这是必须突出过程的教学。教师要充分提供给学生自主探究的机会，让每个学生都参与到整个学习活动中来。在本课教学中，我始终把学生置于主体地位，积极引导他们通过看、摸、想、议、切、说等过程，亲身经历数学知识的"再发现""再创造"过程，调动学生的学习主动性和积极性。在学知识的过程中，既发展了空间观念，又培养了能力；既培养了独立思考的能力，又锻炼合作交流的能力，让学生感受到成功的喜悦。教师在其中起到了组织者、指导者、帮助者和促进者的作用。

3. 动手操作，体验自主探究的乐趣

这一步既是对探究成绩的巩固，又是对探究效果的检验，其作用在于帮助学生学会方法。首先，教师要根据教材要求和学生合作探究情况，简要归纳、概括讨论要点。比如掌握什么方法？理清什么概念？明白什么道理？几句画龙点睛的话，就给学生以明明白白、清清楚楚的交待。然后，要求学生运用自学和讨论探究获得的知识，学会举一反三，解决类似或相关的问题。

4. 遵循规律，留足自主探究的时间

学生的思考、动手操作需要时间。有的教师提出问题后便急于让学生回答，学生自己思考的时间不够，无法对问题进行深入探究；也有教师认为学生探究"很费时"，从而设计了很多问题或滔滔不绝地讲解，中间虽然给学生一定"探究"的机会，但没有给足时间，这样就达不到让学生积极自主学习的目的。所以在课堂上要多给学生一些学习的主动权，多给予学生一些自主学习的时间和探究的机会，尽可能激发他们的自主探究意识，使他们真正成为学习的主人。

5. 因材施教，保证自主探究的广度

在课堂上让学生自主探究时，很容易使课堂成为中上等学生的舞台，而另一部分后进生，却只是一个配角，有时充其量是个观众，他们已经被中上等学生的"阴影"覆盖，这是违背教育面向全体的要求的。所以教师要注意尊重学生个体差异，在课堂上做到"上不封顶，下要保底"，这是大面积提高教学质量的前提。在教学中，应针对各种教学内容，精心设计，让不同认知水平的学生都可以自主学习。

一位教育学家说过："教学，其实是教师引导的艺术。"引导到位，则是真正的自主探究；引导不到位，则可能是"盲目探究"或"虚假探究"。只有教师的引导适时、适度，较好地处理了"放"与"扶"，才能创建扎实、高效、智慧的数学课堂。

重视评价机制　提高课堂效率

刘雪梅 *

法国教育家第斯多惠说："教学艺术的本质不在于传授，而在于激励、唤醒和鼓舞。"课堂教学评价是教学活动不可缺少的组成部分，对教与学起着导向、激励、调控作用。小学生年龄尚小，教师的激励性评价对他们来说如一剂不苦口的良药，能使他们在自省中矫正自己的行为，促使他们不断奋进。正如英国教育家约翰·洛克所说："儿童学习任何事情的最合适时机是他们兴致高，心里想做的时候。"为此，在数学课堂教学中，教师适度运用激励性评价是让课堂"活"起来最有效的策略。

一、要重视评价学生数学学习的过程

在传统教学中，教师要考查学生对数学知识的掌握，一般通过查看学生完成作业的情况或上课发言的质量，而往往会忽视对学生学习过程的评价。而《新课标》指出：对学生的学习过程的评价，应该考查学生是否积极主动地参与数学学习的活动，是否乐意与同伴进行交流和合作，是否具有学习数学的兴趣。笔者在平时的观课议课活动中发现：一年级小朋友的抽象逻辑思维能力大多较差，在学习加减法计算时，都会借助小棒、计数器等学具进行计算。但由于学生之间存在着个体差异，学生的认知水平也有较大程度的区别，有的学生无须借助任何学具就能熟练计算。如笔者在观"9 加几"的进位加法一课时，看到有老师规定每个学生都要用学具摆一摆"9 + 5 = ?"，要求先在左边放 9 根小棒，右边放 5 根小棒，然后边动手边思考：怎样移动算出一共有多少根小棒呢？会算的要摆，不会算的也要摆。人人齐动手，个个有学具，课堂气氛甚是活跃。殊不知好多学生这样做只是出于老师的要求，并非自身意愿，纯粹的机械操作，失去了借助实物演示探讨算法的教学意义。甚至在巩固练习阶段，学生已经熟练到能直接口算得数的程度了，有的教师仍要求学生先摆一摆小棒，再写得数。笔者认为，这样做不仅流于形式，更是一种累赘，同时也大大削减了许多学生的学习积极性。试问这样又该如何评价我们的学生呢？一句"大家摆得真好，你们算得又对又快！"就能体现所有学生的学习情况了吗？对于多数思维灵活的孩子来说又有什么意义呢？我们的老师是不是应该优化一下教学设计，采取这样的方式来教学呢：

【片段】

　　师：(电脑出示算式：9 + 5 = ?)小朋友们，你们知道 9 加 5 等于多少吗？

　　生：知道！／不知道！

　　师：(手势)嘘……你能想办法算出 9 加 5 的得数吗？

　　生：(信心满满地)能！

──────────────

* 刘雪梅，扬州市邗江区实验小学教师。

师：小朋友们自由选择一种自己最喜欢的方法，可以拿出课前准备的小棒摆一摆、看一看，再算一算；也可以动一动自己聪明的小脑瓜想一想哦！

师：算好了吗，小朋友们？

生：算好了！

师：能跟大家说说9+5等于多少？你是怎么算出来的吗？

生1：老师，9+5＝14！我是用小棒摆出来的。左边放9根小棒，右边放5根小棒。我发现把右边拿一根小棒到左边，左边就正好是10根小棒了，然后10根和4根合起来就是14根小棒，所以，我就知道9+5＝14了。

师：你真会想办法！你用小棒帮助你计算，还发现把右边的小棒移一根到左边使计算变得简便！果然是"用手又用脑，就会有创造"！

师：同学们，有跟他一样做的孩子吗？掌声鼓励一下自己！

生：老师，我跟他不一样，我没有摆小棒就算出来了！

师：是吗？这么棒啊！你是怎么算出来的呢？

生：我是从前面学过的十加几就等于十几的知识里想起来的。我觉得9差1个就是10了，所以我想从右边的5里面借一个过来，这样就变成了9+1+4，所以就等于14。

师：哦！你真善于观察和思考！是的，其实你用的这种方法还有一个好听的名字呢，叫"凑十法"。

这样教学，学生既能积极主动地探究学习，增强学好数学的自信心，同时对于不用学具的孩子来说也是一种自我挑战，更提高了他们学习数学的兴趣。在教学中不仅注重了学习过程的评价，还关注到了学生的个体差异。

二、要重视及时恰当地评价学生的"四基"达成度

对"四基"的评价应结合实际背景和解决问题的过程，更多地关注学生对知识本身意义的理解和在理解基础上的应用。如笔者在教学一年级"认识物体"这一单元时，学生能把学过的长方形、正方形、圆形等平面图形的知识，有效地迁移到立体图形中来，很快地通过认一认、找一找、摸一摸、猜一猜等体验活动掌握了长方体、正方体、圆柱和球的图形特征。人人都掌握了基本的立体圆形特征知识，课堂气氛轻松又活跃。但当笔者进一步考查学生对立体图形特征的理解程度时，比如向他们提问："墙面上的开关盒是什么形状？"学生异口同声地回答："正方体！""是正方体吗？再想想看！"笔者静默不语，片刻，有学生坚定地告诉大家是长方体，并能讲出充分的理由。至此，全班学生恍然大悟，对长方体和正方体的图形特征也有了更深刻、更全面的理解。同样对于像一枚1元硬币这样形状的图形是不是圆柱体，学生之间也进行了一番唇枪舌剑，但最终都在学生们自主地探究和小组有效的合作学习中得到了明确的答案。由此，笔者认为"认识立体图形"一课，辨认长方体、正方体、圆柱和球等立体图形是学生需要掌握的基础知识，在评价学生时，除客观评价学生对这几种立体图形的辨认外，在拼搭和统计图形中所获得的一些经验和方法，如分类的方法及转化的思想也是评价的重要内容。

三、要重视评价学生发现问题、解决问题的能力

"问题是数学的心脏。"有了问题,思维才有方向;有了问题,思维才有动力。"生活中并不缺少美,而是缺少发现美的眼睛。"学习也是一样,如何培养学生从现实生活中发现并提出数学问题,通过努力探索出解决问题的有效方法是数学课堂中不懈追求的目标。因此,对于学生主动发现问题并解决问题的能力,教师应给予适时和合理的评价,这样才能不断增强学生发现和解决问题的意识,提高他们自身的能力,继而提升课堂教学的效益。

例如,我们设计了这样一个问题:8 名同学排队去郊游,排在最后的小朋友问:"我前面有几人?"

生 1:(脱口而出)7 人。

师追问:你怎么知道的?

生 2:图上数出来的!

生 3:心里面想出来的!

师(赞许):嗯!办法真不错,真聪明!那么,怎样用算式表示出来呢?

生 4:6 + 1 = 7。

生 5:8 - 1 = 7。

师:唉?同学们的结果一致了,可是列的算式不一样啊?怎么办呢?到底该列哪道式子才正确呢?不如大家一起在小组里讨论讨论吧?

生 6:老师,我发现提问题的是最后一个小朋友,只要用一共的人数(8 人)减去他自己就行了!所以,算式应该是 8 - 1 = 7!

师:同学们,孙 xx 同学的想法你们赞同吗?

一语道破天机,学生们的思维豁然开朗,话音刚落,学生们用热烈的掌声表示对孙同学的赞许。

笔者也充分肯定了他的想法,并恰当地对他进行了评价:孙某某小朋友真爱动脑筋,他能从图中发现提问的是最后一个小男孩,并能想出解决问题的办法,要问"他前面有几人"就用总数减去一人(他自己)就行了,真是了不起!我们就把这种解法叫作"孙某某解法"好不好?学生们欣喜万分,一下子想出来倒数第 2 个、第 3 个、第 4 个……小朋友前面分别有几人的解答方法,瞬间,班级里个个都成了"××解法"的创造者,人人都是"数学家",大家你问我答,不亦乐乎。可见,这种在数学学习中学生能发现问题并有效解决问题的能力是极需要教师做出适当评价的,这样才能不断激活学生的思维,提高学生的数学素养,同时也是引导学生自主探究学习的重要方式。

著名教育评价专家斯塔佛尔姆强调:"评价'不在于证明,而在于改进'。"在数学教学的每个环节,充分发挥教师激励性评价的魅力,同时欣赏学生自主评价与互评的精彩,渗透教师的关爱、包容和鼓励,这样就能为课堂注入一股新鲜的血液,让课堂教学活起来,使课堂成为学生流连忘返的殿堂,使学生获得更大价值的生命超越和个性发展。

试论民国乡村教师的群体构成及角色定位

张霞英 *

摘　要：民国时期的乡村教师大部分是由接受传统教育的私塾先生、接受新式教育的知识精英和接受留学教育的归国人才组成的。除了"教书育人"外,乡村教师在当时的社会生活中还扮演着乡村学童的教育者、乡村文化的守护者及乡村革命思想的传播者的角色,在当时的乡村社会生活中的发挥着关键作用,也为当前乡村教师的社会定位提供了借鉴和启示。

关键词：民国；乡村教师；构成；角色定位

20 世纪二三十年代,中国教育的重心在乡村,而承担乡村教育的乡村教师大部分是当地颇有名望的乡贤与有识之士。民国时期风云动荡的社会现实给予乡村教师不一样的生活背景,使得他们虽然穷而未达,却能一反传统士人独善其身的生活信条,在社会动荡的时代,勇于担当起历史赋予知识分子的特殊使命。

一、民国时期乡村教师的群体构成

民国时期是教育思想上中西际会、新旧文化冲突之时,而在教育体制上也出现了传统教育与现代教育体制并存的状况。此种条件下,乡村教师群体的来源也表现出复杂性与多元性,他们主要来自于不同教育背景的三种社会群体。

（一）接受传统教育的私塾先生

民国时期新式教育虽然已经取得了一定地位,但受社会传统及经济条件的影响,新式学校并不多。而且既使是新式学校,其中一部分教师也是私塾出身或是没接受过正式教育却曾任教于私塾的塾师。蒋梦麟曾描述自己的私塾老师是属于命途多舛、屡试不第的落魄秀才。他说："我们家塾里的先生,前前后后换了好几个。其中之一是位心底仁厚而土头土脑的老学究。他的命途多舛,屡次参加府试都没有考上秀才,最后只好死心塌地地教私塾。"[1]　在民国时期,乡村教师中接受传统教育,在乡间从事私塾讲学的"先生"占据绝大多数。"国民党统治建立后,河南行政当局虽一再取缔私塾和禁止读四书五经,但成效甚微,代表封建教育的私塾仍能与新式学校平分秋色,尤其是大部分农村,私塾且占压倒优势。"[2]　可见,由于其根深蒂固的基础和当时社会发展的不同步性,传统私塾塾师在广大农村仍然占据一席之地,成为乡村教师构成的一部分。

---

* 张霞英,山东师范大学教师教育学院,课程与教学论专业硕士研究生。

[1]　蒋梦麟：《蒋梦麟自传：西潮·新潮》,华文出版社,2013 年,第 35 页。
[2]　王天奖：《民国时期河南的学校教育》,《河南大学学报(社会科学版)》,1996 年第 3 期。

（二）接受新式教育的知识精英

在抗战前的民国时期，师范学校是受过西式教育的知识分子高度群聚之地。科举制度废除以来，"学而优则仕"的信条被现实所打破，当时中国的政治变迁严重阻隔了不同社会阶层之间的流动，这些从国内外高等学府毕业的学子们被排斥于当时的权力体制之外，他们心中的理想与抱负失去了植根的肥沃土壤。面对严酷的现实，这些师范毕业生逐渐沦为社会的边缘阶层。在当时社会经济发展有限的条件下，可以自由选择的岗位为数不多，这些有志青年为了生计而从事这份看似体面稳定的教书工作，希望通过教书育人可以将自己的理想抱负传递给大众，并企及有志青年通过接受教育来改造颓败不堪的社会现状，希望借助语言文字发出振聋发聩之音，来唤醒沉睡的民众。

（三）接受留学教育的归国人才

民国时期，内忧外患的严峻时局激发了知识分子炽热的育人情怀，赋予他们救亡图存的时代使命感。有的人学贯中西，留学归国后被乡村凋敝的社会现实所刺痛，基于自身学术使命和社会良知立志研究乡村教育问题，并开展乡村教育实践来力图拯救乡村教育，进而挽救国民经济，试图从教育救国的角度引领中国社会走上复兴之路。祖籍山东的无产阶级教育家王哲，1925年至1927年曾在苏联莫斯科中山大学留学，并翻译了几本介绍苏联革命的书，但回国后因为思想激进而被迫离开北京大学的教职，于1931年到莱阳乡村师范学校担任教务主任。他在课堂上宣传革命思想，并在课外组织学生阅读进步书刊，很快就把学校变成了一个革命的培训中心，也充分体现了该校"造就乡村的良好小学教师"的办学宗旨。

二、民国乡村教师诠释的角色

民国时期的乡村教师通常被称为"先生"，他们与当地乡土文化之间是一种"你中有我、我中有你"的相互依存关系。作为精神文化的代表与化身，乡村教师在传播知识、开启民智的同时，更扮演着乡村社会中传统道德、礼教的卫道士与守护者。乡村教师将重心主要放在教育事业上，同时，还时刻关注着教育以外的社会政治、文化生活，在教师专业身份的背后还延伸出许多重要的社会公共角色。他们教书育人，传承文化，同时利用自己教师的身份在乡村当中引进和传播先进思想、启迪民智，在冲破旧制、领导革新方面发挥过重要作用。

（一）学童的教育者

乡村教师作为乡村教育的主要组织实施者，承担着"教书育人"的重任。在中国这样一个农业大国中，农村人口基数大，90%的人口出身于农村，生长于农村，因此小学在乡村学校中占据了绝大部分。乡村教师作为当地为数不多的识字"文化人"显得弥足"珍贵"，因此，乡村小学教师自然而然承担起了乡村教育的重任。正如罗曼·罗兰所描述："羁縻人心的乃是从上智到下愚都有的一种潜在的、强有力的感觉，觉得自己几百年来成了这块土地的一分子，生活着这土地的生活，呼吸着这土地的气息，听到它的心跟自己的心在一起跳动，像两个睡在一张床上的人，感觉到它不可捉摸的颤抖，体会到它寒暑旦夕，阴晴昼晦的变化以及万物的动静生息。而且用不着景色最透美，或生活最舒服的乡土,才能抓着人心。"①乡村教师具有其特定的文化身份,并且在与乡民的休戚与共、和谐生活中,促使自身与乡村文化愈来愈亲近,与乡土社会浑然一体、相依相存。乡村教师享受着内心深处这份皈依自然、扎根乡土的恬淡乐趣,使得浓郁的乡土气息由内而外弥散于全身,并将纯真质朴的情怀寄守于乡村,希望在自然朴实的乡村生活中体验乡土文化固有的魅力。

(二)文化的守护者

乡村教师在乡村文化的守护与传承中发挥的作用不容小觑。他们作为乡村为数不多的能读会写的"文化人",不仅懂得与乡村日常礼俗生活相关的一些礼俗礼节,而且乐于以自己的智慧和学识服务于当地村民。旧式塾师可以说具有得天独厚的优势,他们是乡村"文化人"的代表,几乎可以称为乡村社会文化的"导师"。乡村教师深得乡民的信任,日常的婚丧嫁娶、毛笔字书写、新生儿起名、祭文书写、邻里纠纷调解等生活事务处理中都会看到他们的身影。他们的解决方式更接乡土地气,他们的语言表达更易被乡民所认可接受,与乡村事务近乎"形影不离"。与新式学校的教师相比,传统私塾教师表现出更多的"乡土情怀",参与乡村公共事务,传承乡村礼仪文化是他们的重要社会职能,乡村文化的"守护者"是他们更重要的社会角色。

乡村教师作为乡村社会中稀有的文化识字人,熟知那些接受新式教育的新生代所欠缺的"乡村文化知识",并积极承担着乡村文化与社会事务的"参谋长""顾问官"角色。"教师的主要任务就是以主流价值教化年轻一代,规范其行为,塑造其价值观,引导其把外在的社会要求内化为个体的素质,成为合格的社会成员。相对于学生文化的不成熟状态来说,教师是成人社会规范文化的代言人。"②乡村教师除了常规教书讲课之外,还将乡村主流价值取向外化为大众乐于接受的乡村礼俗文化,他们的身影在乡村众多事务中随处可见,所以,有人说乡村小学教师至少可以冠以"村公所秘书""村主张公道团文书"等头衔,但这些都是"兼职不兼薪"的公益性事务。由此可见,乡村教师在教学之外,主动承担着乡村其他众多事务,与当地村民打成一片,自然地融入了当地的乡村生活之中。

(三)革命思想的传播者

民国时期,天灾人祸的社会现实对乡村教师的社会认知产生了重大影响。他们作为知识分子的代表,对乡村民众凄苦悲惨的生活深表痛心,对未来乡村社会的发展道路深感忧虑。他们在学习外来文化的过程中为乡村社会寻找出路,在乡村社会的发展中极力承担起了时代赋予的救亡图存的历史使命。

在20世纪20年代,从师范学校走出的学生因在校期间接受了激进思想的熏陶感染,革命思想的种子已在他们心中已默默生根发芽。面对阶级压迫,他们不满于现状,萌生了改造现实的念头,有的学生甚至已被共产党组织所吸纳,他们基于共同的革命信仰而团结到了一起。"余范文(1903—1931),1922年就读于淮阳二师,在校期间就加入中国共产党。1928年他在子路小学任教,主张采用新的教学方法,摒弃传统教学法。

① [法]罗曼·罗兰:《约翰·克利斯朵夫》,傅雷译,天津社会科学院出版社,2006年,第279页。
② 车丽娜:《教师文化的嬗变与建设》,中国社会科学出版社,2015年,第166页。

1926年秋,他参入国共合作组建的罗山独立区党部;1928年春,他利用'家访'为名,积极宣传革命思想。"①以余范文等人为代表的乡村教师将知识教学与思想教育融为一体,在传授科学文化知识的同时,将进步思想糅合到课堂教学实践中,以乡村学校为阵地,极力播散革命思想。党组织的建设也充分利用了乡村教师得天独厚的便利条件。"革命知识分子在中共势力渗透到农村并在农村中建立党组织的过程中起到了主导作用,并且在这个过程中是通过教师这一职业作为渠道,和农民进行沟通,然后在他们当中进行革命宣传,发展党员,并建立组织。"②1925年,中国共产党第四届三中扩大会议通过了《乡村教师运动决议案》,对乡村教师的作用给予了特别关注:"为要发展我们的乡村工作,我们应当首先注意乡村中知识比较进步而有领袖地位的乡村教师,提高他们的觉悟,介绍他们加入我们的团体"。相对来说,乡村教师以比较年轻的师范毕业生为主,受先进思想的影响,他们试图冲破传统风俗礼教的束缚和利益固化的藩篱,渴望自由平等的时代环境。然而,他们却往往迫于穷苦的生活压力失去继续升学深造的机会,因此,这些乡村教师比较容易接受革命的主张。由于乡村教师与乡村大众和学生家长有着天然联系,精通乡村方言,了解乡村习俗,于是中国共产党将乡村教师视为农民运动的一个突破口,从乡村教师入手开展工作,而乡村学校也就成了农民运动的天然阵地,乡村教师变身为乡村文化运动的中心力量,成为社会各阶级建立联合战线的纽带和桥梁。

三、对当前乡村教师社会定位的展望

在民国时期的社会生活中,乡村教师并不是单一的"教书匠",而是勇于担当起时代所赋予的重任,在民国社会生活中扮演着多重角色。在历史的长河中,乡村教师将开启民智与推动时局发展作为己任,勇于站在时代的前列,表达出对美好愿望的呼唤,影响千万民众的思想和生活,奠定了他们在乡村社会中独特的地位。他们积极参与乡村教育和社会经济建设,为广大乡村社会的发展做出了特有的贡献,他们身上体现出的无私奉献精神值得我们学习,同时也为解决今天乡村教师所面临的困惑提供了借鉴。

(一)培育乡村文化价值观

中国在传统上是一个"乡土社会",乡村教育的发展是中国教育发展的根基。乡村教师担负着教育亿万乡村孩子的使命,更肩负改善乡村人口素质的重担,而乡村教师队伍的不稳定已经成为影响乡村教育发展的重要问题之一。尤其是随着工业化和城市化进程的加快,当前城乡二元经济体制分化明显,乡村教师因此也面临着文化选择的矛盾和困惑。在农村教师队伍建设过程中,教育主管部门在增加农村教育投入、提升乡村教师素质的同时,更应该培育其乡村文化价值观,唤起其固有的乡土情怀。文化价值观的培育是当前教育的重点内容之一,在重视乡村教育发展的同时,可以将注意力更多地投入乡村文化的培植上,不断增强乡村生活与乡村教育的融合。在当前全面建设社会主义新农村的实践中,为了使当前的乡村教师走出城乡文化抉择的两难困境,需要引导乡

---

① 张明水:《民国时期河南乡村小学教师群体研究》,河南师范大学硕士学位论文,2013年,第47页。
② 丁留宝:《乡村教师:乡村革命的播火者——以安徽农村党组织建设为例(1923—1931)》,上海师范大学硕士学位论文,2007年,第52页。

村教师合理定位,树立正确的文化价值观,使其认识到乡村教育的重要价值,认识到乡村文化的独特优势,增强其开发乡村教育资源的能力,促进乡村教师的文化身份认同。

(二)实施乡村教师支持计划

为了提高乡村教师的整体素质,使更多的乡村孩子接受更公平和高质量的教育,2015 年 6 月国务院印发了乡村教师支持计划(2015—2020 年)的通知。农村教育是解决"三农"问题的一把金钥匙,大力发展乡村教育也是功在当代、利在千秋的大事,而乡村教师的专业发展则是教育发展的根本。面对当前城镇教师"下乡难、留不住"的问题,应大力实施乡村教师支持计划。在鼓励乡村教师扎根乡村教育的同时,可采取必要措施不断加强乡村学校的现代化建设,并采取适当的优惠措施来改善乡村教师的生活待遇,吸纳新力量加入乡村教师的队伍,加强对乡村教师的职业培训,进而促进乡村教师的专业发展。乡村教师要避免成为书斋里的学者,应主动走出校园和课堂,深入乡村生活,不断宣传新思想、新文化,要在注重教书育人的同时,不断加强自身与乡村的融合度,利用乡村现有的资源和条件服务于乡村。

民国乡村女教师的生存困境与时代特征

李金荣 *

摘　要：从民国时期乡村女教师的生活体验及其相关研究来看，民国乡村女教师不仅面临着教学任务繁重、待遇低下、生活物资匮乏等有形困境，还面临着社会重男轻女思想和乡土社会传统教育习惯的阻碍等无形压力。但巨大的物质和精神压力并没有压垮女教师内在的精神追求和强烈的社会责任感，她们爱家、爱岗、爱乡村、爱祖国，在我国乡村教育史上留下了浓墨重彩的一笔，谱写了一段段可歌可泣的华美乐章。

关键词：民国；乡村女教师；生存困境；时代特征；教师格局

在乡村建设、教育救国等理念的影响下，一批胸怀国家情怀的知识女性克服种种困境和阻力深入乡村，投身于乡村建设和乡村教育的伟大事业中。她们不仅承担着和男性教师同样繁重的工作，还肩负着生儿育女、照顾家人的重担，同时还要克服社会男尊女卑等思想观念的束缚。在乡村建设和乡村教育过程中，她们披荆斩棘，挥洒汗水，深入乡村教育实际，为乡村社会发展和乡土文化建设做出了伟大的贡献。

一、民国乡村女教师的生存困境

在战争频仍、内忧外患、举国疲敝的年代，人们的基本生活难以保障，社会无暇顾及教育，尤其是在农村，乡民对于教育，特别是新式教育并不重视，导致乡村教师的生活和工作异常艰苦。当时有人形象地将乡村教师描述为"三间无佛店，一个有僧妻"。[1] 相较于男性教师，乡村女教师则面临着更大的生活和工作困境。她们不仅承受着和男性教师相同的工作压力，还承担着教育子女、照顾亲属等生活重压，同时还要经受社会的偏见和排挤。

（一）工作和生活负担繁重

民国时期女教师不仅要承担学校繁重的教学工作，回到家后还要处理家务、养育子女和照顾老人，这使得女教师的生活异常艰辛。邓颖超曾这样归纳已婚女教师的生活："女教员一周担任二三十小时功课，回家还要带孩子，烧饭、洗衣；晚上还要批改试卷、预备功课，一有闲暇时间，还要想着织毛衣，缝补小孩鞋袜等。"[2]在当时重男轻女的社会背景下，女教师要想获得尊重，就必须在工作中获得好评。因此，这些追求进步的女教师，在繁重的家庭重担下，不得不挤时间学习，"依恋着寂静的黑夜，那是我自己的时间，可以看一点书，也可以写一点东西，在没有丝毫的纷扰里"。[3]

---

* 李金荣，山东师范大学教师教育学院研究生，主要研究方向为课程与教学论。

[1] 杨彬如：《几种乡小教师的娱乐方法》，《小学教师》，1937 年第 10 期。

[2] 邓颖超：《工读的失败》，《妇女杂志》，1924 年第 10 期。

[3] 纪平：《女教师上》，《妇女月刊》，1947 年第 4 期。

（二）薪资待遇低下

对于在艰苦环境下承担着和男教师相同教学任务的女教师来说,经济收入与男教师却存在着巨大差异。在民国的乡村教师中,男教师的工资普遍高于女教师。从安徽省会小学教员生计调查中可以看出,在每周担任相同功课的前提下,男教师的工资每月比女教师高 15 元,这严重地挫伤了女教师的工作热情和积极性。微薄的待遇使不少人为了糊口不得不四处兼课,疲于奔命,由此也催生了很多家庭女教师的出现。① 即便工资如此低的工资,有时也不能按期发放,被层层扣押的现象屡有发生。"在物价高涨,百物昂贵的时候,从校长那里除他饱私囊外而得的连个人生活也无法维持的,低微薪金的小学教师们将如何负起这个教育的重担来呢?"②

（三）社会性别歧视严重

民国时期,性别歧视问题较为严重"重男轻女,以及女性的地位低。女教师常不能单独任事,而与乡间尤为甚。这种轻视大半由于传统的重男轻女观念,小半则由于女子教育之未发达,女性在政治上,社会事业上任事的不多。此也源于传统观念,不意天真烂漫的儿童,也濡染了这种陋劣观念,儿童本有服从权威之倾向,加之家庭能懂养育法者甚少,又是儿童无形中濡染了重男轻女的观念,于是女教师在训育上便感到了一种意外地困难。"③在这种思想的影响下,女教师受到歧视羞辱的事件时有发生,"我们女教师出外通俗讲演时,常常被下级社会的人说不入耳的话"。④ 即便是招聘女教师的单位,也往往将女教师视为"高级保姆",如某征聘信息写道:"某报分类小广告内,有征聘女教师一则,条件是:教授儿童四五人,整日授课,不供食宿,月薪四元。"⑤

二、民国乡村女教师的时代特征

尽管民国时期的乡村女教师面临着种种生存困境、工作压力和社会歧视,但是她们并没有因此消极对待生活、工作和社会,而是积极有为、奋发图强,在我国教育发展史上留下了浓墨重彩的一笔,其心系家国的高尚情怀、乐业重教的职业操守和求实创新的专业精神至今仍然值得我们学习和研究。

（一）家国情怀

在民族危存的特殊环境下,为了国家民族的存亡,多数乡村女教师毅然投身教育救国的行列中。她们清醒地认识到:"我们可以做主的,唯有充实自己,充实自己的办法,最好从做中去找,我们要将这救国的重担,自发地负担起来,推动这个社会大车轮。"⑥回想到以前以耳代目的谬误,相较于男性,人们总以为女子好安逸不努力,但"许多教师生了病,在苦难中完结了一生,可是我们活着的教师并不因苦难而离开自己的岗位,相反要更坚定地肩负这份责任,为了这一代的青年,又为了下一代的儿童,我们只有咬

① 李文海:《民国时期社会调查丛编:文教事业卷》,福州教育出版社,2004 年,第 113 页。
② 纹:《生活记录——小学校里的女教师》,《职业生活》,1936 年第 20 期。
③ 唐海沧:《业余随笔:女教师》,《进修半月刊》,1935 年第 12 期。
④ 《女教师的话——这是我所能感受到的一点》,《妇女杂志》,1931 年第 4 期。
⑤ 伯琴:《征聘女教师》,《现代社会》,1933 年第 2—3 期。
⑥ 邱毓英:《新疆女教师与妇女教育》,《新西北月刊》,1933 年第 78 期。

紧牙关忍受一切的苦难,支出自己的青春和生命来完成这一工作"。①

民国乡村女教师的生存状况非常艰苦,而且充斥着各种烦恼和无奈。她们缺乏对自身命运的掌控力,大多是在勉强地支撑,艰难地应对。尽管如此,她们并没有放弃所肩负的救国家民族于危亡之中的历史使命,在这些平凡、普通的乡村女教师身上,或许她们自己也未曾认识到,她们的心里已经打上了爱国奉献的烙印。

(二) 乐业重教

在乡村女教师面临的精神和物质的双重困境下,教书生活显然并不是令人满意的,但是女教师们出于对学生的喜欢和对教书的热爱,一直坚守在自己的岗位上。正如一位女教师所说:"教书生涯是痛苦的,但看到学生因为自己的讲解而学到很多新知时,他们的面上就会浮起一层满意的微笑,那微笑反映在我的脑里,就是精神上极大地安慰。"②"常常,我独自安慰的暗暗笑着,孩子们的进步飞快。我不知道作为一个小学教师,在清苦的生活里,还能有什么比这更大更深更可安慰的安慰。"③ 在艰难的环境下,若不是出于对生活对职业的热爱,又怎能一直坚守下去?

在社会动荡不安的时局下,虽然女教师们要忙于各种社会活动,但是她们并未因此而放弃教育教学的责任。一位女教师说:"我们做教师的唯一工作就是教育儿童,过去是教育儿童,现在还是要教育儿童,不是说现在要援绥了,就把儿童的事丢在一旁或者马马虎虎敷衍了事,我们主要的是怎样更切实的教育儿童,换句话说,怎样以援绥作为业余活动。"④

(三) 求实创新

随着新式教育的推行,传统的教学方法已经不合时宜,一些西式教学模式和方法被引入我国。在如此纷繁复杂的教学模式和方法充斥的背景下,如何根据所教学校的特点进行适当改造与创新,以贴近乡村学校学生的实际,并引领其发展成为关键。很多乡村女教师积极吸收中外教学模式和方法的优势,并克服其不足。她们根据具体的教学环境,勇于探索实践,创造出了一系列适宜的教学模式和方法。一位女教师在日记中写道:"教师要把教育寓于游戏谈话里面,教师对于儿童的奖罚要分明,教师要根据学生的天资因材施教。"⑤ 还有教师提出了"因天资各有高下,似不能以课程配天资,须以天资配课程也"⑥ 的观点。在女教师们积极的带动下,一些乡村学校开始进行有效的尝试。比如,提出实行"自学辅导法和连续训练法,并且对于儿童缺席特别注意,与学生家庭联络亦甚重要,训练上尤其注意养成勤劳的习惯,目的在养成能做工农的农村子弟"。⑦

---

① 唐海沧:《业余随笔:女教师》,《进修半月刊》,1935 年第 12 期。
② 人镜:《女教师日记》,《万象周刊》,1944 年 7 月 9 号第 4 期。
③ 纪平:《女教师上》,《妇女月刊》,1947 年第 4 期。
④ 洪涛:《援绥运动中女教师的任务》,《现世界》,1936 年第 9 期。
⑤ 《女教师的话——这是我所能感受到的一点》,《妇女杂志》,1931 年第 4 期。
⑥ 陈杰:《民国时期徽州乡村新式教育及其教学实态——以〈一个徽州乡村小学教员的日记〉为中心》,《历史教学(下半月刊)》,2014 年第 9 期。
⑦ 田正平,陈胜:《清末及民国时期乡村教育的困境及其调适》,《华中师范大学学报(人文社会科学版)》,2008 年第 5 期。

女教师们不仅自己探索研究适合的教学方法,还利用身边的图书积极学习,努力学习书中介绍的先进教学方法和教学理念。一位女教师在研读了《爱弥儿》后,提出了这样的见解,"教师注意一些方法,比如我觉得以感化主来施行我们的教育,是我们做小学教师最应当的方针。"① 类似于此类介绍自己教学经验方法的文章在报刊上发表了很多,这也充分显示了女教师对于自己职业的重视和热爱,以及求实创新的精神。

三、对当今乡村女教师的启示

十八大报告提出要"加强教师队伍建设,重点提高农村教师素质"。现在,乡村女教师已成为农村基础教育名副其实的半边天。在民国乡村教育建设中,乡村女教师发挥了不可替代的作用,她们身上所散发出来的高尚的情怀、职业操守和求实创新的精神至今仍然值得我们学习和借鉴。

(一)提高自身的格局:胸怀大志,眼光高远

德国教育家赫尔巴特在《普通教育学》里多次谈到道德问题。他认为:"一个人必须用道德的眼光来观察他在世上的全部态度。"② 在这里,用道德的眼光来观察,是要有一个大的格局看自己所处的环境,他希望教师在道德的生活下,不囿于个人得失,不计较眼前的成就,心怀大爱,使教育成为阳光下最好的事业。

提高教师的大格局,关键是教师自己要认识到"我是谁",即作为教师的我是谁。首先,教师是知识分子,作为知识分子的教师,应该办对民族未来负责的教育。"儿童是国家未来的主人翁,小学教师应该负起教育的重担,来使得这般小天使们个个变成坚强有为的国家主人翁。"③ 因此,教师应当坚信不疑地相信,成长比成功重要,比成绩重要,先成人后成才。其次,教师是爱的教育者,卢梭在《爱弥儿》里说,在所有一切有益人类的事业中,首要的一件,即教育人的事业,却被人忽视了。学会爱,是教师最重要的专业。最后,教师应该是课程的领导者,④ 从学科走向课程。长期以来,教师只有学科概念而少课程概念,因而,往往把学科等同于课程,眼中只有所任教的学科,这样视野必定是狭窄的。课程是个更大、更丰富的世界,站在这样的世界里,才可能学会观察、学会审视、学会联系。

(二)游走于事业和家庭之间:角色互换,合理分配

任何一个被文明教化的人都不可避免地要受到历史的、道德的、传统观念的束缚。几千年的中国传统伦理文化把女性定格在"孝妇""贤妻""良母"的模式当中,而现代女性广泛就业,直接参与各种社会劳动,扮演了各种各样的社会角色。⑤ 与此同时,女性还扮演着家庭角色,担负着照顾家庭、生养孩子的繁重任务。由于个体的精力和时间有限,职业女性不可避免地面临社会角色和家庭角色的冲突,不得不艰难地在事业和家庭间寻找平衡点。研究表明,职业女性多重角色的冲突,具有客观存在性和普遍性,这种

---

① 纹:《生活记录——小学校里的女教师》,《职业生活》,1936年第10期。
② [德]赫尔巴特:《赫尔巴特文集》(第3卷,教育学卷一),李其龙,等译,浙江教育出版社,2002年,第78页。
③ 纹:《生活记录——小学校里的女教师》,《职业生活》,1936年第20期。
④ 成尚荣:《教师专业发展应有大视野与大格局》,《中小学管理》,2013年第12期。
⑤ 徐今雅,赵思:《社会性别视角下农村女教师专业发展的实证研究——以浙江省为例》,《教师教育研究》,2015年第1期。

角色冲突在乡村女教师身上表现得更为明显。

民国女教师游走于事业和家庭之间，面对角色转换，她们采取的方法是合理调配时间。民国女教师任桐君曾说："我认为抓紧时间是战胜一切困难的首要条件，我得钻空子挤出时间来完成各项任务。譬如说，我吃饭快，走路快，写字快。这三快是锻炼出来的啊！"① 身为五个孩子的妈妈，任女士在繁忙的家务劳作中，想方设法地挤出时间，干劲十足地办实验学校，并搞得有声有色；教育子女也不落下，言传身教地为孩子们树立好榜样，使子女们一个个成了高材生。合理分配时间，高效率完成工作，是解决家庭和工作矛盾的关键。

（三）提高自身专业素养：主动进取，勤于反思

教师是兴教之源，专业发展是教师的本质特性和教师发展的根本任务。佐藤学认为教师是"反思型的实践家"。② 之所以是实践家而非实践者，是因为教师具有反思的品质。教师只有时时对教学，对教育问题进行反思总结，才能更好地充实自己的专业素养和能力，提高教学质量，更好地完成教育目标。

"只有女教师本身，因既身为教师，再不能有充分时间以为研究之需，只能忙里悠闲，注意业余进修，假期亦包括在内。"③ 现在，人们对教师专业的发展重视程度很高，也采取各种措施来提高教师的各方面素养。对于女教师来说，如果想要更好地提高自身的专业能力，除了学校安排的培训外，应该注重教师间的共同学习，积极创建教师共同体，"使女教师们能够格外固结自己的团体，使知能日以增进，遇事能应付自如，使团体日益扩大，平日可以相互切磋，遇难可以相互济助，充实自己知能之方"。④ 做到了这些，教师或许能够更好地发展自己的专业，更好地教学。

---

① 任桐君：《一个女教师的自述》，生活·读书·新知三联书店，1989 年，第 66 页。
② ［日］佐藤学：《课程与教师》，钟启泉译，教育科学出版社，2003 年，第 201 页。
③ 唐海沧：《业余随笔：女教师》，《进修半月刊》，1935 年第 12 期。
④ 唐海沧：《业余随笔：女教师》，《进修半月刊》，1935 年第 12 期。

"流动的马赛克"文化:课程改革中教师文化的发展方向

符 芸*

摘 要:课程改革在变革课程理念的同时,对教师文化的革新也提出了进一步的要求。然而,当前传统的"马赛克"文化仍然占据教师文化的主流地位,严重阻碍了新课程的推行和发展。"流动的马赛克"文化实现了对"马赛克"文化的超越,促进了教师自然合作与自我发展的有机融合,是较为理想的一种教师文化形式。

关键词:"马赛克"文化;合作;课程改革

在新课程改革背景下,教育领域各个方面的改革风起云涌,而教育变革的关键是"文化变革",教师文化作为学校文化的核心,对深化课程改革和促进教育发展起着至关重要的作用。原有的教师文化存在种种弊端和问题,受到新的课程理念、课程内容、课程实施、课程管理、课程评价等的强烈冲击。鉴于此,我们有必要寻找一种教师文化发展的新方向以适应新课改的时代要求。

一、变革教师文化理念——课程改革的深切呼唤

教师是落实课程改革理想的关键人物,也是课程改革理想的实施者和利益关涉者,更是课程理想的实际解读者。[1] 新课程的实施需要教师文化的深层次支撑,呼唤教师文化的发展与革新,二者之间关系密切、不可分割。[2]

首先,新课程改革提出了"三级课程管理"的概念,赋予教师参与课程开发、管理课程的权利。这就使得教师成为课程开发的主体,不仅是课程的实施者、执行者,更是课程的开发者和研究者。这种从教学研究者向课程研究者的角色转变,要求教师一方面要充分发挥自身创新和反思的实践精神;另一方面要和课程专家一起参与到课程的决策、开发等工作中来,并积极与同伴交流和共享经验,形成开放的组织气氛和教研组织制度,从而保证课程开发的持续性和发展性。[3]

其次,新课程改革倡导课程的综合化,这对教师的合作提出了新的要求。新课改主张改变课程结构过于强调学科本位、科目过多和缺乏整合的现状,强调加强学科之间的联系,倡导学科整合及课程的综合化。因此,综合课程的教育教学已经不是仅限于学校、教室和课本的严格范围之中,而是需要立足于学生的终身发展,着眼于学生的创新和实践能力的培养,去研究教材、指导教学。这就需要不同学科、不同年级的教师之间互补、合作,展开交流和对话,使综合课程能够顺利推行。

最后,新课程改革还提倡教师进行"反思性"教学。[4] 这里所说的反思不仅需要教

---

* 符芸,山东师范大学教师教育学院研究生,主要研究方向为课程与教学论。

[1] 于鸿雁,等:《从教师专业发展的视角谈教师合作文化的构建》,《教育探索》,2010 年第 9 期。

[2] 张晓喻:《课程改革与教师文化重建》,《教育理论与实践》,2005 年第 2 期。

[3] 马玉宾,熊梅:《教师文化的变革与教师合作文化的重建》,《东北师大学报(哲学社会科学)》,2007 年第 4 期。

[4] 任红娟,赵正新:《从个人主义走向合作——新课程对教师文化的诉求》,《当代教育科学》,2004 年第 16 期。

师个人的自我评价和反思,也常常需要教师之间合作进行,相互评价和反思教学过程中的种种问题和情境,以解决各种实际的教学实践问题,从而形成互利共赢的教师文化。① 因此,"反思性"教学过程应是人人参与的,必须经过教师群体的共同反思来实现"双赢",从而促进教师集体的共同发展和进步,最终推动课程改革的整体发展。

由此可见,新课改无论是研究的内容,还是研究的方式,都更为复杂化和综合化,需要教师之间的协调与合作来共同处理改革中面临的新问题,也需要充分发挥个体智慧为集体的合作奠定良好的基础。但是,现有教师文化中,教师自我中心主义、人为的合作等现象与强调合作的、创新的新课程格格不入。新课程背景下的教师文化仍旧存在诸多问题亟待解决。

二、传统的"马赛克"文化——教师文化的现实窘境

教师"马赛克"文化是指教师个体之间表面上互相敬重和谦让,还不时地开展经验座谈、互相听课等活动,似乎合作交流的大环境非常浓郁,但实际上彼此之间的关系貌合神离,收效甚微,看似精诚合作,实则个性突兀、相互隔离。②

当前,"马赛克"文化在我国仍旧比较普遍,主要表现为三种形式:个人主义文化、派别主义文化、人为合作文化。③ 这三种文化可谓是弊端重重,严重阻碍了教育改革的推进。

(一) 个人主义文化

教师个人主义文化指的是教师的独立成功观,以及对其他教师采取的不干涉主义的态度。在应试教育背景下,个人主义文化长期笼罩在我国教师文化中。在此氛围中,教师大多是孤立的教学工作者。教师把自己禁锢在学科壁垒中,知识结构单一;教学上多半是自己摸索,缺少同伴合作和跨专业的交流;教学科研活动很少,就是开展科研课题,很多也是自己独立完成等待验收,缺少同事间的交流与合作。④

可见,教师个人主义文化切断了教师从外界获得各种支持和评价的通道,阻碍了教师之间的知识分享,无形中妨碍着教师教学能力的提高,对新课程的实施和发展带来了巨大的阻力。⑤

(二) 派别主义文化

派别主义文化是将个人主义文化下的独立单位进一步扩展,从个体的独立封闭变为派别之间的彼此隔绝和资源竞争。⑥ 在我国的中小学里,大都存在着各种僵化和封闭的教师集体组织,如年级组、学科组、集体备课组、合作科研组等。中学由于规模较大,人际关系复杂,加之学科之间的分割现象严重,导致学术型与非学术型的学科和教

① 韦敏:《教师马赛克文化:概念、原因及其超越》,《教育理论与实践》,2004 年第 5 期。
② 赵永勤:《马赛克文化抑或合作文化——课程领导转型与教师文化的选择》,《教育发展研究》,2007 年第 11 期。
③ 郭德侠:《在教师的"个人主义"文化与合作文化之间保持张力》,《教师教育研究》,2008 年第 3 期。
④ 邓涛,鲍传友:《教师文化的重新理解与建构——哈格里夫斯的教师文化述评》,《外国教育研究》,2005 年第 8 期。
⑤ 姜新生:《从个人主义到自然合作:教师文化的理性建构》,《教师教育研究》,2010 年第 3 期。
⑥ 韦敏:《教师马赛克文化:概念、原因及其超越》,《教育理论与实践》,2004 年第 5 期。

师地位悬殊,各学科之间各行其是、相互竞争。① 而在小学,教师派别主要是以年级或学段来划分的。同年级的教师为了群体的利益经常合作交流,互换心得,却很少跟不同年级的老师沟通和交流,这阻碍了纵向的课程衔接,不利于追踪学生的进步。

派别主义文化具有低渗透和高持久的特性,不仅制造了教师群体之间的不平衡和不平等,也减少了全校教师之间相互学习交流的机会,给学校的整体变革带来了困难,尤其给新课程的实施带来了很多实际困难,迫切需要改革。

(三)人为合作文化

人为合作文化是指通过一系列正规的、特定的官方程序来制订教师合作计划,增加教师间相互讨教的机会,实质上是一种对自然合作的安全模仿。② 在新课程改革的冲击下,我国很多学校都在努力通过各种措施和规章制度促使教师之间彼此合作,表现为听课评课、集体备课、建立课题研讨制度等。然而,这种通过强制性措施把教师聚合在一起的人为合作,很难保证教师真心实意地交流和学习,表面的聚拢很容易造成教师勉强应付差事。③ 此外,这种教师合作具有单向性和不平等性,不同资历的教师双方的合作往往不是建立在平等基础上的对话,而是一种"强势"与"弱势"的关系,不能算是真正意义上的合作。

人为合作文化这种形式化的合作状态难以掩饰内在的彼此疏离和私下的钩心斗角,教师群体之间的矛盾依旧显著。④ 这种有名无实的合作实践,不仅会动摇教师参与合作的热情和信念,也严重阻碍着课程的改革与教育的发展。

鉴于"马赛克"文化的诸多缺陷,为了更好地推行新课程、适应课程改革的需要,必须寻找并建立一种新型教师文化系统,以走出个人、派别及人为合作文化中存在的显性与隐性界墙,实现对教师"马赛克"文化的超越。

三、"流动的马赛克"文化——教师文化的优化选择

理想的教师文化既要强调合作,又应注重教师个体的发展;既要增进教师智慧的彼此碰撞,又要注重教师个人独处慎思的价值。而哈格里夫斯建构的"第五种教师文化"——"流动的马赛克"文化正好给了我们很多有益的启迪。

(一)"流动的马赛克"文化的内涵

马赛克图案在静态情境下是彼此割裂和分离的,但是,如果让马赛克图案的各个组成部分处于动态循环的状态,则会出现一幅全新的画面,这正是哈格里夫斯所建构的"第五种教师文化"模式——"流动的马赛克"文化。

在"流动的马赛克"文化模式下,学校根据教学和教师专业发展的实际需要允许若干个教师小组的存在,但每个教师小组的活动范围和成员组成并不是固定的,它们是交叉重叠的,彼此之间相互开放、合作和支持;各个小组之间的界限也是模糊的,随时可能

---

① 邓涛,鲍传友:《教师文化的重新理解与建构——哈格里夫斯的教师文化述评》,《外国教育研究》,2005年第8期。

② 林浩亮:《"流动的马赛克"文化:大学教师专业发展中的自然合作》,《教育发展研究》,2009年第10期。

③ 赵永勤:《马赛克文化抑或合作文化——课程领导转型与教师文化的选择》,《教育发展研究》,2007年第11期。

④ 鲍传友:《个人主义与合作主义:教师专业发展中的文化冲突》,《教育学术月刊》,2008年第4期。

更新成员和转换职能,整个学校组织呈现出很大的灵活性、流动性和适应性。① 它不仅可以发挥教师群体智慧的巨大作用,还可使个人的深刻见解独立存在,防止盲目服从和个性缺失,促进相互之间的学习和分享,增强处理课程问题的能力。更为重要的是,这种教师合作文化可以超越学校界限,扩展到学区、社区乃至于更大的范围。

(二)"流动的马赛克"文化的特点

"流动的马赛克"文化具有以下几个特点:第一,以自愿互信为基础。"流动的马赛克"文化以教师的自主和自愿为前提,彼此之间形成开放、互信与支持的文化氛围。第二,合作与个性共存。"流动的马赛克"文化能够在教师的自我发展和群体发展中找到一个最佳平衡点,使教师在保留自己个性特色的同时,也注重彼此间的开放与交流。第三,相互分享、相互包容的合作理念。"流动的马赛克"文化引领下的教师合作,能使经验丰富的专家型教师乐意把自己的教学专长奉献出来,供其他教师观摩和学习,同时也为新教师表达和检视自己的思想提供了平台和空间。在这种合作文化中,教师之间有共同的价值观和共同利益,对教育观念具有广泛的认同,能容纳不同的观点,无形中形成群体的合力,成为教师发展和课程改革的动力。

面对新课程的挑战,如果不去革新教师文化,建立一种合作的、开放的新型合作文化,教师将感到势单力孤、难以适应,新课程改革更是难以顺利推行。"流动的马赛克"文化恰到好处地把握了教师个人主义和合作主义之间的张力,有利于教师在开发、实施新课程的过程中发展独立智慧,增强合作交流,指引了当前教师合作文化的发展方向,是当前时代背景下比较理想的一种教师合作文化形式。

---

① 林浩亮:《"流动的马赛克"文化:大学教师专业发展中的自然合作》,《教育发展研究》,2009 年第 10 期。

中小学教师性别比例失衡现象的生成性解读

郭方涛 *

摘　要：中小学教师性别比例失衡现象凸显，其生成原因是复杂的，社会性别角色定位的差异是其中的重要原因。男性对中小学教职的回避，女性对中小学教职的青睐，导致性别比例失衡现象的生成。但是，该现象的生成是社会历史发展的阶段性产物，应对其添一份历史角度的、同情性的理解，多一些基于现实考虑的耐心守望。

关键词：中小学教师；性别比例失衡；集体无意识；生成

2014 年，一项由华东师范大学牵头、关于高等院校师范生培养状况的调查显示：在 27 所师范类院校近万人的抽样中，在校师范生男女比例差距明显加大——女生达 65.3%，男生仅占 34.7%。① 而《中国中小学教师发展报告(2012)》中有关数据同样令人震惊：城市小学女教师比例高达 79.39%。中小学教师连续 10 年"女性化"。② 师范院校是以教师职业为就业导向的，换言之，中小学教师性别比例失衡的现状与前景令人担忧，各种声音不断泛起，且多关注这一现象产生的问题，分析其对策。但是，师范类院校性别比例失衡这一现象不是自动生成的，"生成来源于历史的积聚和自身不断重复努力"。③ 这一现象是社会历史的阶段性产物，是选择者在特定情境下，努力地争取与理性地取舍的结果。对其认识，应添一份历史角度的、同情性的理解，多一份基于现实考虑的耐心守望。

一、社会角色定位的性别差异

我国男女社会性别角色的定位，有着深深的历史烙印，集体无意识是隐藏其中的关键因素，"顶梁柱""大丈夫""男主外，女主内""相夫教子"等性别刻板印象正是其外在表现。现今中小学教师职业虽然没有处于一种非常令人满意的状况，但是由于大众角色定位上的不同，对教师职业选择也存在性别上的差异。

（一）社会性别角色定位中隐藏的集体无意识

集体无意识即"反映了人类在以往的历史进化过程中的集体经验，是千百万年来人类祖先经验的沉积物"，"由于它在所有人身上是相同的，因此它组成了一种超个性的心理基础，并且普遍地存在于我们每一个人身上"。荣格认为："只有在产生了'可以意识到的'内容时才具备了认识心理存在的条件。因此，只有当我们能够对无意识的内容加以说明时才能够对其进行探讨。"④

---

* 郭方涛，山东师范大学教师教育学院硕士研究生，主要研究方向为课程与教学论。

① 王俊：《教师职业的性别标识探论——兼谈师范类院校男女生比例失衡问题》，《高等教育研究》，2015 年第 6 期。

② 柳卓娅：《师范院校男女生比例失衡造成的问题及对策》，《淄博师专学报》，2013 年第 2 期。

③ ［德］卡尔·雅斯贝尔斯：《什么是教育》，邹进译，生活·读书·新知三联书店，1991 年，第 14 页。

④ ［瑞士］荣格：《分析心理学的理论与实践》，成穷，王作虹译，生活·读书·新知三联书店，1991 年，第 83 页。

（二）"男主外，女主内"原型塑造

人类的历史最初只是一部自然史，是作为自然存在的人在自然中求得生存的历史，而女性源于一种自然的优势——生殖，成为当时历史的主宰者①，甚至有女性创世的神话。虽然依靠性别优势建构起来的母系继承制，使女性具有主宰一切的权力，但是，妇女与男子生理上有不同，妇女有月经期、怀孕期，还要生产子女、哺育子女。后来，人们自然地认识到这种男女生理上的不同，从而出现了男女在生理差别基础上的自然分工。男性从事渔猎，女性从事采集，这也初步形成了男性主外、女性主内的分工。但是最初的简单的性别、职责分工却成为中国社会"男主外，女主内"这一集体无意识的"原型"。不得不承认，正是这一分工为女性社会地位的转折、下滑，由尊到卑，由主到从，埋下祸根。

（三）"男尊女卑"的集体无意识生成

封建社会，以男性为中心的宗法制度得到巩固和发展，女性在经济地位、文化教育、伦理道德等方面的境况都可以用四个字来概括，那就是"男尊女卑"。在经济方面，中国从夏王朝开始，王位的传承世系是男系继承制，平民百姓则为父系制。周礼明确规定女性不能拥有自己的财产。女性失去了经济上的支撑，也就失去了争取社会家庭地位的基础。"三从四德"的女性观，更使女性丧失了人格的独立，成为男性的附庸。一妻多妾的婚姻家庭制度，更使女性沦落为家庭的仆役和传宗接代的工具。一个女人的一生，最高的价值就是嫁为人妇。传统女教更是对女性思想毒害甚重。它并不是向女性传授知识和经验的真正教育，而是封建社会特有的、要广大女性绝对服从男性的"奴化教育"，是站在儒家女性观的立场上，宣扬并完善了奴隶制礼法对女性奴役、压迫的教育。

"男尊女卑""男主外，女主内"等集体无意识的形成是我国几千年社会历史积聚的产物，是植根于社会个体之中的，其影响必然会长期存在，其消解必然也要经历漫长的社会历程。虽然，经历了近现代的社会洗礼，人们的性别意识、社会观念不断发生巨大变化，但是现阶段，不容置疑，根深蒂固的集体无意识仍在隐蔽地发挥作用。

二、角色定位差异在教师职业选择上的体现

人们在社会实践基础上所产生的知识、经验，在世代相传的漫长的历史发展中逐渐内化，积淀为人们的心理结构，而这对于生活于其中的个人来说，似乎是一种超验的、非自主性的结构。个体通过家庭、学校的言传身教，大众传播媒介的熏陶，以至风俗习惯、礼仪制度等，逐渐地、不知不觉地把这种社会的、集体的结构内化为自己的心理结构。②这种心理结构差异自然潜藏于职业选择之中。

（一）冲突：男性对教师职业的回避

现阶段，由于我国教师专业化水平相对偏低，导致中小学教师社会地位、权利、工资、工作条件、职业尊严、职业情感体验等方面存在不足，男性对教师职业具有选择性的

---

① 唐娅辉：《传统性别文化的建构与女性地位的嬗变——中国女性从女神到女奴的历史追问》，《湖南行政学院学报》，2011年第3期。

② 戴桂斌：《荣格集体无意识述评》，《湖北广播电视大学学报》，1999年第3期。

回避。第一,中小学教职的工资水平难以维持男性的角色期望。长期以来,我国男性以"顶梁柱""大丈夫"自居,"男主外""养家糊口"更是义不容辞的责任。一定的经济基础是这一角色期望达成的前提,而我国教师的收入与其他职业相比基本上属于中等甚至偏下水平,所以,男性的这一期望缺乏收入的支撑,因此从业率大打折扣。第二,教师职业情感体验的满意度与男性期望存在落差。《中国青年报》在2005年的一项社会调查显示,教师的职业声誉已经退缩到了令人愤慨的历史新低。作为教师群体中的一部分,中小学教师的职业声望持续下降。[①] 另外,中小学教师是一个比较封闭的群体,绝大部分工作局限于学校之内。对于男性而言又有难言之隐。办公室里,女性同事占据大多数;讲台之上,又要成为一群孩子们的"知心朋友"。第三,社会对中小学男性教师的认同度较低。以婚姻为例,"接受访谈的男教师中有32人(约占调查人数的76.2%)坦言在选择配偶时遭受过挫折,其原因主要是工资水平不高和社会地位不高,却很少涉及自身条件"。[②] 因此,现阶段,许多男生在面临选择时,往往对师范院校、中小学教职避而远之。

(二)契合:女性对教师职业的青睐

尽管现阶段我国教师的相关待遇福利等方面没有处在一个非常令人满意的水平线上,但是这一职业仍受大部分女性的青睐。第一,教师职能确实与女性的角色功能——照顾、养育子女密切相连,中小学教职正是一项能很好融合女性角色的工作。第二,从教师职业特点看,空闲时间相对宽松自由。女性一旦步入家庭生活,结婚生子,就会被要求担负相夫教子的责任,而稳定、时间弹性大,又享有较多假期的教师职业因此被认为是最适合女性兼顾工作和家庭的行业,吸引大量女性投身教育领域工作就成了顺理成章的事情。[③] 第三,女性就业的性别歧视现象不容乐观,而中小学教职成为一个脆弱的避风港。虽然也存在中小学女教师"排队怀孕"等"教师行业潜规则",但是,师范院校学生从事中小学教职考取编制是非常普遍的途径,其公正公平性可以在很大程度上得到较好保障。其中,教师工资由财政支付,收入主要分为四部分:基本工资、教龄工资、职称工资、绩效工资,性别间的差异相对弱化,性别歧视也就不太明显。综而述之,女性现阶段对于教师职业的青睐,可谓顺理成章。

三、对性别比例失衡现象的理解与守望

教师更像平凡的歌者,他们也食人间烟火,也要像许许多多的人一样,有着生存与发展的需求;他们遵循一定的规则,朝着特定的目标,努力在工作中追求成功与幸福,并以付出的劳动获取一定的回报。[④] 现阶段我国教师专业发展水平相对较低,仍处于阶段性的上升过程之中,需要一定时间来进一步提升。所以,教师职业在社会地位、权利、工资、情感体验等方面的提升也需要一个时间上的过程,甚至会有些滞后,而且教师职业短期内不会是男性的理想选择。

① 丛小平:《从母亲到国民教师——清末民族国家建设与公立女子师范教育》,《清史研究》,2003年第1期。
② 孙云:《陕西省中小学体育教师职业境况现状研究》,《教育与职业》,2009年第20期。
③ 孙云:《陕西省中小学体育教师职业境况现状研究》,《教育与职业》,2009年第20期。
④ 韦桂美:《平凡的歌者:教师新解》,《教书育人》,2004年第21期。

在经历了漫长的社会历史、家庭制度的巨大压迫之下，教师职业仍会是女性走出家庭、步入社会的重要选择途径，并且教师职业本身的性质，如假期较多相对较为清闲、竞争压力小等，与女性角色确实比较契合。所以，短期内，中小学教师性别比例失衡现象仍会存在。但是，随着我国教育事业的财政投入的不断增加，教育理论观念也在不断发展，一线教师的素质、水平也在不断提升，教师专业化必将会有较大的进步。伴随整个社会文明的进步、女权主义等方面的推动，女性也在不断地证明、实现自身的价值，闪亮着自身的光芒与魅力，同时观念意识自然也在淘汰、更新、突破。当教师职业的选择越来越出自理性的思考，而不过多受到外在因素的干扰，这一现象会有一些改观；当教师职业成为有吸引力、学生普遍乐于选择的职业时，相信师范院校性别比例失衡这一现象会有质的改变。所以，对待教师性别失衡这一现象，我们应添一份历史角度的、同情性的理解，多一份基于现实考虑的耐心守望。

我国教师职业道德建设:问题与发展趋势

闫 巧*

摘 要:当前,我国教师职业道德建设取得了突出成效,但也存在诸多问题,主要表现在教学道德和师生关系两个方面。其中,市场经济的冲击、师德制度建设的不到位,以及教师方面的问题是师德建设中问题产生的三大重要原因。为此,在师德建设中要完善制度建设、营造尊师重教的良好风尚、养成师德自律精神,这也是我国教师职业道德发展的趋势。

关键词:师德;职业道德;道德建设

师德一般是指从事教师工作的人们,在教育教学过程中应该遵循的道德规范,以及自觉形成的与之相适应的道德观念、道德品质和道德情操的总和。它应该包括两个层次,即伦理学视角下的底线伦理与美德伦理,既有外在的底线规范,又有内在的伦理认同,也就是作为一种美德的师德。

教师职业道德建设是学校师资建设的核心问题,其发展一直备受关注。但近年来,师德"失范"现象却时有发生,找出当前我国师德建设中存在的突出问题,客观分析原因,采取切实可行的解决策略,不仅有利于教师自身高尚道德情操的养成,而且对学生良好人生观、价值观的塑造也将产生深远影响。

一、教师职业道德问题表现

我国虽然重视师德建设,但目前的师德状况并不是尽善尽美的,出现了很多师德"失范"的问题。归纳起来,这些问题可以分为以下两个方面。

(一)教学道德上的问题

教学道德上的问题,可概括为"三无",即无敬业意识、无责任意识、无育人意识。具体来说,在教学工作中,部分教师存在着消极应教的现象,对周而复始的教学工作感到乏味和厌倦;有的教师缺乏责任心,把教学仅当作简单的谋生手段。赫尔巴特认为,"不存在无教育性的教学",但有的教师却只注重教学而忽视育人,片面地认为教师的职责就是教书,不注重对学生思想道德方面的教育。

(二)师生关系上的问题

师生关系上的问题主要表现为冷漠、冲突、错位。良好的师生关系有利于教学的高效开展,但当前我国师生关系中却出现一些令人无奈的现状,比如"师生关系的疏远与冷漠、师生关系的实用与功利、师生关系的对立与冲突等"。[①] 更极端的甚至出现体罚、虐童、性骚扰、性侵等不道德的状况。

---

* 闫巧,山东师范大学教师教育学院研究生,主要研究方向为课程与教学论。

① 张宝梅:《初探高校教师职业道德现状、原因分析及其解决办法》,《中国电力教育》,2014年第2期。

二、教师职业道德问题成因

师德建设中出现的问题作为一种社会现象,有着复杂的社会根源,表现在多个方面,如市场经济下,教师的价值观发生变化、对自身经济地位的不满,以及制度建设上的不足等。

(一) 市场经济方面的原因

改革开放后,市场经济在我国迅速发展,人们的思想观念、价值取向都发生了显著的变化并呈现多元化趋势。追求利益的经济动机合法化,"义利对等"的师德观出现,并被人们广泛接受,师德建设越来越趋向于功利化。传统的重义轻利遭到猛烈的冲击,人们不得不对师德重新思考和定位。

(二) 教师方面的原因

市场经济条件下,社会竞争加剧,教师的压力也与日俱增,然而教师的经济地位并没有得到根本的提升,这就容易挫伤其工作积极性。另外,由于师德规范本身的问题,部分教师对其认同度不高。

首先,教师的经济地位低下。教师在职业活动中付出了劳动,就应当获得相应的经济利益回报,这是对教师劳动的基本尊重。改革开放以来,随着经济的发展,教师的生活条件有所改善,工资福利也获得相应的提高,但现实情况仍然不容乐观。马克思曾经指出:"一切以往的道德论归根到底都是当时的社会经济状况的产物。"可以说,道德的基础是经济,如果教师的劳动报酬偏低,直接后果就是严重挫伤教师的工作积极性,导致部分教师对工作敷衍塞责。

其次,教师的内在认同度不高。由于对职业道德建设的重视,我国制定了很多相关规章、制度。这些行政命令本意是好的,但由于把教师片面放在严加管束对象的位置,因而很难得到教师发自内心的认同。对教师而言,这种外在的规约要想真正持久发挥作用,最终还要取决于其能否通过个人的接受、认同、内化、提升为个人职业道德的内在自律。

(三) 制度建设方面的原因

首先,在师德规范方面,主要表现为表述简略、内容遗漏、层次单一。其一是师德表述过于简略,使教师在行动中常常不知所措。其二是内容上不够全面,相对于社会发展而言,师德规范是滞后的,其制定、出台有一个过程,所以在师德建设中出现的一些新问题不能及时有效地反映进去。其三是师德规范的单一性,用一种规范去要求所有教师,而没有注意到师德中存在的差异性。

其次,在师德教育方面。对教师进行师德教育是师德养成的一条现实而主要的路径,但当前我国的师德教育却存在着低效率、走形式等问题,缺少人文关怀。例如,教师职业道德教育只重理论灌输而轻教学实践,忽视了教师的主体性。

再次,评价模式单一。在应试教育背景下,一方面由于对升学率的追求,另一方面由于师德作为一种意识形态,评价方式难以度量,具有不明确性,因而有些学校为了方便,把教学成绩作为主要考核因素。"教师的工作效果不取决于工作本身,而是以学生的表现和成绩来衡量,绩效评价的窄化导致一些教师形成以分数取人的学生评价观,在教育中表现出偏心、急功近利等不良行为。"①

三、教师职业道德建设的基本趋势

针对师德建设中出现的这些问题，教育部门需要采取相应的措施，以提高师德建设的实效性。具体来说，可以完善师德制度、建立尊师重教的良好风尚、建构自主道德意识。

（一）师德制度的完善：底线伦理的外在规约

在师德规范的建设方面，要注意表述上的明确性、内容上的全面性、目标上的层次性。在规范的表述上要明确、详细，避免使用模糊的词语，便于教师在教育教学中的实施和操作。在师德规范的内容上要全面具体，重视编制具体的教师职业道德规范，以保证教师在职业道德习惯的养成上有规可依、有章可循。由于教师的职业道德无论在教育境界层次、教育理解层次，还是在从业态度层次与爱生层次，都不可能完全划一，所以我们需要界定相应的师德建设目标层次。

在师德教育方面，师德教育要注重从灌输走向养成。虽然师德灌输在一定历史时期确实起到过积极作用，但在社会转型的今天，其负面影响已愈发凸显。我们应该顺应潮流，注重师德的内化与养成。具体来说，一方面，师德教育要尊重教师的主体性，让教师成为职业道德教育中的主角；另一方面，职业道德教育的内容要贴近教师的职业生活，要能反映教师的需要。

在师德评价方面，建立行之有效的师德考核制度。面对师德评价中出现的问题，我们需要寻找科学的路径加以完善，应注意把握评价考核的全面性和综合性的原则。首先，评价主体应体现出多元性，学校领导、学生、同事、家长和教师本人都应成为评价的参与者。其次，评价方法应体现出综合性，将定性与定量结合起来，由此，需要综合教师的思想、情感、态度和行为表现等因素，对教师道德素质进行整体的定性评价。

（二）社会环境建设：尊师重教的风尚浸染

2015 年 9 月 8 日，国务院总理李克强在讲话时强调："强国必先重教，重教必须尊师。……要在全社会进一步营造尊师重教的良好风尚。"②社会环境建设作为师德建设的重要一环，尊师重教的风尚有着不可置否的社会地位。这种风尚的营造应该是全社会的责任，而不单单是某一群体或组织的任务。

首先，重塑教师的职业尊严，尽量满足教师的经济需要和人格需要。为此，国家应大力提高教师的经济待遇和社会地位。在全社会形成尊师重教的良好风尚，为教师提供优越的生活和社会环境。

其次，学校要关心教师的工作和生活，适当满足教师需要，调动其工作积极性。学校要实行民主管理，让教师对学校的重大事件有知情权、参与权、监督权，培养教师的主人翁意识和工作积极性。

再次，媒体宣传要以弘扬正能量为主。应该看到，师德"失范"问题虽然客观存在，但当前我国教师职业道德的主流是积极、健康和向上的。对于这些充满正能量的事实，

---

① 任金杰：《当代教师职业道德失范的成因分析》，《中国成人教育》，2007 年第 21 期。
② 李克强：《进一步营造尊师重教社会氛围》，中国青年网，2015 年 9 月 8 日。

"要加强媒体在师德宣传中的作用,展现当代教师的精神风貌,让教师成为社会上最受人尊重的职业"。①

（三）美德伦理的养成：自主道德的意识建构

在以往的教师职业道德建设中,师德主要是作为一种外在的行为规范发挥作用,督促教师履行职责,约束教师的行为举止。而这种外在的规约只能约束教师的外在行为,却始终无法引发教师自身内在的自律精神。而从教师职业道德发展的规律来看,"教师职业道德的发展最终要超越外在的规约,以崇高的人格修养来引领自我达到'从心所欲'的阶段。此时,教师职业道德超越了一般的职业义务和责任,开始以普遍的伦理原则为定向,根据良心的指引作出一般决策"。② 即最终实现从他律向自律的转变,使教师职业道德对教师而言能够内化于心,外化于行;既内化为教育者的道德信念,又外化为教育者的道德行为。

内化于心。师德的内化过程应是师德自律精神的养成过程,即对师德规范的自觉认同,并激发起师德情感,形成师德意志,最终使师德成为教师的自觉意识,并在教育行动中体现出来。教师的师德自律精神一旦养成,外在的规约作用将会减弱,甚至处于可有可无的地位。在我国,师德历来注重自律精神的养成,董仲舒的"善为师者,既美道,有慎其行",《中庸》中的"莫见乎隐,莫显乎微。故君子慎其独也"都强调教师应该自觉控制自己的行为,发自内心地坚守道德律令,在任何情况下都能做到表里如一。

外化于行。积极进行道德实践。对教师职业道德的认识,不能仅停留于认知和观念层面,而是要把它转变为教育者的道德行为。2014 年 5 月习近平总书记在北京大学师生座谈会上的讲话上指出:"道不可坐论,德不能空谈。于实处用力,从知行合一上下功夫。"这说明了教师职业道德不仅要内化为教师的精神追求,更要外化为教师的自觉行动。《周易正义》中的"为德之时,必先践履其礼,故履为德之基也"也说明了师德的养成不仅仅是认识问题,更重要的是践履问题。师德的养成"必须紧密结合教育实践,为准教师营造真实的教育实践情境,让他们在真实的教育情境中体验教师行为的自我关切性以及对学生乃至社会影响的深远性"。③

① 杨万义:《当前高校师德建设的主要问题与解决路径研究》,《中国青年研究》,2012 年第 9 期。
② 车丽娜:《论教师职业道德发展中的自主责任意识》,《教育研究与实验》,2012 年第 5 期。
③ 车丽娜:《论教师职业道德发展中的自主责任意识》,《教育研究与实验》,2012 年第 5 期。

农村中小学教学团队建设的意义与策略研究

——以济南市历城区西营镇小学为例

徐娜娜 *

摘　要：农村中小学教师教学团队的建设有助于提升教师个人素质，提高其专业发展水平；有助于凝聚教师集体智慧，避免个人主义教学倾向；有助于培养教师协同意识，发展其职业归属感；有助于整合地区教师文化资源，促进农村学校教育教学的发展。济南市历城区西营镇通过组织"微课"教研、名师送课等活动，以多种方式促进教师的个体发展，致力于教学团队建设。在建设过程中要避免"教而不研"现象，扭转教师抵触情绪，完善活动机制。

关键词：农村中小学；教学团队；意义；策略

建设一支合理、高效、稳定的教学团队，使农村中小学教师在相互融合与相互支持的氛围里、在个体的比较激励与创新中、在共同目标的指引下形成共同的价值追求；继而通过合理有效的方式协同配合、共同完成教学任务；最终在优势互补、互相促进的基础上提升个体教学质量和专业发展水平。

一、农村中小学教学团队建设的意义

在农村中小学建设教学团队，不仅有助于教师个人专业成长，而且对于学校的整体发展和学生素质的全面提升都大有裨益。

（一）提升教师个人素质，提高其专业发展水平

农村中小学教师专业发展水平的提升，很难依靠密集的培训与外出学习实现，加之农村中小学教师与外界开展沟通交流的机会相对较少，因而在农村中小学建设合作共进的专业共同体，使教师在团队合作中获得持续、有效的专业发展就显得弥足珍贵。

农村中小学教师如果想提升自身的教育智慧，单凭个人的努力是不够的，而且也容易受工作环境中消极因素的影响。建设一支具有共同目标的教学团队，既能在团队成员的引领与帮扶中稳定自身发展的决心，又可以借助群体之力加快自身教育智慧提升的步伐。而且教师的专业发展还需要丰富的实践性知识，在团队交流与合作的过程中，教师可以有效积累并丰富实践性知识，在团队成员共同的教学目标和合作意识基础上，使得教学反思更具专业性、深刻性和针对性。

（二）凝聚教师集体智慧，避免个人主义教学倾向

"在日常的教学活动中，为了维护自己建立在专业能力之上的自尊心，教师把自己的课堂看作一个相对封闭且自足的领域，习惯于靠一个人的力量解决课堂教学中的种种问题。"② 这样的教师拥有强烈的独立成功观，他们不喜欢变革，也不愿与同事合作，

---

* 　徐娜娜，山东师范大学教师教育学院研究生，主要研究方向为课程与教学论。

② 　车丽娜：《教师文化的嬗变与建设》，中国社会科学出版社，2015 年，第 189 页。

他们主要关注自身的成功。这种故步自封的状态阻碍了教师间的交流与沟通,使得他们无法建立专业发展上的联系,无法在分享与对话中获得专业成长。

课堂教学质量的提升不仅取决于每位教师的专业水平,也取决于教学团队的合作程度。只有摒弃个人主义取向,建立起协同共进的理念及共同促进学生全面发展的意识,教师间的交流与沟通才能更加深入,教学才会产生 1 + 1 > 2 的效果。

(三)培养教师协同意识,发展其职业归属感

缺乏教学内在力量的教师常常"发现自己与同事和学生处于疏远、竞争和冷漠的关系","遭受解体的痛苦"。[①] 在艰苦环境中长期奋战的广大农村中小学教师,就正在遭受这种"解体的痛苦"。

建设一支具有共同目标的教学团队,在团队中有过相似经历的教师能够相互理解、积极寻求更加有效的帮助策略。教师会在如此心灵相通的过程中加深对教育本质的理解,逐渐恢复"自身认同和自身完整",使得"解体的痛苦"日益消除,最终在合作过程中逐渐培养起团队协同意识并形成对集体的归属感。

(四)整合地区教师文化资源,促进农村学校教育教学发展

受农村地理环境闭塞、教育资源相对匮乏、教师生存环境偏差等因素的影响,绝大多数优秀教师并不愿在农村"安家落户"。只单纯依靠某一学校的教师资源很难促进全体教师专业发展水平的全面提升,建设合理、高效、稳定的教学团队也就成为空谈。但是通过整合地区教师资源,将区域优秀教师的教学经验、先进的教学理念与教学模式引入农村中小学,就可以大大改善这一窘况,农村中小学教学团队的建设,就可以在先进地区的帮助与扶持中深入进行。

整合地区教师文化资源,在农村中小学相互汲取优秀的教育教学资源,可以帮助农村中小学教师提升专业发展水平,有助于在农村中小学建设结构合理、工作高效的教学团队,能够促进农村学校教育教学水平的整体发展。

二、农村中小学教学团队建设的个案研究

伴随基础教育课程改革的深入发展,农村中小学逐步开始思考和探索适应地区特点并且符合时代发展要求的办学理念。为改善当地教师个体专业水平不高、与外界交流机会缺乏等不利条件,西营镇中小学教育领导班子以提升教师专业水平为方向、以教师团队建设为途径,通过开展多项活动,扭转了现有的教育窘况,实现了教育教学质量与教师专业发展的双重提高。

(一)"微课"教研,促进教师协同发展

近些年,西营镇中小学结合本地实际教育情况,不断寻求与创新校本教研的新形式,逐渐探索出以"微课"为载体的校本教研模式。

所谓"微课"教研,即通过在"微型课堂"中设定教学内容,规定较短的教学时间,采用"同课异构"的模式进行"赛课",着力呈现教师不同的教学设计、教学方法和教学操作,由

---

① [美]帕克·帕尔默:《教学勇气:漫步教师心灵》,吴国珍等译,华东师范大学出版社,2005 年,第 21 页。

参赛教师和评委现场观摩,在此基础上展开集中研讨和交流的一种教研形式。① 其实施过程如下:确定主题—独立钻研、设计备课—实施教学、集中听课—研讨交流、评价反思。"微课"教研在凝缩教师授课时间、保证教学效果的同时,不仅能够解决传统"听课—评课"方式中重"听"不重"评"的问题,还可以调动教师参与教研的积极性,充分发挥其教研主体的探究功能,最终切实改进教师的教学行为,提升教师的教学技能。

实践证明,依托于"微课"的校本教研不仅能够激发当地教师参与教研的积极性,也能够提高教师的教学技能和课堂教学质量,最终使得教师之间的交流与合作更加密切。

(二)名师送课——助推教师快速成长

闭塞的地理环境与不便的交通因素,使得山区教师与外界沟通甚少,先进的教学理念传播不及时也阻碍了山区教育教学质量的提高。西营镇结合具体情况,创办"名师工程",积极组织"名师送课"活动。具体活动环节有:名师与本校教师同备一堂课—两位教师展示教学思路—其余教师评课。

根据调查发现,这样的活动有利于教师特别是青年教师教学技能的迅速提升。青年教师教学经验匮乏但学习与模仿能力强,一堂"名师课"可以让青年教师亲临"名师"的教学过程,在学习与模仿的过程中逐渐探索出适合自己的、更为高效的教学方式。

"名师送课"活动不仅集合了当地教师团体的智慧,还引进了先进的教学理念与教学模式,使本校教师在与"名师"的思想碰撞下擦出教育教学智慧的火花。山区教师在这样的团体活动中,既可以学习到先进的教学理念又可结合自身教学经验模仿、演变出更加适合自己的教学方式。"名师送课"活动充分整合了地区性的教师资源,它不仅促进了教师个体的专业发展,还促进了整个山区教育教学质量的提升。

(三)多管齐下——个体发展与团队建设齐头并进

合理高效地开展教学团队活动,可以促使教师个体获得持续的专业发展动力。在教学团队建设过程中,西营镇中小学针对新手教师经验不足的情况开展了"师徒帮带"活动;针对教师个体备课能力的欠缺,建立了"集体备课"制度;基于"教师必须从学生生命整体发展的角度来考虑教学任务,与各学科教师形成合作互助的教学共同体,就学生发展中的共同议题和跨学科的教学问题进行协商,集中优质教学资源,制定出最佳教育教学方案"②的理念,每位教师也在教学团队中努力寻求适合学生发展的教学方式。例如,地方课教师 B,结合当地盛产中草药的现实,遂将相关内容引入地方课程中,并在创意教学比赛中屡次斩获头奖;英语教师 S 根据年级教学目标,重新整合全册课本,确定新的单元主题后再在学科教研活动中推广,供其他教师学习。

西营镇中小学通过多管齐下的方式开展教学团队活动,无论是在提升教师个人专业素质与促进教师专业发展方面,还是在提高学校教育教学的整体质量方面都已初见成效。

三、农村中小学教学团队建设的建议

在教学团队建设过程中,偶尔也会出现不和谐的情况。为避免教学团队建设走入

---

① 吉标,陈汝钧:《"微课堂":开创乡村学校校本教研的新模式——以济南市历城区西营镇中小学教研活动为例》,《天津市教科院学报》,2012 年第 5 期。
② 车丽娜:《论学校课程规划的基本向度》,《西北师大学报(社会科学版)》,2015 年第 4 期。

误区,还需要采取积极的应对措施。

（一）避免"教而不研"现象,提高教师教研热情

"微课"教研活动旨在使教师在团队活动中分享自己的教学经验、汲取别人的教学营养,从而实现教学专业性成长。对教学的研究和反思遂成为"微课"教研的常规工作。但是,仍有小部分教师存在应付之嫌,他们参加教研活动积极性低、对教研活动目标不明确。

为此,在开展"微课"教研活动时,要进一步增强教研的针对性与时效性,提高教师的教研热情,避免"教而不研"的现象。首先,需要转变部分教师"教研无用"的错误观念,使其深刻理解教研对改善教学质量的重要意义;其次,在开展活动时要推行互动的教研方式,提高教师作为课堂设计者的主体性,使其充分认识到自身在教研活动中的重要性;最后,还要完善相关管理措施与激励机制,充分调动骨干教师的积极性,发挥其在"微课"教研中的引领与帮扶作用。

（二）扭转教师抵触情绪,尝试新式教学方式

在团队成员的帮扶下,教师不再按照传统的工作方式单兵作战,这既是对教师教学工作的支持,也是对传统的个人教学自主权的挑战。同时,对于"积久成习"并按照习惯性思维方式教学的教师,特别是中老年教师来说,这种打破其"教学惯习"的变革使他们深感不适。为此,在教学团队建设过程中,要想方设法改变这类教师的抵触情绪。

这就需要引导教师认识到教学变革的必然性与必要性,并充分激发教师追求专业发展的积极性。然而,"任何教育观念体系只有与人们的教育方式紧密联系起来,与人们具体的历史的教育实践结合在一起,才能得到合理的完整理解"。① 为此,在团队建设过程中需要制定相关激励机制与评价制度,鼓励教师进行观念的变革与创新,并适时地增加教师外出培训、学习交流的机会,使其接触瞬息万变的教育现实,明了教育教学改革的必要性,并在学习与交流中增强专业发展意识。

（三）完善活动机制,发挥"送课"最佳效果

由于"名师工程"活动机制的不完善,活动后的反思与总结不及时,导致了先进教育观念传播滞后,教学方式生搬硬套等现象时有发生。要想最大限度地发挥"名师送课"活动的效果,还需要进一步完善后续工作。

组织单位不能以完成"送课"任务的心态对待这项活动,应该以切实提高农村中小学教师的教学理念与教学方法为最终评判标准。为此,就要采取积极、有效的措施以增加"名师送课"活动的时效性与针对性。例如,及时组织参与活动的教师对本次活动进行反思与总结,并举办学科教师座谈交流会,指导教师将所学应用到具体的教育教学实践中,防止不切实际的单纯模仿。

总体而言,农村中小学教师面临自身专业水平不高,自身知识更新能力有限,外界交流渠道不畅等问题,而教学团队的建设对于上述问题的解决具有积极意义和指导价值。济南市西营镇中小学以教学团队的建设引领教师的专业发展,从根本上提高了教育教学质量,也为农村中小学教师队伍的建设指明了方向。

---

① 徐继存:《教育学的学科立场:教育学知识的社会学考察》,北京师范大学出版社,2014 年,第137 页。

师范生的发展与培养（笔谈）

摘　要：师范生培养的质量直接影响到未来教师队伍质量，因而有必要深入研究师范生培养过程中存在的问题，研究提高师范生质量的科学规律，为科学确立师范生培养的途径和方法等提供一些决策的依据。本部分由四篇扎实而又具体的研究论文组成，从本科生的职业认同感、专业技能获得、教学技能培养、教育课程学习等方面论述了当前师范生培训的一些现状、存在的问题以及对此的反思。

关键词：师范生；职业认同；课程学习；教学能力

关于小学教育专业本科生职业认同感的调查研究

吴莉莉 *

　　1998 年我国第一次招收全日制小学教育专业本科生，而后本科学历逐渐成为小学教师的基本学历要求。现在的小学教育专业本科生是未来的小学教师，教师职业认同对其有重要影响。良好的职业认同感会更好地推动这些准教师们对其教师角色的学习、确立和发展，并能帮助他们对今后从事的教师工作在认知、情感、效能、价值观等方面有更多的认识和了解。因此，研究小学教育专业本科生的教师职业认同感现状，对小学教育专业的教育教学和学生的学习指导具有重要的意义。

一、对职业认同感的界定

　　"认同"一词最早出现在拉丁文中，有相同和同一的意思。弗洛伊德把"认同"看作一个心理过程，是一个人向另一个人或团体的价值、规范与面貌去模仿、内化并形成自己的行为模式的过程，认同是个体与他人有情感联系的原初形式"。[①] 职业认同在职业认同研究领域并没有明确的定义，研究者都是根据自己的研究目的、研究对象等来界定它的定义，但都认为职业认同是一个动态的过程。而职业认同感是一个人对有关职业方面的看法、认识、赞同或认可。[②] 本研究中的职业认同感，是指小学教育专业本科生能从内心认可小学教师职业，认为小学教师是一份有重大社会意义和价值的职业，并能从中找到乐趣。它主要包括职业认识、职业情感态度、职业准备等内容。

二、调查结果与分析

（一）调查的基本情况

　　本研究在查阅相关资料和借鉴相关研究成果、方法的基础上，自编问卷。采用随机抽样的方式，共选取了河南的 3 所高等院校，一共调查了 180 名小学教育专业的本科生有关教师职业认同感的情况，共发放问卷 180 份，回收 172 份，有效问卷 166 份，有效问

---

　　* 吴莉莉，山东师范大学教师教育学院研究生，主要研究方向为课程与教学论。

　　① 严玉梅：《国外教师职业认同研究概述》，《科技信息（科学教研）》，2007 年第 28 期。

　　② 高芹：《小学教育专业本科学生的专业认同感调查分析——以曲靖师范学院教师教育学院学生为例》，《曲靖师范学院学报》，2011 年第 2 期。

卷回收率92%（见表1）。

表1　小学教育专业本科生被试的基本情况

年级	频数	百分比（%）	年级	频数	百分比（%）
一	21	12.7	三年级	64	38.6
二	39	23.4	四年级	42	25.3

（二）职业认识的调查分析

下面是根据问卷中的"您认为小学教师的工资水平高""您认为小学教师的工作相对轻松""您认为小学教师的工作对社会发展很有意义""您认为在当前社会作一名小学教师会使人尊敬"这几个问题的数据来统计分析的（见图1）。

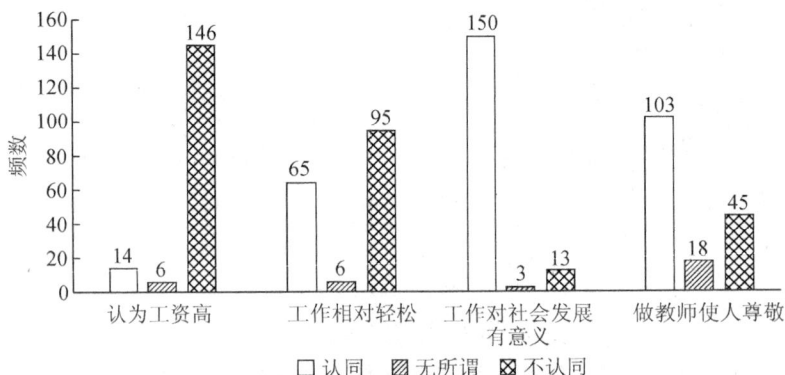

图1　职业认识的调查情况

由图1可以明显看出：小学教育专业本科生大多数人认为工作对社会发展有意义，并认为做教师让人尊敬；并能算出有39%的小学教育专业本科生认为小学教师的工作相对轻松；而仅有8%的学生认为工资高。由此推测：小学教育专业本科生的职业认识总体并不高。

（三）职业情感态度的调查分析

图2是根据问卷中的"您认为小学教师的工作很有乐趣""您想做小学教师这个职业""您觉得小学教师可以实现您的人生价值"这几个问题的数据来统计分析的。

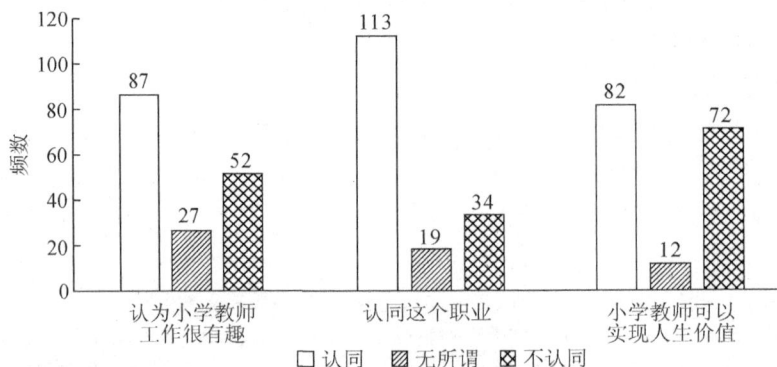

图2　职业情感态度的调查情况

从小学教育专业本科生职业情感态度的调查情况图可以看出：大部分的小学教育专业本科生认为小学教师这个职业工作有趣；有约一半的学生认为小学教师可以实现人生价值，另有一半的学生认为做一名小学教师不能实现他的社会价值（见表2）。

表2 择业价值观的调查情况

选项	社会地位高	收入稳定	对未来子女教育有利	有寒暑假	没有好处
百分比（%）	5	37	27	30	1

表2是根据"你认为当教师的最大好处在哪里"这一多选项问题来统计分析的。由数据可看出，小学教育专业本科生在选择教师职业时，最看重收入稳定和有寒暑假。小学教育专业本科生择业价值观的几个因素所占的百分比的分布情况，按百分数由高到低依次为：收入稳定、有寒暑假、对子女教育有利、社会地位高。这说明收入稳定是个人在选择小学教师这一职业时最看重的，而教师社会地位是个人在选择这一职业时最不看重的。以上的结果说明：当代大学生更注重工作的实用价值，表现出择业倾向的功利性。

（四）职业准备的调查分析

图3是根据问卷中的"您上专业课时会认真听课""您经常接触专业课程的书籍或者借阅相关书籍""您经常和老师、同学探讨交流专业知识""您为了能做好一名小学教师，做了许多职前准备"等来统计分析的。

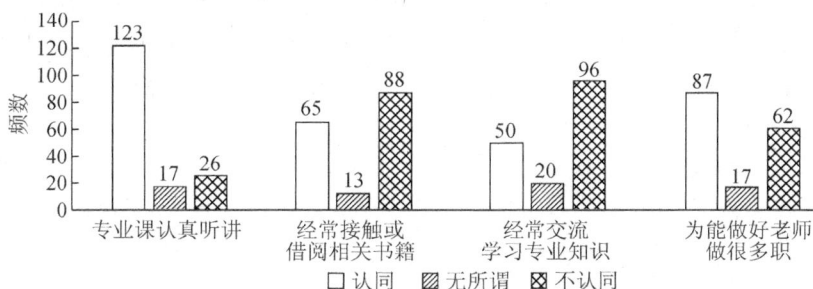

图3 职业准备的调查情况

由图3可以看出：小学教育专业的本科生中一半的学生能为成为一名教师做准备；并可推算出有74%的学生专业课认真听讲，说明大部分学生都挺重视专业课；但只有不到一半的学生经常与同学或老师交流专业知识和借阅相关书籍，这说明学生在对专业课知识的理解巩固、拓展延伸、探讨研究等方面还未投入足够的时间和精力。表3分析职业技能认同情况的调查结果。

表3 职业技能认同的调查情况

选项	学科知识	教育心理学知识	教学技能	沟通能力	人格魅力
百分比（%）	10	19	28	25	18

统计结果显示，小学教育专业本科生最认同的两项职业技能是沟通能力和教学技能。由调查表可以看出：最受认同的职业技能是教学技能，占28%；其次是沟通能力，

占25%;教育心理学知识和人格魅力分别占19%和18%;学科知识占的百分比最小,为10%。当前,高校小学教育专业的课程设置主要倾向于一些理论的学习,而对小学生的心理了解不够,对小学生所学课程也缺乏认识,缺乏实践教学技能。

（五）调查结论

1. 小学教育专业本科生对教师的职业认识总体偏低,有待提高。

2. 小学教育专业本科生的职业情感态度在择业时最看重收入稳定,择业动机倾向于物质。

3. 小学教育专业本科生在职业准备时,大部分学生都很重视专业知识的学习和准备,他们最认同的职业技能是教学技能和沟通能力。

三、对策与建议

小学教育本科专业本科生的教师职业认同感的强弱,不仅直接关系到高校小学教育专业本科生教育教学的效果和质量,还会对我国未来小学师资队伍的水平产生重要影响。[①] 小学教育专业本科生职业认同感的提高有助于其把握、肯定自己小学教师的角色,并为成为小学教师做积极的准备。针对问卷调查所发现的小学教育专业本科生在有关职业认同方面存在的问题,我们提出以下几点对策和建议:

（一）提高小学教育专业本科生教师职业认识,加强职业指导

学校要强化小学教育专业本科生的专业认知,加强对其进行专业和职业指导,以引导学生确定正确的职业方向,并帮助他们树立正确的职业理想。

"职业群"是职业岗位群体的简称,是职业岗位互相联系的一个职业系统。学校可以从具体方面来帮助学生明确职业群:(1)加深对相应职业群的认识。使学生从进入大学起就清楚了解相应的职业群及职业方向;了解小学教师的工作环境、工资待遇等;了解小学教师的社会地位、作用和价值等。(2)培养小学教师职业兴趣。一方面从认识上着手,让学生看到小学教师的独特优势,从而使学生的职业认识得到提高;另一方面从一些具体课程上来培养兴趣,争取使学生在情感态度上发生变化。为学生提供亲身参加实践和各种教育活动的机会,使其能从体验中感受到乐趣,从而希望从事教师这一职业。

（二）营造有利于其发展的职业环境,切实提高小学教师的待遇

1. 积极营造尊师重教的社会氛围,给予小学教师应有的社会地位

当前,社会上很多人认为小学教师不如初、高中老师,不重视小学教师,因而也不尊重小学教师,这使得小学教师未享有应有的尊重和社会地位,影响了小学教师的职业吸引力。当前,只有在社会形成一种尊师重教的良好氛围,给予小学教师应有的尊重、关心和支持,才有利于小学教育专业本科生坚定从教的信念,并在毕业择业时首选小学教师这一职业,才会有心甘情愿为小学教育事业奉献一生的动力。

2. 真正提高小学教师的经济待遇

市场经济条件下,经济在某种程度上决定着一个人的社会地位,而人又具有社会属性,人们自然很看重也在追求"经济价值"。而当前,我国教师的经济待遇相比其他行

---

① 郭黎岩:《发达国家小学教师培养的经验研究》,《比较教育研究》,2007年第11期。

业较差,尤其是小学教师、农村教师的经济待遇更差。这很容易挫伤教师的积极性,尤其对小学教师更为严重。这也是导致小学教育专业本科生职业认同感不强的原因之一。当前,毕业生择业时普遍较重视经济收入,因而提高教师待遇显得尤为重要,特别是小学教师的收入。当然,我们也应看到党和政府已经认识到了这一点,并采取了有效措施,但是教师经济待遇仍须进一步提高。

(三)提高小学教育专业本科生职前准备的积极性

调查结果显示,小学教育专业本科生已经意识到了教师应具备的素质和能力。即他们从思想上已经很清楚自己需要具备一些教师职业素质,但行动上并没有与思想上一致,行为上存在惰性,职业行为准备不够积极。这就需要他们充分认识到自己实际的行为准备严重缺乏,应该不仅重视从主观上加强自身的职前准备,而且要多参加学校及院系举办的各种教育教学活动,以及各种教育教学技能的培训或讲座。

小学教育专业本科生在进入大学后,要很快接受小学教育这一专业,并做好学习该专业的心理准备。大学期间要掌握扎实的专业知识和技能,学好专业课程。除专业课外,还需要从以下几个方面来积极准备:提高自己的沟通能力;提高文字组织和语言表达能力;提高逻辑思维能力;具备良好的心理素质;等等。在大学期间要不断地充实自己,学好专业,提升自己,为成为一名优秀的小学教师努力行动、做好准备。

(四)重视见习、实习,提高其教育教学实践技能

教学技能和沟通能力对小学教师很重要,并且是他们必须具备的素质。教师不仅要掌握专业学科知识、教育教学理论知识及心理学知识,而且要具有综合运用这些知识的实践能力,要能灵活地将理论知识转化为实践的教育教学技能。一名教师只有拥有了较强的教育教学能力,才能有效地提高其教育教学质量。小学教育专业本科生要想很好地胜任小学教师这一职业,就必须具备多种能力,尤其是良好的教育教学实践能力,这是提高教学效率和全面提高学生素质的保证。

自从小学教育专业本科开设以来,由于认识上的一些局限,当前我国小学教育专业的理论课程很多,但实践课程却很缺乏。大学期间的教育见习和实习对学生来说无疑是很重要的锻炼机会,对于提高学生的教学技能有着重要意义。但当前的高校教育见习和实习存在次数少、时间短、流于形式等很多弊病。正是由于这些问题的凸显,人们才逐步认识到改进教育实践的重要性和必要性。基于教育实践存在的问题笔者认为应该建构一个完整的实践课程体系,对实习、见习进行指导。另外,见习、实习时间最好不是只在一个时间段来完成,而是和理论学习交叉进行。这样,学生可以从中发现自己理论上的不足之处,从而能及时加以改进,实现理论和实践相互促进,真正使自己的专业素质不断提升,为做一名合格的小学教师做好准备。

关于高师学前教育本科生专业技能欠缺问题的思考

王　婷*

学前教育是国民教育体系的重要组成部分,是终生学习的奠基阶段。《国家中长期教育改革和发展规划纲要(2010—2020)》提出,要积极发展学前教育,提升幼儿教师的整体素质。2012 年,教育部出台了《幼儿园教师专业标准(试行)》,将专业理念与师德、专业知识和专业能力三方面作为幼儿园教师必备的基本素质与条件。但现实中,作为准幼儿教师的高等师范(简称"高师")学前教育本科生的素质与国家幼儿教师标准还存在一定的差距,主要表现为专业技能欠缺。这种现象既不利于学前教育本科生的就业,也不利于学前儿童的快乐健康成长,更不利于国家学前教育事业的发展。明晰高师学前教育本科生专业技能欠缺的原因,积极探索提升高师学前教育本科生专业技能的策略,具有非常重要的理论价值和现实意义。

一、高师学前教育本科生专业技能欠缺的表现

教师专业技能,是指教师在教育教学实践中,运用专业知识和经验并通过练习而形成的顺利完成教育教学任务的能力。[①] 学前教育本科生的专业技能,指的是学前教育本科生毕业后成为幼儿园一线教师,在教育教学实践中运用专业知识和经验并通过练习而形成的顺利完成教育教学任务的能力。

学前教育本科生专业技能的欠缺主要表现为:唱、跳、弹、画、演等艺术技能的掌握不够熟练,流于形式,不能将自己习得的技能较好地运用到实际幼儿园的教育教学活动中,特别是即兴视唱、边弹边唱技能的欠缺;环境创设缺乏创新性,对现有资源的利用率较低,很少会考虑利用废旧物品或社区资源,环境创设的材料多来源于幼儿家庭的提供和商店购买;活动的设计与组织缺少原创设计,多依赖于网络资源与教材。杭州师范大学的汪珍曾对 76 名本科为学前教育专业的幼儿教师进行过活动设计来源方面的调查,结果显示只有 9 名教师会进行原创设计,仅占 11.8%,而依赖于网络资源和教材的教师占到了 90% 以上。[②]

二、高师学前教育本科生专业技能欠缺的原因

(一)课程设置不利于学前教育本科生专业技能的培养

1. 技能实践课开设种类少,不齐全

学前教育专业学生应具备的专业技能包括唱(视唱)、跳(跳舞)、弹(弹琴)、画(绘画)、演(表演)、讲(讲故事)、编(创编歌舞或故事)、做(做手工)、操(做体操)、写(写粉楷或钢楷)的能力,以及进行活动设计的能力、区角布置的能力、环境创设的能力等。笔者通过对几所高校课程表的研究发现,大部分高校开设了舞蹈、钢琴、绘画、视唱等技

---

* 王婷,山东师范大学教师教育学院研究生,主要研究方向为课程与教学论。

① 步社民:《论幼儿园教师的专业技能》,《学前教育研究》,2005 年第 5 期。

② 汪珍:《本科学前教育专业学生专业能力培养现状的研究——以某师范大学为例》,浙江师范大学硕士学位论文,2012 年。

能课程,鲜有高校开设表演、创编舞蹈和故事、手工、环境创设等课程。上述各项技能是作为一名合格的幼儿园教师所必备的基本素质,但就培养这些技能的课程来说,大部分高校只是开设了较少的几门。

2. 已开设技能实践课的课时安排少,学生练习机会少

钢琴、舞蹈、绘画、视唱,虽然大多数高师都开设了专门课程,但设置的课时太少。就舞蹈这门课来说,不少学校一周只设置2个课时,且只开设2个学年。技能实践课目的是让学生掌握一门技能,现实中却因课时安排少、上课班额大,以及学校钢琴、舞蹈房等资源缺乏的原因,导致学生练习的机会少之又少。课程设置不合理导致了学生专业技能不过关。

(二)教师专业素养对学生的专业技能实现程度较低

1. 教师的专业知识缺少与学前教育专业的适切性

学前教育是一门年轻的学科,高师学前教育专业的教师很少是研究学前教育的,担任该专业教育教学工作的教师大多是研究心理学、教育学或主修舞蹈、音乐、美术的教师,虽然这些教师对自己所研究的领域了解全面、系统,具备完善的专业知识,但对学前教育专业还认识不到位,较难在自己研究领域与学前教育领域间架起一道桥梁。在教学过程中,教师难以区别对待学前教育专业与其他教育专业间的差异,难以突出学前教育的专业特色和学生的专业技能,因而导致了学前教育本科生的某些专业技能欠缺。

2. 教师的教学方法单一

绝大多数学前教育专业的任课教师,在上课时采用且只采用讲授法。讲授法固然有它本身的优点,但对于学生专业技能的培养来说,仅仅使用这一种方法是不够的。比如,区角布置、环境创设、幼儿园活动设计等课程,仅仅依靠教师讲解怎么去布置,怎么去创设,怎么去设计是远远不够的。技能多指的是做的层次、实践的层次,这种单一的讲授法,很难促进学前教育学生专业技能的掌握与发展。

(三)学前教育本科生自身经验与认识的不足

1. 缺乏艺术方面的基础与经验

学前教育专业普招的学生在高中时期都是普通的文科生或理科生,他们缺少钢琴、舞蹈、音乐的基础,甚至好多学生在此之前从来没有接触过这些。美国课程评价专家泰勒在论述选择学习经验的一般原则时曾说过,"学生必须有这种经验"。学生有了这种经验,对于目标的达成才能形成一个促进作用。学前教育本科生正是由于缺乏这方面的经验,所以学习起来会存在一定的困难,会造成专业技能欠缺的现象。

2. 专业认同感不强,缺乏职业规划

有些学生对学前教育专业的认识上存在一定偏差,认为只是去幼儿园当个教师,没有必要在大学里学习四年的时间;部分学生在填报志愿时并不考虑选择此专业。这些学生缺乏专业认同感,对所学专业不感兴趣,甚至有些学生排斥该专业。正是这种低认同感、低幸福感使得一大部分学生缺少对未来职业的规划,缺少明确的目标。如果他们能把自己的职业规划定位为幼儿园一线教师,应该会积极努力地锻炼自己的专业技能吧?

三、提高学前教育本科生专业技能的策略

（一）增设专业技能课程，凸显学前教育专业特色

本科学前教育专业的课程设置应立足于本专业的培养目标，应依托于幼儿园对一线幼师的专业技能的要求，适当增加专业技能课程。增设幼儿园环境创设课、表演课、手工课、创编课等课程，培养学前教育本科生的环境创设、区角布置、表演、玩教具制作、创编舞蹈和故事的能力；增加已开设的钢琴、舞蹈等艺术类课程的课时，每周不少于4个学时，开设时间不少于0.5学年，加强弹唱能力、即兴视唱能力的训练，力求艺术类课程的学习贯穿于本科学习的全过程；增加能满足学生培养需求的选修课，为学生提供一个自主选择的平台，以利于学生根据自己的兴趣和需要选择课程，使学生的学习更具针对性，更能激发学习动机，更有利于各专业技能的养成。

（二）丰富校内资源，促进学生学习与教师教学

丰富校内资源，更好地为学生学习专业技能提供专业平台。学校应增加钢琴室、舞蹈室、美工室的数量，为学生提供充足的设备及资源，以利于学生进行弹、唱、跳、做等技能的练习；把微格教室充分利用起来，安排学生进行试讲、录课，教师与学生对录课内容进行反复观摩，进行评价，逐步改进。这些措施不仅锻炼学生的活动设计、玩教具制作、创编等方面的能力，也为教师改进教学提供了平台；提供一定的物质条件和督促机制，要求学生利用空闲时间每天讲一段儿童故事、画一幅简笔画、写一小黑板粉楷、弹一首儿童歌曲等。除此之外，还可以定期开展班级汇报演出和毕业班汇报展示等活动，举行"幼儿教师职业技能大赛""简笔画大赛""书法大赛"等，为学生专业技能的提高搭建平台。

（三）充分利用校外资源，加强幼儿园与高师学校的合作

幼儿园与高师合作，聘任幼儿园优秀教师来校兼职，实行"双导师制"，形成高校与幼儿园教师共同指导学前教育本科生的机制。在此过程中，高校教师的指导侧重理论方面，幼儿园教师的指导侧重实践技能方面。"双导师制"能在一定程度上弥补教师缺少专业适应性的弊端，对学生更好地掌握专业技能，促进学前教育本科生的全面发展，具有一定的积极意义。

幼儿园与高师合作，安排本科生的实习与见习工作。保证每位学生至少两个月的顶岗实习经历，实习结束后，由高校教师和幼儿园的优秀教师共同对学前教育本科生的实习表现进行综合评价；还可以在幼儿园有优秀教师讲公开课时，安排学生去听课与见习，请优秀幼儿教师到学校来举行座谈会，多方式多途径为学前教育本科生提供练习技能的机会。

（四）开展学习培训工作，提高学生认识水平

新学期伊始，就应该对新生进行入学培训，通过培训让学生了解学前教育专业的课程设置、课时安排、培养方案、培养目标以及就业方向等问题，帮助学生树立专业信心，指导学生规划未来方向。为了增强学生的职业认同感，可以请有经验的幼儿园教师通过自身的经历向学生展示该专业的优势，向学生说明该职业的特点，让学生对该专业有更明确的认识。此外，还可以通过"就业创业大赛""生涯规划大赛"等活动的形式，帮助学生树立正确的职业价值观，积极进行职业生涯规划。

师范生语文教师职业技能培养策略

——基于教学技能大赛平台

张露露 *

随着高等教育大众化的发展和就业压力的日益增大,社会对语文教师教学技能和职业素养的要求越来越高,很多高师院校在秉承课程学习和教育实习的培养形式之外,还纷纷举办教学技能大赛,以求从实践角度强化师范生语文教师职业技能的教学与训练,全面提升汉语言文学专业师范生的综合素质和从业技能。但是从目前来看,教学技能大赛并没有完全发挥出它对师范生语文教师职业技能培养的促进作用,师范生的语文教学技能水平仍有待提高。本文通过分析师范生教学技能存在的问题及原因,初步探究问题解决的途径和对策,以期为高师院校进一步完善对师范生语文教师职业技能的培养提供理论支持和实际导向。

一、从大赛中反思师范生语文教师职业技能存在的问题

一是文本解读不够深入,课堂缺乏情感共鸣。我国著名文学理论家刘勰曾在《文心雕龙》里说过:"夫缀文者情动而辞发,夫观文者披文以入情。"由此可见,情感这一要素在语文课堂上是必不可少的。但是在比赛过程中,很多师范生只是一味完成任务似的机械地讲解课文,在课堂教学中并没有通过挖掘文本的深层内涵而达到师生情感共鸣的效果。

二是说课环节形式化,教育理论与教学实际脱节。有的参赛者在说课时大量堆砌各种语文教育理论,动辄"语文新课标要求""语文课程的基本理念",不管接下来的教学内容是否真的体现了这些理论的内涵,均先扣上"冠冕堂皇的理论帽子"。

三是课堂教学表达艺术不足,教师专业素质有待提高。这主要表现在语言表达能力欠佳、板书设计不合理与书写能力弱化、教学仪态不自然等方面。

四是现代教育技术应用不当,使课堂丧失了"语文味"。在课堂教学中,恰当地使用教学媒体,有利于加强学生的感性认识,增强学生对文本的理解。[1] 但是,有的参赛者过于重视课件的形式和色彩,不仅影响教学内容的呈现,破坏文本自身的美感,而且容易分散学生注意力,影响教学效果。

二、探究师范生语文教师职业技能欠缺的原因

内在原因是:师范生对语文教师职业技能培养的内发性不够,这主要表现在理论和实践两个方面。俗话说"缺乏理论,行而不远"[2],大部分师范生除了在课堂上草草听过几句语文课程理论以外,课下并没有主动涉猎相关的理论知识,也没有深入钻研语文课程标准和最新教育教学理念,这怎么可能达到理论指导实践的效果呢? 另外,很多师

---

* 张露露,山东师范大学文学院研究生。

[1] 李森,王牧华,张家军:《课堂生态论:和谐与创造》,人民教育出版社,2011 年,第 276 页。

[2] 李侠:《未来语文教师教学技能培训探讨——以某校汉语言文学专业师范生技能大赛为例》,《语文建设》,2014 年第 23 期。

范生不能做到对自己的专业技能训练高标准、严要求："三字一话"的基本功练习逐渐沦落为"三天打渔两天晒网"的状态；教学设计东拼西凑，照搬现成；教育实习时没上几堂课便开始消磨时光，浪费了在真实课堂中锻炼自己教学技能的机会；技能大赛能躲则躲，从不主动参加，躲不过去便应付了事。

外在原因是师范院校对师范生语文教学技能培养机制不完善，这主要表现在以下几个方面：一是课程设置不合理，缺少关于语文教学技能方面的课程。大部分师范院校开设了"教育学""教育心理学"等教育基础理论课程，也开设了"语言学""文献学"等语文专业基础理论课程，但是涉及语文教学技能培养的课程只有"语文课程与教学论"一门。二是没有正确发挥微格教学、教育实习和技能比赛的作用。学生平时真正走上讲台的机会太少，导致一些理论知识学习成绩非常好的师范生，一到课堂上就变得手足无措，不知道如何去教。三是对师范生缺乏语文教师职业技能的有效评价和监督。大多数师范生只要修满相关课程的学分就可以通过学校的考核，致使部分师范生为了修满学分只注重语文专业理论知识的学习，而忽略了语文教师职业技能的训练。

三、完善师范生语文教师职业技能培养的策略

（一）发挥培养语文教师职业技能的主观能动性

一是需要加强语文教育教学理论学习，为技能实践打下坚实基础。从各类语文教学技能大赛可以看出，无论教学设计、说课还是答辩，都是在一系列语文教育教学理论的指导下进行的。因此，师范生在认真学习学校开设的"语文教育学"、"语文教育心理学""语文课程与教学论"等必修课程的同时，还要重视对文本解读策略、教学方法研究、教学活动设计、说课授课技巧等有关专业技能知识的掌握，主动研究国内外先进的语文教育理念和教学观点，把握语文学科教育教学新的发展方向，不断提高自身的教师专业素养和教育教学理论水平，为今后培养和提升自己的语文教师职业技能打下牢固的基础。

二是需要坚持训练语文基本功，不断提高自身硬件水平。汉语言文学专业师范生的基本功，主要包括"三字一话"和课件制作两项。"三字"主要指毛笔字、钢笔字和粉笔字，"一话"指普通话。一手漂亮、潇洒的好字是一个语文教师的"门面"，会无形中增进学生对教师的崇拜感。目前，师范生普通话水平要求达到二级甲等，作为一名语文教师，除了说好标准流利的普通话，口头表达能力和朗读吟诵能力也十分重要。师范生可以通过演讲比赛和辩论赛，练习自己的语速、语调、语言感染力以及逻辑思维能力，形成自己独具魅力的语言风格。另外，师范生在课堂上需要认真学习《现代教育技术》课程，课下积极练习课件制作，以提高课件制作的有效性和实用性。

三是积极把握语文教学实践机会，在实践中锻炼教师职业技能。一方面师范生要抓住学校提供的微格教学和模拟授课这种虚拟形式训练的机会，积极参加说课、授课、角色模拟、教学答辩等实践活动，通过师生互评、观看录像的方式，反思自己在教态、语言表达、教学方法等方面的不足之处并加以改进；另一方面，师范生要利用好教育实习和义务支教这种能走进真实课堂的机会，研读中学语文教材、分析学生学情、制定教学目标、确定教学步骤、解决突发事件、应对班级管理等各项语文教师职业技能，切实锻炼自己。同时，师范生与一线语文教师面对面交流和听课评课的过程，能有效地促进师范

生自我反思、不断进步。

（二）完善语文教师培养课程和教学实践活动

一是优化语文教育教学课程设置，打牢专业技能理论基础。在内容上，教育教学课程应该紧跟时代步伐，对之前的语文教育理念取其精华、去其糟粕，贯彻新时期基础教育改革和社会发展对语文教师培养的要求；在结构上，教育教学课程应该实现学术性课程和实践性课程的融合，在理论课程的基础上增设"三字一话"、微格教学、多媒体制作等偏实践的课程，培养师范生独立进行文本解读、教学设计、课件制作的能力；在时间上，教育教学课程应该贯穿整个大学的语文教师培养过程，不同的年级在培养方面上各有侧重。比如，大一侧重训练语文基本功，大二侧重打牢语文教学理论基础，大三侧重培养语文教学技能和班级管理策略，大四侧重在教育实习中提高实践能力。

二是有效开展说课、教育实习等语文教学实践活动。师范生语文教师职业技能的形成和提升需要在实战中不断锻炼，其中，说课就不失为一种有效的方式，它为师范生提供了一次课堂预演的机会，让其在实际训练中不断提升自己的语文教学专业技能。①另外，想要充分发挥教育实习的成效，师范类学校应该提高对师范生实习的重视程度，适当延长实习时间，做好教育实习的前期培训；应与中小学建立长效的合作机制，力求为师范生提供更多的教师岗位，确保每一位实习生都有机会站上讲台；应建立相应的教学评估体系，让学生清楚自己在实际教学中存在的不足，并有针对性地进行改正和提高。

三是增加对师范生语文教师职业技能的考核与监督。考评内容不仅包括各师范院校本身培养计划的基本要求，还要涉及语文教师职业技能的方方面面，如板书能力、文本解读能力、阅读指导能力、科研写作能力等；考核形式除了书面考试之外，还包括试讲、实际操作等方式。另外，考核结果和实习表现都将与毕业生的教师资格证发放相挂钩，这有利于师范生在学习过程中提高对语文教学技能的重视程度，也有利于师范院校向社会输送更多高质量的专业化语文教师人才。

（三）语文教学技能大赛：突出学科特色，优化比赛机制

一是突出语文学科特色，创新比赛形式。就当前语文技能大赛的比赛项目来说，教学设计、说课、模拟授课、答辩这几个环节对于任何学科都是适用的，没有体现语文学科独有的教学特色。大赛可以增添一些富有语文特色的比赛内容，如文本解读比赛，这能够激励师范生深入钻研语文教材，富有创造性地解读文本；再比如诗歌美文朗读指导比赛，不仅可以提高师范生自身的朗读水平，还能考察师范生指导学生朗读的教学能力。另外，语文教学技能大赛的比赛形式需要不断创新，比如通过擂台赛的形式让不同学段参赛者组成团队进行比拼等，以防参加过这类比赛的师范生失去新鲜感，降低参赛兴趣。

二是增强比赛的真实性，达到实战演练的效果。大赛可以采用现场抽取比赛篇目的方式代替事先公布比赛篇目的形式，让参赛者在规定时间内独立完成教学设计和多媒体课件，这有利于培养师范生在不借助网络的情况下独立完成备课的能力。另外，在

---

① 黄瑞：《说课生命力的增长点在哪里》，《今日教育》，2010 年第 3 期。

技能大赛的授课环节中,参赛者是面对评委进行课堂教学,并没有真实的学生在下面听讲,导致整堂语文课就像参赛者自己的一场"表演秀",没有课堂生成,也没有师生互动,毫无语文课堂的魅力可言。因此,大赛组织方应该尽力提高模拟授课环节的真实性,有老师就需要有学生,让参赛者在实际的语文教学过程中展示自己的专业教师素养和教学技能水平。

三是增设评委点评环节,与参赛者进行沟通交流。在语文教学技能大赛中,参赛者经过说课、授课及答辩环节之后,只听到了最终得分,并没有听到评委对其表现的专业点评。这就导致参赛者不清楚自己在语文教师职业技能等方面究竟是基本功有欠缺还是教学方法有问题,也就无法实现参赛的原有目的——在发现问题和解决问题中不断提升自身专业技能。所以,大赛应该在选手答辩完之后增设评委点评环节,使参赛者有机会与一线教师和专家评委进行面对面的沟通交流,以便及时发现自身的不足,今后更有针对性地进行改善和提升。

总之,教学技能大赛确实为师范生语文教师职业技能的培养和发展搭建了良好的平台,在不断发现和解决问题的过程中,师范生的专业技能和综合素质得到了锻炼和提升,达到了"以赛促教,以赛促学"的目的。同时,也为师范院校完善对师范生语文教学技能的培养机制提供了一定的思路和启示,促进了高师院校语文教育教学的发展和汉语言文学师范生专业素质的提高。

一个新手型研究者的感悟
——"课程与教学论专题研究"课程学习与教学观念转变

王 雪*

每当开学季,对新老师和新知识我总有一种莫名的期待和紧张。但当我看到《课程与教学论专题研究》这本书的时候,对于新知识的期待却没有以前那么强烈了。因为关于这本书所教的知识,我在准备研究生入学考试的时候已经学习过了,更确切地说,已经背过了,虽然现在已经忘得差不多了。个人感觉即使老师讲得再好,也无非是那些知识,学习的价值不大。然而,在这一学期的学习过程中,我发现自己仍然学到了许多不能用具体知识来衡量的东西。通过学习这门课,我不仅感悟颇深,我的观念和思维发生了转变。以下从知识、教学和学生三个方面来具体讲述我的转变:

一、关于知识

(一)对待知识的能力

就个人而言,我学到的不仅仅是知识,还是一种能力,一种对待知识的能力。研究生阶段,对待知识,我们难道还像小学、初中、高中和大学那样,仅仅知道它是什么就够了吗?当然,答案是否定的。如果说我们还像以前本科那样学习,那么我们上研究生的意义何在?研究生阶段对待知识的学习,不仅要知道它是什么,还要知道为什么和怎么

* 王雪,山东师范大学外国语学院研究生,主要研究方向为英语课程与教学论。

样。比如,我们在教学过程中经常使用一些教学方法或策略,只知道这种方法或策略是从别的经验丰富的教师那儿学到的,具体为什么对学生学习有效,却不知道原因。随着对这门课程的学习,我找到了其理论依据。可能以前的我们一直在学习知识,学习它是什么。现在的我们不光要学习知识是什么,还要知道它的来源和怎样使用它,这才是作为一名新手型的研究者应该要学习的对待知识的一种能力。要跳出眼前所看到的知识,从更宏观的角度去看待它、学习它、应用它。不要做井底之蛙,不要让眼睛局限了自己的视野,要用心去学习。

(二)超越知识的思想

在我们学习具体知识是什么的时候,学到更多的是知识中所隐藏的一种思想。这种思想超越了知识本身,内化为我们教学思想的一部分。比如,我们在学习教学是什么的时候,定义是教与学的双边活动。是不是只要有教师的教和学生的学,就是教学了呢?当然不是。以前我们学到的是知识,我们仅仅知道教学是教师的教和学生的学的双边活动就可以了。现在的我们不仅要知道教学是什么,还要明白教学定义背后所隐藏的思想。旧社会里教师采用恫吓、威胁、体罚的手段逼迫学生学习,在此过程中有教师的教和学生的学,在那时可能也算得上是教学。但是,当今社会需要重新解读教学的定义。教学是教师的教和学生的学的统一,在此过程中,学生掌握知识和技能,同时获得能力、态度、情感、价值观的发展。我们学到的不仅是字面的意思,还要将其所传递的思想内化到我们的教学思想中,在未来的教学实践中践行我们的教学思想。

(三)对待知识的一种思维方式

对待知识我们要有一种批判性思维,尤其是作为一名新手型研究者,虽然我们现在还称不上研究者。在这信息爆炸的时代,各种所谓的知识充斥着我们的生活。在这些知识中,有真的也有假的,需要我们辨别真伪,用一种批判性的思维去对待它,不能只是一味地去接受,而是要有自己的主观想法,这种主观想法的形成就来自于我们的批判性思维。是作为一名研究者,我们更要用一种批判性的思维去对待前人的研究。对于教育领域的创新或其他人的研究成果,要勇敢地去质疑、辨识。只有这样,才有可能做出独特的研究成果,拥有自己的创新。

二、关于教学

(一)对待教学的宏观态度

也许以前在谈到教学或者学习教学知识的时候,我们更多的是关注教学的具体知识,比如说一种教学策略、一种教学设计,或者是一种教学方法。这门课上的教学不仅是知识的传递,更是一种教学思想的传递,让我从对教学的狭隘思想中解脱出来。也许以前的我更注重从微观的角度去对待教学,审视教学,现在的我更多是从宏观的角度去看待它。以前的我关注的是怎样上好一堂课或几节课,现在的我更多是把焦点放在如何上好这学期的课,如何上好这门课或这类课,我的这门课处在学生整个教育阶段的哪个阶段,在这个阶段学完这门课后他们要达到什么样的水平?这是我现在所关注的,更多从宏观的角度去把握教学。

(二)对待教学身份的转变

以前对待教学中的问题,更多的是从一个教师的身份去考虑和解决具体问题,着眼点更倾向于是某个具体问题所针对的具体对象，比如某个学生或某个班级。现在对待教学中的问题，不仅是从一个教师的身份去考虑和解决问题，更多的是以一个研究者的身份，把这种具体的问题上升到某类问题，把针对的具体对象上升到某个群体，把出现的某些现象上升到理论的高度。从理论的高度去解决某类问题，找到一种能够普遍应用于某个群体的解决策略，而且这个解决策略有其理论依据，证明它是科学有效的。我认为，作为一名研究者，应该有这样的解决问题的意识。随着社会的不断进步和发展，学校里需要的不再是单纯地只会教课的教师，遇到问题自己不会解决，要求助于教育专家或教育学者寻求解决策略，需要的是既能授课又具有研究能力的新型教师，遇到实际问题，自己能够从理论的角度去思考和研究，找到一种科学有效的方法。当然教育专家或教育学者的学术能力很强，提出的解决策略理论性也很强，且这些解决策略具有普适性的特点，但是具体适不适合解决教师个人的具体实际问题还有待检验，毕竟教育专家或学者不是处在具体的教学岗位，对教学实际不了解，提出的解决策略也不一定适合解决所有的实际问题，而且从提出问题到解决问题，还要有一定时间的等待。所以，最好的方法是培养这种既懂教学又会做研究的新型教师。

（三）教学理念指导下的教学

以前学的教学知识纯粹是为了教学，只是为了教课而学习知识，更多在乎的是如何上好一门课，如何更加全面地掌握这门课的知识，或者是如何让学生有效地学到这堂课所教的知识。经过深入的学习，现在的我知道：作为一名优秀的教师，不光要会教学，还一定要有自己的教学理念。想把学生培养成什么的人，在教学中，除了学到知识性的东西，还有其他的做人目标。学生是独立的、发展中的生命个体。教学一定要站在一个更全面的高度去审视学生，把他们看成有自主意识的生命体，而不仅仅是知识的接受者，更多地关注知识对其发展的作用，对生命体在成长过程中的作用。优秀的教师都有自己的教学理念，并在其教学理念的指导下进行具体的教学。

三、关于学生

（一）教学是学生人生过程中的一部分

对于学生，以前我关注的重点是他们有没有学会课上学到的知识，能不能有效地学会和运用一个知识点。现在我了解到教学对于学生而言，也是他们人生过程的重要组成部分，在其生命体的成长中发挥着重要作用。学生不应该只是被动的知识接受者，而应是有生命的独立发展的个体，学到的知识应该内化为其生命体成长的一部分，指导其未来人生的发展。教师不应该只关注知识点的学习，还要在学习知识的同时关注其思想的成长，关注生命体对知识的运用，不只是应用在考试中，更重要的是指导其未来的人生发展。比如说，在英语教学中，关于某一篇文章的讲解，除了要让学生学会文章中的重点单词、重点语法以外，更重要的是借助这一篇文章的学习，让他们学会文章中所传递的某种思想，明白其中的一些人生哲理。努力使这种思想、这一哲理在他们的成长中发挥指导作用，这才是教学之于学生的意义所在。

（二）每个学生都是独一无二的

以前对于学生没有太多的概念，觉得每个学生都差不多。学生之于我而言，可能真的只有三种：学习好的、学习一般的和学习差的。现在明白，每个学生都是独一无二的生命体,没有两个完全一样的学生,即使他们的学习成绩一样,他们每个人所传递给别人的思想也是不一样的。关于学生,教师要关注每个学生的发展,对不同的学生采取不同的教学策略？我们不仅仅要关注学生的学习成绩,还要关注其思想动态,关注其生命体的成长,关注其未来人生的发展。正因为学生是独一无二的生命体,教师才要具体学生具体分析。在解决学生问题时,要采用不同的态度和方法对待不同的学生。

以上是我学完"课程与教学论专题研究"这门课的一些感悟。总体而言,我从这门课中学到了许多课本上没有的知识,这些知识之于我而言,比课本知识更宝贵。我学到的是一种能力、一种思想、一种思维方式、一种态度、一种转变,更是一种理念。这些都不是课本上的具体知识所能教予我的,是我对教学的一种全身心的体验,是我作为一名教育学的新手型研究者思想成长的重要的研究性体验。

教师专业化进程中的国外教师教育改革（笔谈）

摘　要：教师教育质量关系着国家整体师资素质水平。教师教育改革是教师专业化的重要路径。从20世纪60年代教师专业化运动开始，以提高师资素质水平为旨归的教师教育改革一直是各国教育改革的重要内容。当前，我国教师培养已经由满足数量阶段发展到追求质量提升的阶段，教师专业发展已经成为教师教育理论和实践的热点。借鉴发达国家教师教育的特色是我国教师教育改革的重要思路。本部分由6篇探讨国外教师教育改革特色的文章组成，分别对美国、澳大利亚、德国、俄罗斯、芬兰等国家在师资培养培训过程中的特色做了专题研究。

关键词：教师教育；课程改革；实习特色

美国教师教育改革：专业化与去专业化

严　慧*

近年来，美国选择性教师教育项目因其灵活的培养方式和对实践的重视，得到了美国政府和社会的支持。从现有情况看，选择性培养机构有州教育署、地方学区、地区性服务中心、社区学院、各类社团、私人实体或协作体等；培养项目种类繁多，包括为美国而教、转向教学、军转教等；教师教育鉴定委员会等选择性认证机构也为选择性路径培养出来的教师提供了认证的方便，这意味着美国教师培养可以不再完全受主张专业化教师教育的阵营——教育学院的控制。在教师专业化的教师教育改革浪潮中，这些与教师专业化思想相悖的去专业化教师教育，以其实践上的成功对专业化教师教育形成了冲击，去专业化的思想弥漫在美国的教师教育之中。

1966年联合国教科文组织、国际劳工组织提出的《关于教师地位的建议》，首次明确指出：应把教育工作视为专门的职业。这种职业要求教师经过严格的、持续的学习，获得并保持专门的知识及特别的技术。由此可见，教师作为一门专业，需要专业知识和专业训练，这也是教师教育的职责。美国在教师教育的发展过程中，一直努力向"真正的专业"靠拢，但是却屡遭质疑，尤其是实施选择性教师教育项目以来，人们发现没有系统专业教育、没有专业知识和课程、以中小学为主的教师教育项目，也能培养出有教学能力的教师。由此有人提出疑问：有没有必要通过大学教育学院去培养教师，是否需要专门的教师教育？这让人不禁担忧，教师专业化培养是否会被短期的职业化培训取代，教师教育专业化是否会逆转为去专业化？从这种意义上说，美国教师教育的专业化正面临着一场危机。

为什么美国教师教育会陷入如此困境？这也许与美国由来已久的"解制"思想有关。在19世纪30年代，教育家贺拉斯·曼等人就倡导教师应当接受专门培养。但教

---

* 严慧，扬州大学教育科学学院教育学原理专业硕士研究生。

师无须专门培训的观点也一直如影相随,尤其是在教师教育大学化实行过程中,这两种观点碰撞激烈。一方坚信教师专门培养和教育学科的巨大价值,认为教育理论和教学方法是教师必须掌握的,对教师的教学工作极为有益;一方否定教师教育的作用,认为教师教育课程不仅学之无用,还会冲淡大学学术,削弱学生对学科知识的掌握。毋庸置疑,这背后是对专业教育或专业人员的否定。可当我们反观美国教师教育的发展历程时,我们不禁要问:为什么美国政府倡导去专业化色彩浓厚的选择性教师教育项目? 回答是因为师资短缺。那么,为什么会出现师资短缺? 是因为专业化的教师教育没能培养出足够的教师。现在最关键的、也是我们最需要反思的问题就是:为什么没有能培养出足够的教师? 专业化教师教育能否培养出合格的教师? 美国一些研究发现,通过长时间、系统的专业教育培养出的教师与未经系统培训的教师相比,教学能力差别不大。为什么专业化教师教育培养出的人才和去专业化教师教育培养出的人才没有差异? 可是再想,在何为教学专业的知识基础等核心问题上都没有取得内部共识,这又算得上专业化教师教育吗,又怎能不受到质疑呢?

如果教师培养真的不需要专业化的教师教育,那么可以顺势推理得出教师教学也并不需要专门的知识和技能这样的结论。专业理论知识的学习是专业人员从业的基础和前提,而在去专业化的教师教育思想下,美国《不让一个孩子掉队》的方案,将那些掌握了学科知识却不具备传统的大学本位教师教育的人看作准高素质教师,将教师的知识基础定位于学科知识。这样,教师的专业性如何能体现出来? 选择性教师教育项目,多采取短时间教师培养模式,教育教学知识和技能只需通过几周或一两个月的时间来集中培训,期望学员在入职后通过实践来巩固掌握。在这种去专业化的路径中,教学工作被当成了一种技艺,教师成为一种只需简单技能的、短期培训的操作性职业,这和一名技术人员又有什么区别? 这样的教师教育与 19 世纪美国的教师教育相比较又有多大区别? 当时的教师也只需要学科知识和技艺训练即可。那么,美国教师教育这么长时间从技术型转向专业型的努力又有什么意义呢? 因此,如果专业化的教师教育体系在竞争压力中崩溃,在去专业化的思想指导下,专业知识和专业训练这两大专业化的支柱会消失,教师的专业身份、专业地位也就无从谈起。

对于美国教师教育去专业化现象,我们也需要认真反思,从而在教师教育改革进程中少走弯路。近年来,我国为培养专业教师,通过强化教育科研为教师培养提供知识基础,延长修业年限来提供专业训练。目前是否存在轻视或反对教师教育专业化的现象尚不清楚,但从教师教育在大学中的地位可以看出一些端倪。从 2000 年开始,我国实行教师资格制度。在这一制度下,非师范毕业生和社会人士没有教师教育背景也可以申请教师资格。虽然美国的选择性教师教育是去专业化的,但至少提供了教师教育,而我国目前对这些没有教师教育背景、没有教育理论知识和实践的人员却没有提供教师教育,这比教师教育去专业化更让人担心。没有接受教师教育的非师范生与接受了专门的教师教育的师范生都可以去做教师。尤其是在国考制度下,师范生也要通过资格认定考试获得教师资格。这不免会让人尤其是功利主义者质疑:教师教育是否有存在的必要。此外,现在主张教师生成只需学科知识加教学实践这样的技术性观点也有不小的市场,这一点通过教师招聘信息可以看出。现在,重学科知识、轻教育知识是招聘考试中的一大特点,有些地区的考试就是学科知识加教学能力测试,有些地区虽然会涉及考核教育知识,但其所占比例与学科知识相比很小。这种忽视教师教育理论知识的招聘对今后教师教育专业化的发展势必会有所阻碍。

教师作为一种专门职业,必须坚持专业化的教师教育。对于当前专业化教师教育存在的一些问题,我们也要予以重视。首先,专业化的教师教育以系统的理论知识学习为主,教育知识与学科知识处于脱离状态。其次,教师教育存在与基础教育实践脱节的问题,系统知识的传授使教师远离了教育实践。在中小学,短时期的教育实习是否能够培养出一名真正具有教学能力的教师也值得怀疑。在某种程度上,专业化的教师教育并没有培养出真正的专业化教师。正如一位学者所说,对于教师来说,只有当教育知识和学科知识融合为学科教学知识,教育理论知识的学习转变成了实际的教育智慧,理论知识才具有生命力,才是典型的教师专业化。因此,作为教师教育的主阵地——大学要改革教师培养模式,尤其在课程体系上,要努力建立专业共识上的系统的知识体系,处理好学术性与师范性之间的关系,避免走入将其对立起来的误区。还应关注基础教育和教师教育改革发展中的理论和现实问题,主动为基础教育师资队伍建设和课程改革服务,让专业化教师教育培养出的人才能够适应现实需要,让专业化教师教育在改革的浪潮中立于不败之地。

澳大利亚职前教师培养的课程设置

仲 倩[*]

澳大利亚职前教师培养模式受英国的影响较大,19 世纪 70 年代,师范学院的出现标志着职前教师培养模式初步形成。21 世纪以来,重视提高不同阶段教师教育质量已经在全世界各国教育事业中达成共识,而澳大利亚职前教师培养模式以其较为完善的课程设置,在全世界范围内有着举足轻重的地位。

澳大利亚在探索完善的教师培养模式过程中,特别注重对课程设置的研究。现阶段,经过不断修订,其职前教师教育的课程设置越来越完善,不仅体现了职业准备的根本性质,也规定了职前教师教育改革的方向,尤其是在课程目标、课程结构、课程内容等方面。澳大利亚的高水平教师得益于完整的教师培养模式,其中完善的课程设置已成为澳大利亚教师教育的一大特色。

使"高质量的教师"科学化的课程目标是澳大利亚职前教师培养课程中最出色的理念。2008 年 12 月,澳大利亚制定并出台了《国家教师课程标准(草案)》,这改变了澳大利亚以学徒制来培养新教师的传统教师教育模式,使其教育模式更加专业化。这个理念不仅注重对新教师的基本专业素质的培养,更注重新教师专业实践能力的培养。在这样的课程目标和理念下,新教师各方面的能力都得到发展,而不只是单一地接受课堂上教师传授的简单知识。课程目标明确了新教师要具备的各种知识和技能,在总体

---

* 仲倩,扬州大学教育科学学院教育学原理专业硕士研究生。

上提高了不同类别的教师的质量。

澳大利亚职前教师培养的课程内容体现了整合的特点。一般的教育学院开设的课程形式主要有三种:教授教师教育一般知识的必修课、教师专业发展所需的研究性课程、体验探究性课程。通过这三种课程的学习,新教师能够掌握其专业发展过程中所需的知识。以墨尔本大学教育学院为例,学院为教师教育一共开设了43门必修课和选修课,根据一定的比例分配,将各门独立的学科整合到一个专业中。其课程安排打破了传统的学科课程之间的隔膜,使得各个学科之间联系更加紧密,学科内容能够充分融合。另外,澳大利亚职前教师培养课程的分类也更为科学,会根据各级各类学校和学生的心理特点及其接受能力来分类,前两种课程一般会安排在进校前两年。同时,为了使课程更加专业化,会吸取国家高校学术机构和教学合作机构的意见来灵活地设计课程。实践课程会被合理地安排在每学期中,其内容和形式都是灵活的。这样,学生在学习理论基础的同时,实践能力也能够充分地得到锻炼。

不管从纵向还是横向上看,澳大利亚教师教育课程结构体系体现了"综合化"的特点。各级各类的教师教育课程不仅仅包括对最基本的有关教育的通识知识的传授,还包括专业技能和实践能力的培养。这样,新教师在掌握基础教育知识的同时,也掌握了各种教育教学的方法。除此之外,其职前教师教育还重视体验研究性实践,能够体现每个专业的特点,根据自身的需要来培养教学能力。

从我国职前教师培养模式的课程来看,主要是教育学知识、心理学知识和教学论课程,很多学校在课程安排上往往会忽视实践性课程。虽然有的学校在努力调整,但是总体来说成果不尽理想。因此,我国教师教育在课程设置上要进行适当改变。

目前,我国职前教师教育在思想上比较重视学术,常常会为了学术而学术,忽视了教师职前教育教学能力的培养。教师专业发展大部分以学科课程为本位,重视共性的培养,却常常忽略了个性的发展,导致新教师的教学能力低下,专业素养低,无法满足学校的需求。因此,我国要转变教育目标,以人为本,转变教育观念,从专业发展和实际需要出发,重视知识性和实践性,在一定程度上促进新教师各方面专业能力的形成,培养全面发展的人。

在课程内容方面,与澳大利亚的课程相比,我国的课程设置较为单一、缺乏灵活性,学科之间较为分裂,联系不紧密。而且,我国现行的教育课程更加注重内容的基础性,内容比较陈旧,不适用于现阶段的实际情况。澳大利亚教师教育的课程则类型丰富,形式多样,要求新教师的能力更加多元化。因此,我国要想改变现状,就必须首先对课程内容进行整合,使各学科之间相互渗透,同时使课程内容更加符合现阶段的实际情况。其次,我国课程内容类型需要多样化,以促进教育教学能力及教师专业化发展。再次在培养教师基本的专业知识外,还要促进其创新能力的培养。最后,还可以设置广泛多元化的教师教育课程。目前,我国应提倡学科多元化的整合。在经济全球化及世界一体化的大环境下,教育应体现国际化以满足需求,拓宽新教师的视野并汲取各国先进文化,在关注基本学科联系的同时,也要体现课程内容的"国际化"。

除了内容"国际化"之外,我国还要加强理论课程与实践课程的结合。长期以来,我国教师教育一直都注重理论知识的讲授,以学习成绩的优劣评定学生,教师职前培养主要以专业师范院校或专职学校为主,以理论学习为重,常常忽视实习。在教学过程中,往往只是对学生进行"填鸭式"的教学,把基本知识和一般规律一股脑地灌给学生。有些发达地区可能已经意识到教育实践训练的重要性,但也只是在大四最后一学期进行实习,时间最长也只有三个月。更可怕的是,由于形式主义、领导力不足,或者是经费短缺,教育实习并不能得到很好的实施,新教师无法学以致用,不能充分利用已有知识进行教育教学活动。在这种模式下培养的教师,很难成为一名合格的教师。与我国不同的是,澳大利亚的教师教育十分注重教育知识在实践中的运用,实习课程一般贯穿于四年的学习当中,每学期平均有九周的时间,这使得澳大利亚职前教师培养从理论走向实践。因此,我国课程安排应该加强完善教育实习和见习,主动地建立与中小学之协作、合作关系,适时地、有针对性地加快教育实习基地建设。另外,要和专业的实习指导教师合作。实习指导老师不仅应能够给予实习生理论知识的指导,而且能教授学生把理论知识转化为实际的教学技能。时间上,我国可以实行多次阶段性的实习,在实践的同时进行反思,提高教育实习质量,促进新教师的专业发展。

通过和澳大利亚职前教师培养的课程结构对比来看,澳大利亚不管在横向的课程体系还是纵向的课程联系上,都体现出先进的教师培养理念。例如,澳大利亚在2010年颁布了最新的《全国教师教育课程标准》,反映出澳大利亚职前教师教育培养的特点:课程内容的综合性程度较高,各学科之间相互融合,文理科之间相互渗透,每个学科的涉及面都极为宽广。除此之外,课程结构遵循了个体身心发展的规律,适应了个体的差异。另外,还开设了满足学生兴趣爱好的课程,充分激发学生的学习动机,促进学生学习的主动性。目前来看,我国的课程结构比较松散,各个领域的联系不够紧密。比如,教育学理论主要是讲授教育学的基础知识。学科教学方面,主要还是教师通过语言教学来培养新教师的教学能力。因此,我国应该优化课程结构,使学科能够充分融合。另外,还要根据学生身心发展的规律改善课程结构。

目前,澳大利亚的职前教师培养课程已经逐渐形成一套完整的体系,对全世界的教育都有着现实和深远的意义。在和澳大利亚职前教育培养的课程设置的对比下,能够发现我国职前教师培养的课程体系的诸多不足之处,同时也对改善我国新教师的素质,提高新教师的教育教学能力,推动新教师的发展等方面有巨大的影响。

澳大利亚新教师入职教育

邢建和 *

澳大利亚作为世界上教育水平较为发达的国家之一,自二战以来十分重视教师入职教育的发展,先后颁布了《21世纪的教师—联邦政府教师质量行动》《一种值得关注的道德——对新教师的有效计划》等重要文件。通过长期的研究和探索,澳大利亚在新教师入职教育方面取得了较为显著的效果,并逐渐形成了具有本国特色的、相对成熟

* 邢建和,扬州大学教育科学学院教育学原理专业硕士研究生。

的教师入职教育体系。澳大利亚的新教师入职教育主要有以下几个方面的特色：

（一）完善的导师指导制度

在新教师入职指导中，指导教师发挥着举足轻重的作用，合格、有效的指导教师是决定新教师入职培训成效的关键所在。根据调查，很多初任教师认为指导教师没有起到应有的作用，其中有很多方面的原因。根据这些原因，澳大利亚对导师制进行了改革：在选拔指导教师上，初任教师也须参与其中，在选拔要求上应使指导教师和初任教师有相同的年级水平，相同的兴趣和爱好以便他们能够建立更为融洽的关系。另外，在坚持自愿原则的基础上，对于那些热衷于教学，同时又富有教学经验的教师，学校也可以考虑让他们成为指导教师。根据初任教师的需求，指导教师要在教学方面给予初任教师更多的指导并和初任教师进行及时的沟通和交流。

（二）全面的入职教育计划

在澳大利亚的整个教育培训计划中，指导教师要根据设定的"入职标准"为初任教师制定发展目标和提供支持，制订符合他们自身实际的入职计划。同时，根据初任教师入职教育需求的变化及时更新计划，以达到最佳的培训效果。如今，澳大利亚已形成形式多样、内容丰富、结构健全的新教师入职教育计划，并不断地加以修订以期进一步完善。从模式上来看，有系统培训、学区培训和校本培训；有集中培训和师徒帮带等。从管理机构来看，各级教师培训管理机构在人员构成上都凸显教师的专业自主性。校外培训计划、校内辅导计划以及培训教师和辅导教师资格都要提交地方教育行政部门审查，地方教育行政部门要定期到基层学校或培训基地进行视导。从实施机构来看，大学、地方、校外培训机构和学校在市场机制的引导下，形成了一种平等竞争的关系。这些机构能够根据新教师的需要与意愿提供适当的教育与学习机会，满足不同群体的入职教育需求。有针对性的入职教育计划，使得新教师在关注自己生存的同时考虑未来如何发展，尽快适应教师的角色。

此外，为了在课程专业化、学科教学法等方面获得更多的帮助和支持，澳大利亚政府还要求学校为初任教师安排一系列的专业发展活动，诸如定期召开会议、举办研讨会等。这些活动向初任教师系统介绍学校的教育体制、政策、资源等，并就初任教师常遇到的一些诸如课堂管理、压力处理、教学策略及满足学生多样化需求方面的问题，与有经验的教师、学校管理者和教师教育研究者展开讨论。这样也增加了初任教师与有经验的教育研究者和工作者的互动交流，对帮助初任教师解决一些操作性较强的问题起到重要作用。总之，有效地把上述环节与入职标准联系起来，既达到了入职教育的目标，又保障了入职教育的质量。

（三）充足的时间和资金作保障

新教师刚进入教师职业时，必须有足够的时间进行持续的专业学习，有时间反思自己的教学实践、接受指导教师的指导。而在澳大利亚大多数地区，新教师和有经验的教师承担一样多的教学任务，繁重的教学任务阻碍了入职教育的开展，因此，减轻新教师的工作负担就成为必然的选择。在2007年的《教师教育调查报告》中，联邦政府明确提出努力把全国的新教师第一年的课堂教学任务量减少20%。教学任务的减少为新教师的专业发展提供了充足的时间保障。此外，由于指导教师要花费精力用于对初任教师的指导,因此需要一定的时间作保障。针对这个问题,澳大利亚一般会减少他们的教学工作量,使他们有足够的时间对初任教师进行指导,以便能取得比较好的效果。除时间外,学校还会从物质方面给予他们一定的奖励,提高他们参与入职教育的积极性和主动性。充足的资金保障是措施实施的有效前提。澳大利亚各级政府逐年对教师教育经费加大投入力度,并把师资培训经费作为专项经费直接拨给学校,使得入职教育的实施有了很好的保障,并取得预期的效果。

(四)多样化的入职教育课程

对于刚进入入职期的初任教师,澳大利亚有关培训机构会为他们开设门类繁多的相关入职教育课程。从性质上划分,这些课程可以分为定向培训课程和训练课程两种。定向培训课程一般是由教育机构和学校组织。培训形式主要有知识讲授、分组讨论等;培训内容主要是熟悉学校的政策措施、教学过程和教学目标等。相对于培训课程,训练课程则是一种由初任教师和辅导教师共同制定的课程。培训形式有听课、合作教学、网络学习等;培训内容主要是了解和掌握教学技能,提高教师专业发展能力。此外,为了适应初任教师不断变化的需求,还会有针对性地提供一些个性化的训练课程。这两种不同的课程,都重视把教学方法融入具体的教学过程中,强调教学理论和实践的结合。

(五)重视听课制度

澳大利亚许多学校要求,在听课之前,初任教师和指导教师都要做好详细的计划。在听课过程中,听课教师要重点留意授课的形式、效果及课堂的气氛等。听课之后,初任教师和指导教师要针对教学情况进行讨论和分析,一般指导教师会充分肯定初任教师取得的成绩,增强其自信心和工作热情,同时也会指出不足及问题,提供切实可行的建议和意见。有关教学实践的研究表明,听课制度是对初任教师最有效的支持。通过相互听课,让指导教师和初任教师有更多交流沟通的机会。初任教师可以发现在授课过程中容易出现的问题,从而有针对性地进行纠正,同时也能学习指导教师的成功经验。反之,指导教师也能从初任教师身上发现很多新鲜的创新性的东西。所以,澳大利亚政府十分重视听课制度。

(六)各种辅助资源和校外资源的综合利用

入职教育资料包是澳大利亚校本入职教育最基本的一种形式,它贯穿了初任教师的整个入职期。这种入职教育资料包包括两部分的内容,一部分是"学校的开始",另一部分是"课堂的开始"。如开学前,初任教师要首先熟悉就职学校里的课堂组织管理规定,然后向有经验的辅导教师了解一些在教学中出现的常见问题,授课开始后还要熟悉和掌握怎样汇报课程和评估相关的程序。通过学习这样的资料包,初任教师可以更好地适应学校环境和教学环境,尽快投入教学工作中。此外,各个学校根据自身情况,还会采取诸如网络培训、举办联谊会、举行讲座、组织初任教师到优秀的学校参观访问等形式,为新教师提供学习的机会。总之,它充分地调动了校内外的各种资源,使这些资源之间形成了一种合力,不断提高初任教师的专业实践水平。

在了解了澳大利亚的新教师入职教育以后,我们不免会反思我国新教师入职教育的现状。我国的新教师入职教育虽然已经开始受到重视,但还处于起步阶段,对于初任教师这个特殊群体的特点和需求还缺乏系统的研究,对初任教师的帮助和支持还缺乏制度上的保障,在培养的方式和内容方面还存在较大的盲目性,理论和实践还存在很多问题和不足。因此,我国需要在结合本国教师教育实际的基础上,借鉴别国经验。"他山之石,可以攻玉",澳大利亚的成功经验值得我们借鉴和学习。

教师是教育发展之本,高质量的教师是教育发展的必要条件。不断完善和发展新教师的入职教育,是拥有高质量教育和提高教师专业素质的必然要求。我国的新教师入职教育还不够完善,处于落后水平,这就需要政府、学校和教师等多方面的共同努力,并积极吸收国外的先进、有益经验,形成具有我国特色的新教师入职教育体系。

以培养"研究型教师"为目标的芬兰教师教育课程

徐维维 *

优质的教师队伍是教育成功的保证,芬兰教育的成功证明了这一点。系统、完善的教师教育课程对于芬兰的教育成功起到至关重要的作用。20 世纪 70 年代初,芬兰对本国的教育体系进行了整体改革,教师教育课程内容宽泛,以"研究型教师"为教育导向。获得硕士学位是中小学教师入职的前提,这使得芬兰成了世界上教师标准最高的国家之一。

芬兰教师教育的目标定位为培养研究型教师。虽然大众接受教师教育的目的在于成为教师,而不是成为一名研究员,但是芬兰的教师教育是从更广泛的视角来看待培养目标的。它要求师范生不仅具有教育教学知识,还掌握科学知识研究、教学方法研究和批判性思考的能力,并将研究成果运用到自己的教育教学实践中。芬兰的教师教育希望教师成为该领域的专家,具有探索思维、实验意愿和批判性思维,从而培养出能够独立思考、具有批判精神、知识面宽广的学生。由此可见,不管是对于师范生还是发展中的学生,芬兰教育的培养目标首先是培养社会人,培养有创造力和发展力的具有健全人格的公民。这样的培养目标使得全社会对教育发展的前景充满信心,对国家未来充满信心,增强了公民的责任感,以及对国家教育事业的支持。

芬兰采用新型学分取代传统的学位制,新型学分制要求学生必须修满 300 学分,学生必须在规定学年内完成规定的任务。新型学分制的特点在于涵盖范围广,将听讲座、做练习、独立阅读、创新实验等都纳入学分范围,这样为生提供了创新型的学习方式,有助于培养学生创新型的思维。

芬兰教师教育最大的特点就是教育类课程非常突出。学习教育类课程是中小学教师获取教师资格的前提之一,是教师教育学位课程的一部分,也是芬兰教师教育中最核心的环节。不论是班级教师还是科目教师,在学士和硕士的不同阶段,必须分层次学习教育类的不同课程,修满学分。芬兰的教育类课程分为四个方面:有关教育学实质的理论内容、有监督的教学实践、为增强研究能力的学习、选修课程。具体科目有教学法、教育心理学、教育社会学、教育哲学、教育历史和比较教育学。在这几门课中,教育哲学是

* 徐维维,扬州大学教育科学学院教育学原理专业硕士研究生。

所有师范生必须学习的科目,目的是培养学生的哲学思辨能力。在教育类课程中,占比重最大的是教学法,教学法不仅仅是教学方法的传授,而且是将教学方法与学科知识相融合,注重对师范生专业技能的培养,具有很强的学科针对性。其次是教育心理学,对应了芬兰以人为本的培养目标,要求教师关注学生的心理健康,塑造健康的人格。由此可见,芬兰的教育类课程的侧重点在教育哲学和教育心理学,反映出芬兰教师具有的基本素养,为教师的教育教学研究提供充分的理论基础,将研究型教师的培养目标贯穿于教师教育的各个环节中。

芬兰的班级教师与科目教师在课程设置上存在差别。我国的教师教育系统分类是学前教育和小学教育,分科教师的培养则寄于各学科学院之下,与教育学院分离。而芬兰将教师培养分为班级教师和科目教师。班级教师就是小学教师,主要从事班主任、指导教师等职位,因为小学阶段更加注重学生学习方法和学习态度的培养。科目教师一般都是中学教师,承担不同科目的教学,针对二者的区别,教师教育机构设置了不同的课程体系。科目教师要先学习两年所任教学科目的专业知识,然后在第三学年开始,同时学习科目知识和教育学知识。在原定的课程设置中,他们第一阶段的实习安排在第一年的春季学期,第二阶段的实习安排在学习教育学的第二年进行。开始学生和教师普遍反映这样的实习安排过于分散,因此,学校合并了两个阶段的实习时间,并把它安排在学习教育学的第二年。同年,他们还要致力于所学科目的教学法学习,并在普通实验学校进行短期教学实习。小学教师的主修科目是教育科学,课程分布在本科和硕士阶段,主要学习有关教学、研究和教学法方面的知识。他们还要专攻两门科目,但对学科的研究并不像科目教师那样深入。教育科学的学习重在发展教师的专业性,培养教师的研究能力,还设有困难生教学、早期教育、学习动机和环境等课程,体现了芬兰注重学生的发展和均衡教育的思想。

芬兰教师教育课程中还纳入了辅修课程,辅修课程打破师范课程的局限,致力于培养知识渊博的研究型教师。班级教师和科目教师的辅修课程不同,由于班级教师主修教育科学,所以学科课程就成了辅修课程,一般需要选修两门,比如英语、数学。对于辅修课程的要求没有教育科学那么严格,因为班级教师的任务在于培养小学生的学习态度和方法。辅修的科目可以扩充教师的知识范围,培养教师的学习兴趣和实验研究的范围。科目教师除了学习任教科目的课程外,还须选修一至两门其他学科。一般来说,对于科目教师的培养,我国只需要教师精通所教科目,着重研究所教科目的知识和教学法,而芬兰则要求科目教师辅修其他相关学科,打破了传统的学科课程知识领域,改变了原有的狭隘的知识结构,让师范生体会到了学科之间的关联性、统一性和内在联系,体现出学科之间的内在价值,培养师范生研究问题、解决问题的整体性视野。

除了上述课程特点,芬兰教师教育中的通识教育课程对教师提高专业水平和应对信息社会的挑战起到很大作用。芬兰的教师教育通识课程主要就是语言、信息通信技术以及个人学习计划,三者都是必修课程,个人学习计划是一个全新的板块,主要是引导学生实施有效的项目和职业计划以及帮助他们实现个人目标。虽然这些通识课程并不新颖,我国也开设了类似课程,但是并没有引起足够重视,仅仅将其作为繁重的公修课,并用严格的考级制度来增加学生的负担。芬兰的通识教育包括口语交流、芬兰方言和文化、方言教育教学法,目的在于培养学生书面交流、发言技巧和学术报告的能力。通信技术作为教师教育的课程,一方面有利于增强教师应用技术的能力,通过通信技术课程的学习,更好地教育孩子了解世界,另一方面有助于激发教师使用技术发展数学和科学的教学。可见,芬兰的通识教育仍然以研究性为主导。

芬兰的教师教育学术性与师范性并重,是一种非常理想的培养教师的模式。由于我国与芬兰的国情有很大差别,因此我们不能完全照抄照搬他们的模式。不过,我国可以借鉴芬兰课程设置中的先进理念,改善我国教师教育课程设置中的不足。我国教师教育通识课程的比例只有20%,其中政治思想教育还占据了很大比重。为了提高教师的培养质量,我们应该在四年的教师教育中合理地安排好通识课程的内容,充分考虑当下的社会发展需求、人才培养目标、学生身心发展特点、个性特征等相关因素,制定出能够帮助学生满足社会对人才的需求、帮助学生学会学习并满足终身学习需求的课程。同时,随着越来越多大学城的建立,应提倡师范院校展开校际合作,将彼此的优质资源整合起来,每个学校都将自己的优势选修课与其他合作学校分享,这样既能提高资源的使用效率,也可以丰富课程种类。由于国情不同我国无法实现芬兰的新型学分制度和辅修课制度,但是可以通过设置综合课程,来促进学生的有效学习。例如,将不同学科进行交叉整合,扩大师范生选修课范围,开展讲座论坛,让不同学科的学生和教师有更多交流的机会,改善师范生的知识结构。

芬兰的教师教育以培养研究型教师贯穿始终,据此制定了独具特色的课程,从根本上保证优质教师队伍的形成和发展,而优质的师资队伍可以在最大程度上保障培养出具有创造性、探索性和身心健康发展的公民。对芬兰的教师教育课程的特色总结思考于我国教师教育课程发展历程中的经验与存在的问题是一种有益的探讨,可以更好地为我国教师教育课程的改革提出对策,保证我国教师教育的长足发展。

俄罗斯教师教育中的实习课程

谢 冰 *

教师教育课程是向教师传授知识,培养良好科学文化素养的重要途径,它直接影响到教师知识结构的合理构建。俄罗斯教师教育的目标是:培养出能胜任某种学科教学的教师,培养出能启迪学生人道精神,发展学生天赋的教育家。这一目标将俄罗斯的教育实习课程定位在培养合格教师和教育家的双重目标上。

与我国"先是没有实践的理论,然后是没有理论的实践"的现象不同,俄罗斯的高等师范院校实习课程坚持理论联系实际的原则,以学生的实践为主,注重从宏观上培养未来教师教育教学的系统性,教学过程中充分进行直观性教学,增强未来教师独立自主开展职业活动的能力和责任感。俄罗斯2011年出台的《教师教育标准》对教师教育实习课程的目标、任务、方式、评价、时间等都做了明确规定。一般来讲,俄罗斯高等师范

* 谢冰,扬州大学教育科学学院教育学原理专业硕士研究生。

院校的实习时间不少于 20 周,也就是 140 天,从大一开始,每个学年都安排一定的实习课程,这也就意味着师范生每个学年的实习时间不得少于一个月,并贯穿于整个教师教育过程始终。

俄罗斯教师教育的实习形式包含为期 19 周的教育实习和为期 1 周的教学实习。教育实习主要有四种。第一种是夏季教育实习。把师范生安排在儿童保健夏令营,让他们与孩子共同生活,使这些孩子形成交往和协同配合的价值目标,这类实习旨在培养师范生运用自己所学的教育学及心理学理论知识分析孩子的思维,预测和设计教养结果,解决具体的教学问题,在理论和实践间架起一座桥梁,在这个过程中不断深化自己的理论素养,提高自己的实践能力。第二种中学实习。就是让师范生在中学的实际教学环境中,观摩听课并学会对课程进行分析,该类课程以研究个体间的关系及班级的心理氛围为重点,培养师范生对教育—心理活动的兴趣,引导他们掌握心理学和教育学技巧。个体间的差异性必定会使师范生内化所学知识并建立起属于自己的个性化、系统化的教育方式。第三种是师范专科学习。即根据与中等师范学校的预约来进行,主要任务是充当任课教师和班主任助手、参与课外活动的组织、承担部分科研工作和学会独立完成普通教育机构的教育教学工作,主要是为了使学生了解师范专科教学——教养过程的内容和组织特点,获得运用学科知识去研究课堂内外的教学与活动能力,完善对教育过程理性分析的能力。第四种是综合类教育—心理实习。这类教育主要在普通中等教育机构、教育—心理和社会医疗救助中心进行,该类实习的重点是使学生在与教育工作者的交往和协同活动中,发展自己的个性和职业品质并且获得在各种类型机构中工作的经验,让学生形成正确的情感、态度、价值观,对教师职业有更深刻的认识。俄罗斯的师范生除了四种教育实习外,还要接受为期一周的教学实习,即方法指导性夏令营。这是为了使师范生具备教学工作和初级职业活动的技能,其内容根据在实习中形成对教育活动的价值态度,形成实践工作,进行自我教育和自我培养的必要性来制定。

根据师范生所学专业的不同,俄罗斯师范学校的实习项目也将会分阶段进行。比如说,前文提到的儿童夏令营活动,一般安排低年级的师范生进行,锻炼他们组织、观察和沟通等基础能力。低年级的师范生还要经常见习听课,学会用自己所学的教育学、心理学以及学科知识来分析课程,通过内化教学实践活动,构建自己的个性化知识体系。从三年级开始,师范生们大都掌握了教学的基本能力方法,现在就要安排他们担任班主任或任课教师的助手,参与到课内外活动的组织过程中来,培养他们进行科研工作和独立进行教育教学工作的能力。高年级教育实习的特点是参加教育实习的学生要比低年级的师范生更加独立地履行教师义务。因此,实习生一定要充实、丰富在低年级的实习过程中所掌握到的知识、能力和经验,牢固掌握教师教学活动所必需的基本知识和技能。从一年级起不间断地进行教育实习,低、高年级的教育实习能连续和继承,最终使学生熟悉教师职业的全过程,这使得实践与理论的学习始终是处于一种相互检验和彼此融合的状态,学生在实践操作中不断完善自己的理论体系,又用自己的理论体系来指导实践操作不断走向合理完善,保证师范生在具备扎实的教育理论的基础上发展到较高的师范水平,从而避免教育理论和教学实践相脱节的弊端。

俄罗斯教师教育实习课程还有一个很大的特点,即全面科学的评价机制。评价主体包括高校教师、实习学校教师、相关委员会教研组及学生自评和互评,这种方式保证了评价主体的广泛性和多样性。在实习期间,学生要在实习指导教师的监督下撰写实习日志,实时分析反思教学过程的适宜与不当之处,以及制定针对性的改进计划,这不仅为实习评价提供了内容依据,也有利于学生在巩固教育技能的同时加深对理论的理解,不断完善自己的教学过程。在实习结束的一个星期内,实习生要提交实习总结材料,包括:教学培养工作报告,以及从教育学、心理学和教学法的角度对课程、课程计划纲要、课外活动方法,以及对所在班级学生人际关系进行分析研究。同时,每个学生还要提交一份个人教学计划完成的证明材料。实习结束的两周内,高等院校各个专业会组织结业大会,通过与实习基地的各科教师进行座谈,并且联合教学委员会、专业委员会和心理教育学教研组,对学生的实习成绩进行验收和鉴定。主要从实习生实习活动的理论水平、职业教育能力的形成水平、未来教师的教学责任感、社会活动参与的积极性及实习报告的撰写水平等几方面评价实习生的实习成绩,将学生划分为优秀、良好、中等、及格以及不及格五个等级,给予学生 1~5 级的评分,并且将该评分记录到毕业证上。在没有正当原因的情况下,没有达到实习要求的学生,将根据学校相关规定接受严惩,甚至开除学籍。但是,因为一些特殊原因,不能完成实习大纲要求的,要申请校长批准,在校长允许下,在规定的教学时间内,重新选择实习时间,进行实习活动。

形式多样且内容全面完整、专业倾向突出、评价机制完善的实习课程,保证了未来教师能够具有全面的现代教育素养,加深了教育的个性化和变动性,逐步形成教学上的个性化理念,摒弃以往“刻板单一”的教学模式,培养出具有独特教学风格和创新精神,并能够实现自身发展甚至促进学校教育事业发展的教育家式的新型教师。另外,在实习课程中,教育——心理学知识的运用、分析能力的养成,以及对职业的认识和理解等内涵始终贯穿整个实习过程,这不仅有利于提高未来教师教育交往技巧、管理技能和自我调整的能力,还能将学生的知识、情感、态度、价值观、教学能力及职业认识等多重目标综合起来,这无疑均保证了实习任务的高效完成。在俄罗斯师范高校,实习不仅仅是师范生的职前权利,更是成为一名优秀的未来教师应该履行的义务,这样一个多功能、多层次、灵活开放的实习课程体系,为俄罗斯培养了大批能够独立开展教学与科研工作的优秀师范生,也为培养有思想有个性的教育家打下坚实的组织基础。

德国教师教育实习阶段的特色

王晓青*

通常我们所认为的教师教育实习阶段,是指师范生入职前,在各级各类学校进行一定时间的教学活动来积累教学经验,为以后入职做准备的阶段。我们都知道,师范生参加教育实习是其走向教学工作岗位之前的必修课,教学是一门侧重于实践的学问,只有通过一定时间的实习,师范生才能更好地用所学理论指导实践,用实践升华理论。在这

---

* 王晓青,扬州大学教育科学学院教育学原理专业研究生。

方面,德国作为较早开展教师教育改革的国家之一,历来十分重视教师的培养,作为教师培养三阶段之一的实习阶段也独具特色。这些特色对我国教师教育实习的改进具有积极的借鉴意义。

首先,德国实习阶段的准入条件规范严格。德国师范生在修业阶段学习结束后,取得传统的文科硕士或理科硕士学位,再通过第一次国家教师资格证书考试后方可以进入实习阶段进行教育实习。近年来,在博洛尼亚进程影响下,德国各州逐渐改变了这一传统模式,由通过第一次国家统一考试或者取得硕士学位取代了之前传统的准入条件。如巴伐利亚州,在承认通过第一次国家统一考试进入实习阶段的同时,还承认外州的师范生凭借硕士学位进入本州的实习期,这样就吸引了很多外州的学生来本州进行教育实习。在学生拥有了这两个条件之一后,可根据自己的实际情况,向主管实习的文教部门提出申请并提交相应材料,文教部再筛选符合要求的师范生。这一过程既保证了进入实习阶段师范生的质量,也在一定程度上遵循了学生自己的意愿。

其次,德国教师教育实习期时间长,实习时间几乎贯穿师范生学习的整个阶段。各州进行实习的时间为 12 ~ 24 个月不等,但总体上以 18 个月居多。如汉堡、下萨克森州、萨尔州等要求所有的准教师参加为期 18 个月的实习;巴伐利亚州规定准教师们要完成 24 个月的实习服务。一般而言,准教师的从教年级与其实习时间是成正比的,年级越高,时间越长。如未来会进入职业中学、文法中学任教的师范生见习时间就相对较长。不过,随着教师教育改革的不断推进,德国开始采用统一的实习服务年限。如柏林在 2014 年 8 月以统一的 18 个月取代了之前的服务年限。长时间的教育实习足以让新手型教师在教育教学活动中获得锻炼和成长。

再次,德国教师教育实习阶段的内容丰富多样。德国的准教师们在修业阶段的实习内容主要包括:定向教育实践和假期中的教育实践与教学实践。这一阶段师范生主要在教师的指导下参与教学活动,并在后期参加以听课和评课为主的观察和学习实践活动,学生只能学习而不能上讲台讲课。在第二个教育实习阶段,学生的理论学习主要以研讨性质的学习为主,即通过对学校中发生的实际事件或者就播放的录像内容或者其他内容进行讨论。除此之外,学生要继续学习包括专业学科、专业学科教学法、教育学、心理学等在内的理论知识,还要参加各种教学技能、相关法律法规等的培训。为了丰富教育实习的内容,有些学校也会邀请大学教师或教育专家等来校开展研讨活动。除了理论培训外,最重要的就是试教,实习生要在各实习学校指导教师的指导下承担独立教学的任务,每周实习生大概可上 12 节课,在慢慢适应后,课程会逐渐增加。这些丰富的实习内容很好地锻炼了实习生的实践能力,为其职业素养的发展打牢了基础。

除了准入条件、实习时间和实习内容富有特色外,德国实习期间的指导和检查制度的制定也体现了规范和分工明确的特点。德国修业阶段师范生的见习工作主要由学术性高等学校培养,而实习阶段的工作则由专门的训练机构负责实施。实习阶段的实习学校被称为合作中小学,这些学校一般设有讲师、学校督学、课程主管等职位,讲师主要负责教育教学活动,包括学科教学法和相关理论知识的教授;学校督学主要负责师范生实习期间的督导工作;课程主管则负责学校的课程组织及其他课程活动。虽然两个阶段的领导机构不同,但各州也通过一定措施逐渐加强修业阶段和实习阶段的衔接。不管怎么说,两种领导机构的分工合作和各司其职,在一定程度上保证了师范生在这两个阶段都能得到有效的指导和督促。

最后,德国实习阶段结束后的评估机制也十分严格。在德国,要想成为一名正式教师,必须经过两次国家考试。其中,第二次考试就是在实习阶段结束后进行。这次考试的内容主要包括当场撰写一篇教育论文、面对评委和考核委员会上两节公开课、参加包括主修专业和辅修专业及政治法则在内的三次口头考试,口头考试不仅可以单独进行,还可以分小组来进行。考试结束后,有关部门要给出相应的综合分和单项分。德国采取五分制,其中一分最高,五分最低,只有两项分数均在四分以下才算通过该次考试。只有通过这次考试,准教师们才能成为正式的教师,享受国家的公务员待遇。

通过对德国教师教育实习阶段关于准入条件、实习时间、内容、指导检查制度和评估制度中的特色进行梳理,我们不难发现为什么德国人尊师重教、为什么德国的教育享誉全球了。德国教师教育实习制度的产生有其特定的文化、历史、政治背景,正是这些特定的背景使得德国教师教育实习制度乃至整个教育制度具有鲜明的特色。研究和思考这些特色对提高我国师范生的实习水平,改进实习方式、提高实习的可操作性、促进实习工作的落实等方面,有一定的价值和意义。如在实习时间要求方面,我国在2007年教育部颁布的《关于大力推进师范生实习执教工作的意见》中明确指出:高师院校师范生要到中小学进行不少于一学期的教育实习。然而很多高师院校"心有余而力不足",其实习时间远远不能达到这一要求。所以我国的教师教育实习首先要适当延长时间,这包括延长大学前三年的见习时间和最后一年的实习时间;在实习内容和形式方面,也要不断丰富完善,增加举行研讨形式的活动,让学生在提高试教能力的同时,获得解决实际问题的能力;对于实习期指导检查和实习后的评估制度,也要充分考虑我国师范教育的独特性,制定严格条例,让教育实习有章可循,有据可依。

综上所述,德国教师教育实习阶段表现出的严谨性,务实性和有效性,对我国师范生的实习工作具有很好的启发和借鉴意义。我国目前师范教育改革正处于攻坚阶段,提高师范生的专业能力,尤其是专业实践能力,对他们将来走向工作岗位,践行教书育人,提高教育质量和人才培养的水平等,都具有重要的基础性作用。